U0022008

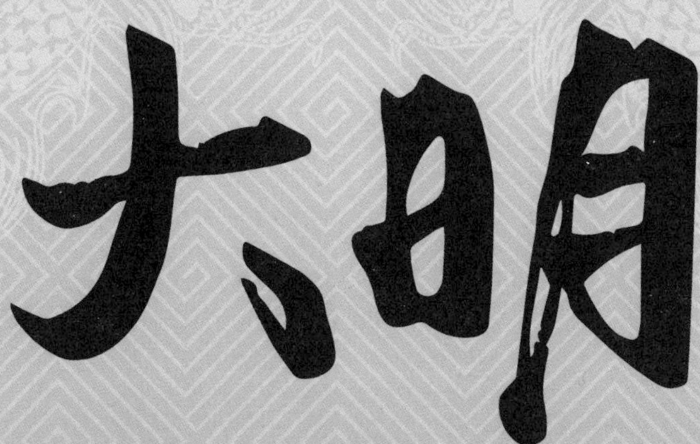

大明
紫禁城

THE FORBIDDEN CITY OF THE GREAT MING

從草原霸主逐鹿中原到煤山自縊

翟晨旭 著

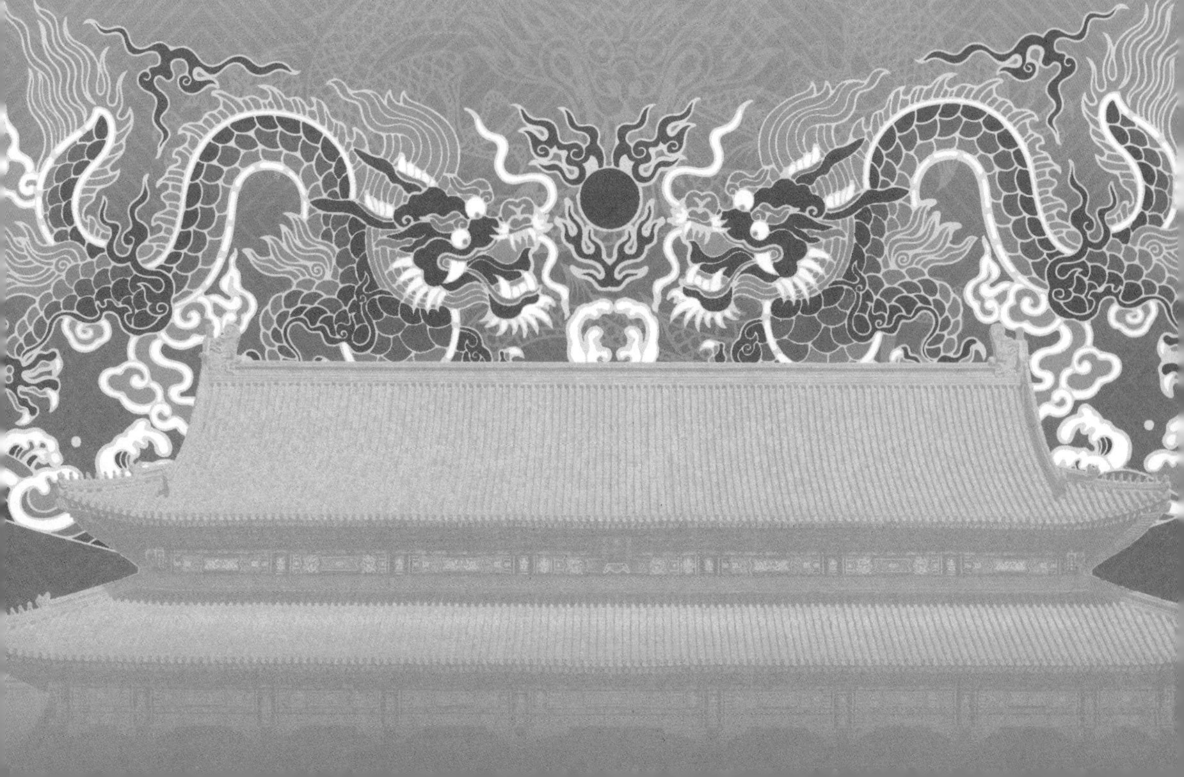

推薦序

海納百川的承載體

江仲淵　「歷史說書人 History Storyteller」粉專創辦人

論中國自明、清以來的政治演變，紫禁城是繞不開的話題。它初建於明朝，鼎盛於清代，迄今已有六百餘年的歷史。曾是封建皇權的象徵，是帝王將相的舞臺。直到宣統皇帝於一九二四年因政變而出走北京，紫禁城再也不是「天高皇帝遠」的存在，藉著作者龐大史料的蒐集及分析，我們能翻過厚厚的朱牆，揭開紫禁城的過往面紗。

翟老師原本是明、清古文物鑑定修復的一員，而回首紫禁城過往的歷史時，對於宮內建築與其用處做了非常完整的詮釋，是很值得玩味的點。本書內容圍繞著整座紫禁城的興衰，進而講述整個中國的歷史進程。而內容又可分為三大類做為探討，分別為「故宮的禮儀」、「帝王家的故事」、「政治的肇始與紛擾」。

紫禁城是個封建等級極度森嚴的象徵，內部的禮儀繁瑣慎重，造就出諸多中國獨有的文化儀式，而許多重大的歷史進程也多關乎於禮儀。例如嘉靖皇帝是明武宗的堂弟，由於明武宗死後膝下無子，就由嘉靖繼位，嘉靖在繼位前與權臣爆發「大禮儀」事件，其焦點在於是否從正門「大明門」進行登基大典。表面上來說，這是一個簡單的儀禮之爭，實際上，暗藏著嘉靖皇帝與臣子的權力鬥爭。

我們提到家國之事，當然離不開皇子們的教學，相較於滿清皇子的兢兢業業，明朝皇帝就顯得比較個性突出了，每個皇帝基本都有自己的「雅興」，如朱見深玩瓷器、朱由校玩木工，且樂此不疲，到了明朝後期這種狀況愈發明顯，也使國力走向衰敗。

究竟是體制哪裡出現問題？在這過程中，皇族、宦官、文臣、武臣間的關係又是如何巧妙地取得平衡？本書將為你提供解答。

紫禁城由於政治地位上的特殊性，也會因為不同時代的政治肇始與紛擾，而改變著內在與外觀，舉個書中有趣的例子，嘉靖皇帝早年英明苛察，晚年則稍嫌自負，奉天殿是三大殿之一，取奉承天命的意思，是朱元璋以來就定下的名字，然而在嘉靖年間遭雷火燒燬，嘉靖重修皇殿時，竟敢冒天下之大不韙，將奉天殿改名為皇極殿，群臣們再怎麼謾罵，也奈何不了頑固的嘉靖。

清兵入關後，面對剛打下的天下，經過殘酷鬥爭洗禮的新王朝最迫切的願望就是休養生息，被戰爭整得滿目瘡痍的皇城宮殿急需修復。新皇帝最迫切的願望就是和，順治第二年即將皇極殿重新命名為太和殿。

從奉天至皇極，又從皇極至太和，一部中國中央治術史活生生地展示在這裡。

紫禁城幾乎代表有明以來中國的最高政治核心，這裡的皇帝都曾在同一個宮殿，坐在中央的龍椅之上，受到百官的朝拜，但同樣是在紫禁城，竟能出現雍正那樣每天五點起床、六點準時上班的勤懇皇帝，亦有放蕩不羈、建立豹房，寵信宦官的正德皇帝存在。

讀懂了故宮的統治哲學，我們就能知道它的興衰起伏，從而了解隱藏其中運行方式，進而掌握皇權統治的奧祕。

紫禁城有一種魅力，卻是海納百川的承載體，不僅裝著中國史，本身也在中國史中沉浮，這是一個很有意思的角度。以這座皇城的角度來勾畫整個朝代的興衰，相信對於讀慣了常規歷史的我們，將是令人驚豔的感受。

自序

以小見大的史觀

壹

二〇二〇年六月二日八點十三分，我從南京南站出發，乘坐車次為G6的「復興號」列車來到北京，完成這本書的簽約。那時這本書還只是一個雛形，但這一路上，我聯想到自己所看過的史料，六百年前的人和物似乎一下子在腦海中鮮活了起來。

就在六百年前，浩浩蕩蕩的遷都也是從南京城出發，在當時太子朱高熾的帶領下，歷時三個月，來到北京，那時還叫北平。他將在這裡做為天子，見證一座新城的開始。

數年之後，已成為大明皇帝的朱高熾突然駕崩。他的兒子朱瞻基正在南京祭陵，得知消息後，冒著被二叔朱高煦中途截殺的風險，連夜趕路，拿命和國運賽跑，路上到底發生多少驚心動魄的故事，已然不為史家所知了。七天後，朱瞻基趕到北平，就此開闢「仁宣之治」。

而如今車輪滾滾，走的無非還是歷史的軌跡，只不過速度有所差別罷了。

從南京到北京，高鐵只需三個小時出頭的時間，而這條路，朱棣從登基到遷都，走了足足十八年，朱高熾用了幾個月，朱瞻基用了七天。因此難免令人心生感慨，假如明朝能有如今的運輸速度，是不是許多歷史可以就此改寫，許多驚心動魄的故事也許不會發生。

那我們是該遺憾，還是該慶幸？

這種感慨或許只是文科生一種不切實際的空想，但歷史的黃葉，往往不完全存在於輝煌的律令和浩瀚的史書中，而常常在斷壁殘垣、古道荒野的秋風中盤旋，並不為人所察知。

汗青正史固然令人心生嚮往，然閒暇之時，若能從歷史的微處，考證出一二細節，彌補前者的缺失，形成獨特的見解，進而賦予歷史最為立體化的視角，何嘗不是讀史之人的一大樂事呢？

這本《大明紫禁城》正是基於這樣「以小見大」的史觀而寫成。

貳

這種史觀的來源，大致可以追溯到王國維與陳寅恪兩位史家身上，巧的是，兩人都與「紫禁城」有著千絲萬縷的聯繫。王國維就是廢帝溥儀的南書房行走，死後亦自沉於昆明湖，我因此將他的人生看作紫禁城黃昏的剪影。陳寅恪的家族則是戊戌變法的親歷者，他也參與了北京故宮博物院文物的清點工作。

在這二者的觀點中，王國維所宣導的「取地下之實物與紙上之材料相對照」，與故宮史的構建不謀而合，在這座宮殿之中，明、清史書裡的種種記載，一下子變得鮮活起來；而陳寅恪所謂的「史詩互證」，講的正是於小處入手，挖掘歷史潛藏的必然。

我於治史一途，當然不能及二位先生之萬一，但若以這種「以小見大」的史觀去看，「北京故宮」或

「紫禁城」，實在不應該僅以建築物單純視之。專業的古建築知識生硬而陌生，可古建築群背後的歷史細節，大到磚瓦木石，小到器物擺設，往往都和歷史有千絲萬縷的關係。每當我們觸摸這些時代的遺存，總是能感受到那些獨屬於歷史細節處的小故事。

《漢書》曾說，天下安危，無非積漸之事。一個延續數百年的王朝，拋開成王敗寇，更多則是由日常的瑣碎與平庸構成，這一點，對於曾經在紫禁城內外生活過的大多數帝王將相都適用，這套書從忽必烈千里奔赴燕京城寫起，到王國維自沉昆明湖結束，其間無數有名無名之輩粉墨登場，實在別有一番故事。

當事人也許對一切並無察覺，但我們重新回溯歷史時，卻會驚訝地發現，風起於青萍之末，那些後世的波瀾壯闊，往往在紫禁城的細微之處早有體現。

不是嗎？闕左門等候上朝時，讓內閣和翰林院同處一室，已經為之後大學士晉升體系的固化埋下伏筆；正德皇帝朱厚照的「遠征」志向，很容易能從御窯生產的瓷器紋飾上得到驗證；而乾隆帝弘曆於寧壽宮區域另起中軸線，雖不能以「風水」曲解，但確實又與清朝的由盛轉衰有著千絲萬縷的聯繫……

這也是我在書中最想展現的東西，希望能把「北京故宮」的中軸線，寫成元、明、清三代的政治「大動脈」，以「診脈」的方式，給予讀者一種新的視角，重新看待元、明、清那些所謂的「宮闈祕事」。過程自然很難，但如果讀者在閱讀中，能產生一種「原來如此」的理解，那將是本書最大的幸運。

參

史料和建築本身是有趣的，但歷史有時並不那麼有趣，我想分享一點關於寫作過程中的故事。

大約在寫到萬貴妃無子那一段時，我很想擺脫傳統史料的桎梏，想從熟悉的考古學上挖掘一些內容，例如把家喻戶曉的「雞缸杯」與萬貴妃迫害後宮的行為聯繫起來。我為此查閱許多資料，但古籍資料中並無此說，而查到的相關論文中雖有此說法，但都是推測，無法提供出處。

這是一個非常矛盾的過程，從文學的角度來說，這是個極好的段子，通俗史學想寫得有意思，要像講相聲那樣，得不斷拋出包袱吸引讀者；但從史學的角度上，「史學就是史料學」，沒有出處的說法就是不能用，哪怕是通俗史學也是如此。

我在這種糾結的心理下，還是圍繞這個段子寫了約一、二千字，寫得當然很順暢，但寫完後就開始「不消化」。我無意用「備受良心譴責」這種矯情的詞彙，但那兩天我的狀態確實很差，幾乎無法把精力專注在後續的章節中。我覺得必須解決這個段子的真實性，不然我會持續受到它的折磨。

第二天晚上，我傳了一則訊息給老師、明清陶瓷史專家汪凌川先生，詢問他明代官窯製瓷是否會出現私人訂製，或者是否有相關的資料可以參考。

汪凌川先生從史料和學術的角度否定了這種可能，並提出宮廷之中並無此慣例，瓷器紋飾都有明確的規制，不會因一個貴妃輕易改變。這個結論讓我很惶恐，也很沮喪，和汪老師交流完的幾天裡，秉持著懷疑的態度，繼續瘋狂地蒐集相關資料，盼望著能發現些什麼。

但結果是確認無疑的——至少到目前為止，沒有任何明確的資料表明，「雞缸杯」的紋飾與萬貴妃有關，我們只能提出這種推測，而無法加以引申。

這個晚上，應該是這本書寫作的一個轉捩點，最後我刪除了這上千字的內容，過程當然很難受，如今回過頭來再想，其實是「以小見大」視角下不可避免的陣痛。

正如不是每一根微血管都連接著大動脈一樣，不是所有的細節都關乎歷史大背景。我們無法創造歷史，只能盡可能地追尋其中的真實。

肆

絮絮叨叨說了這麼多，最後想說的還是感謝和遺憾。

首先想感謝北京墨染九州文化傳媒有限公司推出的這套書系，能有這個得以合作的機會。其中特別要提到二十一世紀出版公司的王彥老師和我的策劃編輯安斯娜老師，我於出版書籍一途，實在是門外漢，諸多懵懂之處，多虧兩位老師的耐心指點。

寫作過程中，良師益友的幫助更是功不可沒。汪淩川老師慷慨作序，以及逐字逐句的辛勤批改，於本書裨益良多，汪老師在創作中的殷殷教誨，也讓我這個不成器的學生深感慚愧；而北京師範大學的陳殿教授和北京故宮博物院的冀洛源老師不吝提攜，為本書寄語推薦，更是令我這個後學感到驚喜。我想在這篇序裡向他們表示我真摯的謝意。

此外我的老同學司博、李曉爽、王瑞和學弟顏順德，都在文字和圖片資料上給我說明良多，他們大多是文物工作一線的從業者，他們的視角和經歷，讓我對「以小見大」的史觀有了更豐富的理解。我的好朋友孫家銳做為語文教師，在文字校對和一些措辭方面給予我指點，而我的母親做為這本書的第一位讀者，也提出非常多看法，並一直予以我鼓勵，很大程度上促使我寫完這本書。

最後就是在南京寫書的過程中，我的好兄弟兼室友何程，忍耐了我無數個敲擊鍵盤打字的夜晚，在這本書的序言中，我認為應該有他的名字。

創作中的點點滴滴，在此一併致謝。

感謝之餘，遺憾也兼而有之。

史書浩如煙海，明、清史的研習，其最大的難度莫過於在萬千史料中尋得只鱗半爪，史書中看盡許多風景，但受限於史觀和自己寫作筆力的不足，許多精彩之處不得不捨棄，堪稱本書的一大遺憾。

我無法肯定地說，那些我所以為的精彩史料若加入書中，能否讓書變得更好或更差，但也許就像錢鍾書說的那樣，對於吃不到的葡萄，我們不僅能想像它是酸的，也可以想像它是分外甜的。人有時需要「貴在不知足」，才能多多少少有些盼頭。

我希望這本書能帶給讀者一點「不知足」的想法，除了這本書之外，歷史還有更大、更廣闊的空間，等待著我們了解和探索，若此書能有一絲絲拋磚引玉之功，則是我寫作最大的動力所在。

以上種種，且為自序。

翟晨旭

目錄

第一章 紫禁藍本

天文學家的藝術

一二五九年冬天，更準確一點說，是十一月二十日，一隊孤軍千里迢迢從遙遠的長江流域出發，來到北方的燕京城下。為首的是一個年富力強的中年人，年紀還不到四十歲。他將接管這座金朝舊都的管控權，或者說，接管一座城市的命運。

壹

這個中年人名叫忽必烈，後來被人們尊為元世祖，來到燕京前，他正在指揮對南宋的戰爭。沒想到天有不測風雲，蒙古大汗蒙哥糊里糊塗地死在四川合州釣魚山下，英年早逝，使得整個蒙古政權瞬間出現巨大變數。

蒙哥汗時代的蒙古政權，雖然沒有正經八百地建國，但已經成為人類歷史上控制領域最遼闊的國度。這麼大的地方，蒙哥汗一個人肯定管不過來，但好在幾個弟弟都能獨當一面。

其中，旭烈兀負責往西邊打，最遠打到匈牙利。旭烈兀當時正在瘋狂地進攻巴格達，就是民間故事《天方夜譚》講的那一帶。

二弟忽必烈負責掌管「漠南漢地軍國庶事」，在開平（今內蒙古正藍旗境內）建城，主要駐紮在漢地。最小的弟弟阿里不哥在老家蒙古草原上待著，蒙古族和漢族不一樣，講究的是「幼子守灶」，最小的孩子待在家裡，其他人出來打天下。

而蒙哥汗則親自指揮滅宋的戰役，與弟弟忽必烈兵分兩路進攻長江流域。在他看來，打完這場國戰，蒙古政權才算真正地穩定下來。然而誰也沒想到，這個龐大的計畫玩到一半，就因為蒙哥汗的戰死而胎死腹中，擺在大家面前的是下一任蒙古大汗誰來當的問題。

蒙古族的規矩不是漢族的宗法制，不只是兒子可以承繼，弟弟也可以，那時蒙哥汗的兒子們還小，都得看叔叔們的臉色，因此不出意外，大汗就是旭烈兀、忽必烈和阿里不哥三個人中出線。而事實上，在蒙哥汗的時代，三個兄弟已經走遠了。

這個「走遠了」，其實有兩個含義。

第一個意思是距離上的「遠」，蒙古選大汗比較民主，要舉行「忽里勒臺」（全體貴族會議），只有大家一致推舉通過，大汗的位子才能被承認。

而那時候，忽必烈在湖北，阿里不哥在蒙古草原，西征的旭烈兀最遠，在地中海邊上。三兄弟之間一沒有飛機，二不通高鐵，見個面來來回回一年的時間都不夠。

後來很多人分析，能阻止蒙古早期擴張腳步的只有大汗的駕崩。每次歐亞大陸打得正熱鬧時，大汗死了，大家回去奔喪外加搶汗位。一來一回一、兩年，對手又能苟延殘喘一時，南宋就是靠蒙哥汗的駕崩，又續了好幾年命。

第二個「遠」，說的就是文化上的隔閡了。成吉思汗讓蒙古族短時間內獲得冠絕天下的戰鬥力，但文化底子的薄弱不是一、兩代人可以解決的。所以，我們看蒙古族崛起的早期，宗教信仰特別有意思，一會兒伊斯蘭教，一會兒道家，還摻雜著蒙古族的原始信仰「長生天」。

這種文化上歸屬感的不確定，導致的結果就是，打到西亞的旭烈兀成為伊斯蘭教徒，連帶著後來他所建立的伊兒汗國都伊斯蘭化。阿里不哥在草原上看家，身邊都是一些前朝遺老，張口閉口就是當年你爺爺成吉思汗怎麼樣，因此阿里不哥是個很堅定的蒙古傳統堅守者。

而負責漢地本土的忽必烈則逐漸接受漢文化薰陶，身邊聚攏一大群漢人謀士，例如寫「問世間情為何物，直教生死相許」的大才子元好問，當時就是忽必烈的「儒教大宗師」。

《元史》說忽必烈「在潛邸，思大有為於天下，延藩府舊臣及四方文學之士，問以治道」。當然，那時蒙哥汗還在，說忽必烈「思大有為」有點不對勁，很容易被人想歪，但整天和漢族文士在一起是肯定的。

蒙哥汗在四川戰死，元朝時沒有全球直播，對這兄弟三個人來說，誰能搶著召開「忽里勒臺」，誰就算贏了。但這也是個悖論，人都沒到齊，會議肯定開不成。

這三兄弟裡面，最有希望的是阿里不哥，畢竟叔叔、伯伯都圍著他打轉。而且，根據蒙古族習俗，他在蒙哥汗死後，自動成為「監國」的身分。換句話說，只有他可以合法地召開「忽里勒臺」，但也無法完全左右開會的結果。

關鍵時刻，旭烈兀率先做出決斷，太遠，不去了，老老實實地經營西亞不好嗎？便表示支持弟弟忽必烈，兄弟上吧，哥哥看好你。

旭烈兀一撤，等於三足鼎立的遊戲變成「楚漢爭雄」。除去西征軍鞭長莫及之外，忽必烈和阿里不哥在南到長江、北至西伯利亞的遼闊疆土上，以成千上萬的人馬做為棋子開始布局。

而正是在這樣的局面下，忽必烈兵行險招，孤軍深入，拿下了燕京城。

貳

坦白說，當時的燕京城，在戰術上很難玩出什麼花樣，因為金朝剛滅亡，城市建設都被打廢了，何況阿里不哥在草原上和你玩，不玩攻城戰。

再說了，當時即使不算那些亂七八糟的汗國，光是阿里不哥和忽必烈兩個人控制的地盤，就比中國歷史上大多數封建王朝的地盤大，一城一池的得失根本不算什麼。

但從戰略上說，拿下燕京是忽必烈在爭奪汗位過程中最成功的一步棋。因為在北方文人眼裡，南宋的杭州和忽必烈的開平城都不算什麼，只有燕京城才是天下正位所在。拿下燕京城，等於讓北方漢人，至少是文人階層歸心。

而且，當時在燕京，大將脫里赤正在召集軍隊，奉的就是阿里不哥的命令，見到忽必烈，整個人都傻了。那時候，阿里不哥已經正式開始執行監國身分，準備自立為大汗，讓脫里赤調軍就是為了對付忽必烈，但這事不能明著說。

忽必烈一見面就說：「大汗有遺詔，你出來接旨，把兵給我吧。」脫里赤聽完，這是人家哥哥、弟弟之間的事情，自己憑什麼摻和，立刻繳械。忽必烈順理成章地接管燕京，順便把那些原本應該在戰場上遇見的軍隊遣散了。

於是，忽必烈就以燕京為大本營，開始積極整軍備戰。冬天，他和阿里不哥什麼都不做，私底下的風起

《元世祖出獵圖》〔元〕劉貫道繪，現藏於臺北故宮博物院

雲湧卻一點也不少。

兩人開始互相通信，阿里不哥的大本營在和林（今蒙古國烏蘭巴托附近）。上面動動嘴，下面跑斷腿，使者就在燕京與和林之間來回跑。

阿里不哥的意思是你來和林，我開個「忽里勒臺」會議，把大汗選出來。這個說法按照蒙古規矩來說沒問題，畢竟他是監國身分。

但忽必烈馬上反應過來，支持我的都是北方漢地的漢族人和以前金朝的女真人，我要去了和林，那些和你一起的叔叔、伯伯肯定支持你，我能不能回來都不好說，所以堅決不去。並且，忽必烈私底下也聯絡一群貴族，準備擺陣單幹。

我們從這裡不難看出來，這兄弟倆的衝突已經不是搶皇位的問題，而是燕京與和林兩個城市的對抗，也是蒙古內部的一種文化分裂。阿里不哥代表的是蒙古傳統勢力，大家坐在一起按蒙古規矩來，該放羊放羊，該圈地圈地。

而忽必烈則代表著蒙古草原以北的漢族文化，他希望建立一個類似於唐朝、宋朝或金朝的封建王朝，這點從他手底下的士兵構成就能看出來，漢人比例與漢化程度非常高。

一句話，這種矛盾是不可調和的。不僅是誰當老大的問題，還是決定未來蒙古政權走什麼道路的問題，無法談攏。因此兩邊使者跑來跑去，其實都在推諉，沒什麼實質性進展。

一開春，大軍開拔，忽必烈就從燕京到了開平，畢竟這裡才是他經營多年的老巢，而且距離阿里不哥更近，相當於戰場「前方總指揮部」。燕京和開平離得也不遠，現在北京人自駕旅遊，開著車就到內蒙古了。

這時候，手底下的漢人謀士勸忽必烈必須提前登基，不能按蒙古族的規矩走，不然肯定吃虧，因為阿里不哥是正正當當的監國，忽必烈名不正言不順嘛。

忽必烈從善如流，覺得這主意不錯，於是搶在阿里不哥前面，按照漢族王朝的規矩發布登基詔書。當然不是自己動筆，是以前金朝的文人王鄂代擬。詔書上說：

> 惟祖宗肇造區宇，奄有四方，武功迭興，文治多缺，五十餘年於此矣。蓋時有先後，事有緩急，天下大業，非一聖一朝所能兼備也。先皇帝即位之初，風飛雷厲，將大有為。憂國愛民之心雖切於己，尊賢使能之道未得其人……

這份詔書要是放到漢族來看，絕對是離經叛道。因為裡面明確地提出，我們家從爺爺成吉思汗以後，整天舞刀弄槍，「只識彎弓射大雕」，沒什麼文化，而且也不「尊賢」。等於把自家的祖宗數落一遍，潛臺詞就是我上去以後不這麼做，肯定要重用漢人，進行文化建設。

而且，忽必烈手底下的那幫蒙古貴族們，例如也先哥、合丹、塔察兒等人，也搞了一個「忽里勒臺」，推舉忽必烈當大汗，這樣在蒙古族的程序上也說得過去。

阿里不哥得知這件事後急了，我這邊牛奶、烤全羊都準備好了，結果你在那裡把儀式給辦了，太不仗義了。於是，阿里不哥也帶著一群人搞了「忽里勒臺」，自立為大汗。

一山不容二虎，天底下不能有兩個大汗，到這一步，只能戰場上消滅一個了。

參

這場戰爭的過程不用贅述，太沒有懸念，用一句話來說，就是哥哥忽必烈剛熱身，弟弟阿里不哥就倒了。

自古以來，中國從南往北打，主要是兩個問題：第一是士兵體質不行，人家吃牛、羊肉，你吃饅頭、米飯；第二是對大漠草原地形不熟，例如當年漢朝的李廣，帶著大軍連敵人都找不到。

這兩個問題在忽必烈看來都不是件事，以前從南往北打叫北伐，對忽必烈來說則叫回家。士兵更沒有問題，忽必烈身邊都是百戰精兵，跟著蒙哥汗滅宋的，還有漢族的謀士指點。

而阿里不哥手底下都是散兵游勇，很多是前朝遺老，欺負宋朝還行，碰到忽必烈這個等級的對手，跑得比誰都快。

這場仗打不到五年就結束了。能打五年，主要是因為蒙古的地盤比較大，阿里不哥一直在跑。最後實在沒地方去了，就向哥哥投降。忽必烈也很大度，罵了弟弟一頓，沒殺他，把他囚禁起來，沒幾年阿里不哥便鬱鬱而終。

很多人分析是忽必烈暗害阿里不哥，這個純屬猜測，因為沒必要，他好歹也是草原上的漢子，要殺早動手了。事實上，消滅阿里不哥只是忽必烈近五年來的一個插曲。這五年裡，忽必烈更致力於對蒙古政權大刀闊斧的改革，以達到他心目中的「天下大業」。

首先就是定制度和年號，其實國號之前就有，成吉思汗親自定了「大蒙古國」。當時問題還不大，因為其他汗國，如伊兒汗國、金帳汗國還是承認忽必烈大汗的地位，但制度和年號的問題刻不容緩，因為直接關係到這個龐大帝國如何運轉。

忽必烈是蒙古第一個使用年號的皇帝，定西元一二六〇年為中統元年，「中統」的意思很好理解，中朝正統，等於先把名分確定下來。

至於這個「中朝正統」到底是哪來的，忽必烈沒說。到底是宋朝還是金朝，元朝一直沒說清楚，修史也是《遼史》、《金史》、《宋史》三本書一起修。

緊接著，忽必烈又頒布一道詔書《中統建元詔》，裡面明確說「稽列聖之洪規，講前代之定制」，就是說得按照以前的規矩來。這可不僅是口號，在地方上，忽必烈設了十路宣撫使，差不多相當於現在的省長。一看就與之前蒙古的路數不同，之前都是打到哪裡算哪裡，管不過來就設置一個汗國，這樣最後總會混亂。

既然有了省級行政單位，就必須有個強而有力的中央。歷朝歷代最不擔心中央大權旁落的就是開國時期，所以不用擔心叛亂，但怎麼處理這些省的政務，就讓忽必烈傷腦筋了。中央必須有一個機構，能夠長期穩定存在，且可以處理日常事務。畢竟忽必烈很忙，那時南宋還沒滅呢。

這時就看出漢族制度的好處了。忽必烈決定重新啟用以前的三省六部制，做為政治制度，只不過不用這麼麻煩，有個樞密院負責軍事，再加一個中書省就夠了，沒必要搞得和宋朝一樣到處都是高級官員。

既然有了中書省，接下來必須解決的一個問題，就是首都。中原皇帝和過去蒙古統治者最大的區別，其實就是皇宮和蒙古包。

千萬不要小看住的地方，背後折射出兩種完全不同的文化價值觀。農耕民族都是依靠土地，才會有定都和皇城。有點像我們做裝潢，房子修得愈好，說明打算在這裡住得愈久。

忽必烈之前的蒙古大汗們就沒有這種長久建都的意識。臣子們住蒙古包，大汗住豪華蒙古包，哪裡好往哪裡搬。忽必烈要想把政治體制朝漢族文化發展，就必須有個體面的京城、都城，才能把一切安定下來，否則一切免談。

這就賦予燕京城新的歷史使命。

肆

實際上，早在忽必烈登基前，他手下的大將霸都魯（蒙古開國元勛木華黎的孫子）曾勸過他：「幽燕之地，龍蟠虎踞，形勢雄偉，南控江淮，北連朔漠。且天子必居中以受四方朝覲。」意思就是，燕京這個地方，往北是大漠，往南是江淮，天子一定要居中，方便四方來朝。而且，他明確表示：「大王果欲經營天下，駐驛之所，非燕不可。」意思就是，您要是想經營天下，非得在燕京不可。之前的忽必烈可能還在猶豫，但聽完這番話，馬上幡然醒悟，表示：「非卿言，我幾失之。」不是您提醒，我差點就犯錯了。忽必烈定都燕京後，自己也承認：「朕居此以臨天下，霸都魯之力也。」可見有時軍事家的眼光無比毒辣。

收拾弟弟阿里不哥時，忽必烈已經在為定都燕京做準備。定都燕京比較麻煩的一件事，就是之前說的，燕京做為金朝故都已經被打爛；而且，其中的皇宮歷經戰火和風雨，早已殘破不堪。從裝修的角度來看，這種「老破小」還不如毛坯屋。於是，忽必烈大筆一揮，直接重建一座新城，反正不缺錢。

至於誰來設計這座新城，忽必烈心中早有人選，就是他身邊的漢族第一幕僚——劉秉忠。

劉秉忠是金朝官宦世家出身，從小精通佛、道、儒三家學問，二十歲出頭就以布衣身分做忽必烈的幕僚，堪稱他身邊的文臣第一人。從登基建元到建立中書省，忽必烈每一個大方針的施行，背後都有劉秉忠出謀劃策的身影。

傳說劉秉忠很有個性，長著一雙三角眼，這是傳說中的「病虎」之相。而且，做為一個蒙古皇帝的謀士，劉秉忠從來不穿蒙古族的衣服，依舊穿著一身金朝舊服在朝堂上晃來晃去。但是，忽必烈不以為意，可見劉秉忠是真的有才，忽必烈也是真的大度。

更關鍵的是，劉秉忠不僅是個文臣。

我們對劉秉忠這個人名比較陌生，但說到他的學生、天文學家郭守敬，那真的是無人不知。郭守敬所編的《授時曆》，在中學歷史課本裡都屬於必考內容。而鮮為人知的是，郭守敬的天文知識就是向劉秉忠學來的。

那時的天文學家與現在所定義的完全是不同概念。如果誇一個人「上知天文，下知地理」，一般都是說這個人博學，但最早的「天文地理」，不是指「四書五經」之類的學問。

漢代王充《論衡》提出：「天有日月星辰謂之文，地有山川陵谷謂之理。」能通曉天文地理的絕對不是一般的書呆子，至少是天文學家兼地理學家兼風水大師。之前忽必烈的大本營開平城，正是劉秉忠的傑作。但劉秉忠對自己的第一部作品不是十分滿意，在這之前，他就說過：「上都（開平）國祚近，大都（燕京）國祚長。」言下之意就是，雖然開平離蒙古高原很近，但真要想把國家延續下去，還是得去燕京城待著。

於是乎，天文學家劉秉忠帶著郭守敬等一群學生，開始著手規劃這項註定名垂青史的工程。他們將為歷史上最廣袤的帝國，設計一座全新的都城。

無甕之都

在燕京城的廢墟上，劉秉忠開始搭建一張宏偉的藍圖。這座城市將凝聚他一生的心血和智慧，也將象徵著元朝最自信的文化。某種意義上說，元大都也許與漢、唐時代的長安一樣，並列為中國歷史上最開放的城市。

壹

要建城，得先勘查水源。在古代，水源絕對是修建一個都城乃至城市最重要的參考因素。

從風水上說，中國人修建選址，講究坐北朝南，而且要「前有照，後有靠」。就是說後面得有山擋著，和椅子的靠背一樣，而前面要有水，反射光線。無論是一座皇城還是一座普通的宅子，都是按照這個理論去選址。

拋開封建迷信的說法，單看這個理論還是很合理。因為中國處於北半球，寒風都是從北方吹過來，背後「有靠」，是為了讓自己處在一個溫暖的環境之中。

現在的北京蓮花池公園，當年曾是金朝燕京城的水源系統

「前有照」則有兩重含義。一方面，必須有水，過去沒有自來水，門口沒有水是一件很不方便的事，現在許多村落依舊保留在河邊洗衣服的習慣。另一方面，水的作用之一就是反光，好比家裡光線不夠，可以擺幾面鏡子，讓眼前明亮，心情開闊，這就是所謂的「照」。

對燕京來說，「後有靠」並不難，因為北邊就是燕山山脈，不僅在軍事上易守難攻，地理學上也是絕佳的避風港，真正讓劉秉忠撓頭的是「前有照」的問題。

金朝燕京城的水源系統不太完備，主要依靠城西的蓮花池（今北京豐臺區蓮花池公園），蓮花池從周代一直延續下來，南北朝酈道元《水經注》稱蓮花池為「燕之舊池」。

但是到了元代時，蓮花池水系堵塞得比較嚴重。而且，我們一聽名字就明白，

「蓮花池」，一個池塘，能夠承載的人口畢竟有限，肯定不能再用。

於是，劉秉忠和他的弟子大膽地拋棄沿用數千年之久的蓮花池，而把目光望向西邊的玉泉山上。

玉泉山屬於西山支脈，早在金代就是著名的「燕京八景」之一。再往上能算到太行山的餘脈上，中國人看山講究「輩分」，孤零零一座山叫土包子，而玉泉山可以算得上是「根正苗紅」。更難得的是，玉泉山本身就有水，永定河的水入西山，再經玉泉山流出，是天然的岩溶水，水量大且水質極佳。

陸羽《茶經》說：「其水，用山上，江水中，井水下，其山水，揀乳泉石池漫流者上。」說的就是這種山泉水，最適宜飲用和煮茶。北方的水質普遍不好，永定河的水所含泥沙量也多，但玉泉山的水卻是例外，素來有「水清而碧，澄潔似玉」之稱。

後世清朝的乾隆帝閒得無聊，去天下名泉，透過重量檢驗水質，只有玉泉山的水和木蘭圍場的水每斗重一兩，其他的都偏重，說明其他地方的水質沒那麼純淨。晚清文人王國維先生《頤和園詞》說：「西直門西柳色青，玉泉山下水流清。」

能在華北平原上有這樣一脈泉水，燕京城可謂得天獨厚。巧婦難為無米之炊，有了玉泉山這把「好米」，劉秉忠這位「巧婦」就可以大顯身手了。

水脈一確定，就等於定了「玉脈」，相當於為新建的都城勘定了位置，整體上比以前的燕京城更偏東北方向。

「玉脈」分為明暗兩支流，看得見的明脈，在郭守敬的籌劃下，往東引導為金水河。這個「金」不是真正意義上的黃金，是指方位。按照風水學說，西方為白虎，主凶殺，在五行上屬性為金，所以才有了這麼一個名字。

暗脈則成為井水，即所謂的「洑流」。現在北京故宮中的井水，幾乎都是打在玉泉山水的暗脈上。明代《京師泉品》說：「玉泉第一，文華殿東大庖井第二。」而文華殿的位置在元代皇宮規劃中屬於廚房（御膳亭），可見劉秉忠等人對暗脈的測量非常精準，最好的水給皇上使用。

這些都是地理上的安排，但還不夠，必須把「天文」算進去，就是我們常說的中軸線，發揮到零度經線的作用。不過，這件事很容易，劉秉忠、郭守敬他們玩的就是天文。和忽必烈商議後，他們採取「先定點，後定線」的思路，先把中軸線的中心點定出來，再延伸出中軸線。

後來的文獻記載，元大都的中央有個「方幅一畝」的中心臺，相當於一個小型城市中央公園。古籍《析津志》說：「實東、南、西、北四方之中也。」從這延伸出的中軸線，南到後來的麗正門，穿過中心臺一直往北。

不過，元代似乎不是特別看重這條中軸線的天文作用。過去城市裡講晨鐘暮鼓，鐘樓和鼓樓都應該在中軸線上，例如漢、唐時期的長安（今西安）和明、清時期的北京都是這樣，現在均為地標性建築遺蹟。

但是，元大都的鐘鼓樓卻稍微偏西，反而更看重「中心點」。這裡肯定不是測繪的問題，郭守敬好歹也是被寫入課本的天文學家，不可能連條經線都算不清楚，可能蒙古當時地界比較大，忽必烈倒時差習慣了，不太在乎這個。所以，後世提到元大都，不是十分強調「中軸線」。

總而言之，到了這一步，天文地理都規劃好，元大都的位置與框架就基本上定住了，剩下的就是建造的問題。

貳

建首都可是一件大工程，這個「大」，一是人力，二是材料。但是，忽必烈直接表示：「大業甫定，國勢方張，宮室城邑，非巨麗宏深，無以雄視八表。」還是那句話，我不缺錢，怎麼豪華怎麼蓋。

當時有個漢族大臣魏初，在中書省工作，他在一份奏摺提出：「打造石材、搬運木植及一切營造等處不下一百五六十萬工。」全部需要身強體壯的勞動力，後面緊接著說：「料粟不下數十萬石，車具不下數千餘輛。」其他的就不用提了，動不動就是成千上萬的物資，這得是多麼龐大的建造量。

而透過這些資料，我們可以想見，元大都的營建是多麼龐大的建造量。那時的忽必烈還在忙著滅南宋，兩邊都缺人，壓力全在老百姓身上，確實非常壓迫北方人民。魏初在其他奏章裡多次和忽必烈爭論過每個人大致撫恤多少錢的問題，至於這筆錢有沒有發就不清楚了。

有了人，還得有原料。這個來源比較複雜，有些原料是從朝鮮來的，有些得走海路，還有的是從以前開封的皇宮裡拆了拿過來。無論是海運還是漕運，這些材料最終會被運輸到通州。

現在從北京市中心到通州很方便，地鐵六號線半個多小時就到了，但在元代比較麻煩。後來，為了把材料從通州運到營建的工地，忽必烈特別批准修建通惠河。

當然這個主意還是由郭守敬提出，他在奏摺裡說：「疏鑿通州至大都河，改引渾水溉田……東至通州高麗莊入白河……節水以通漕運，誠為便益。」現在的積水潭，就是得益於通惠河的修建。

東西都準備齊了，建起來自然比較快，幾年的時間，整個都城基本上修建完成。之後雖然又增添不少建築，但基本的規模是定了下來。

看著雄偉的都城日新月異地建設著，忽必烈感覺到離心目中的國都愈來愈接近了。至元八年（一二七一年），忽必烈正式宣布重新定國號為「元」，並於次年宣布改之前所謂的「中都」燕京城為「大都」，明確了新城的地位。一直到至元十三年（一二七六年），城市正式建成。

《元史．地理志》記載，元大都「城方六十里，十一門」。現在考古發掘，都城大致是一個長方形的樣子，東、西兩側基本上與後來的明、清北京城一樣，南邊大概能到長安街一帶，北邊在後來的德勝門以北。

十一個門的設計感覺不倫不類，但基本上是按照《周禮．考工記》設計，表現出忽必烈對傳統儒家文化的崇尚；包括很多門的名字，基本上是根據《易經》的「乾坤」二卦來設定。例如，正南的麗正門，名字出自於《易經》所說的「重明以麗乎正，乃化成天下」。

還有一種特別好玩的說法，出自名叫長谷真逸（筆名，其人不詳）所寫的《農田餘話》，裡面說：「燕城系劉太保定製，凡十一門，作哪吒神三頭六臂兩足。」劉太保就是劉秉忠，被封為太保，意思就是他很有童心，在元大都搞了一個哪吒的造型。南邊三個門是哪吒的「三頭」，東、西各三門是「六臂」，北邊兩門是「雙腳」。

不論是不是真的，這種說法無形之中給元大都賦予一種宗教色彩。而且，從當時的元大都布局上來看，宗教融合的色彩非常濃厚。

例如，從五行上說，西方主凶殺，這個理論上應該是道教的思想。但是，元朝興建了許多佛寺在元大都的西面，例如大聖壽萬安寺等。忽必烈也是藏傳佛教的信仰者，這些宗教之間並不矛盾，甚至還有共生的趨勢。

元大都剛建成前後，義大利旅行家馬可．波羅（Marco Polo）來到元大都，並記下維吾爾語中這座城市的名字——「汗八里」，翻譯為漢語即為「大汗居住之都」，很符合忽必烈的霸氣和期許。

這種霸氣在城市本身的建設中也可以體現出來。元大都的十一個城門都沒有甕城，這在古代的都城建設中是一個非常大膽的設計。

所謂甕城，就是在城門外再圍上一圈小城做為防禦，這樣可以讓敵人不直接對城門進行攻擊。因為城門是一個城市最脆弱的地方，真要是城門一破，大家全部完蛋。

但忽必烈就是有這樣的霸氣，他堅信在目光所及之處，蒙古鐵騎所到之地，不會有人對這座雄偉的都城構成威脅。正如《孟子》說：「域民不以封疆之界，固國不以山溪之險。」只有這樣的無甕之城，才配得上「汗八里」的稱呼。

參

「汗八里」或元大都是指一座城市，這座城當然不是全給忽必烈住，以前大汗都是住蒙古包，現在必須要有一座氣派的皇宮。

我們現在說「皇宮」，總覺得是一處地方，其實不是。「皇城」和「宮城」應該是完全不同的所在，前者是皇帝的辦公室，平時處理政務，召見群臣，都是在皇城。從某種意義上來說，皇城不算皇帝專屬，大臣們也經常出入。

但是，宮城就不一樣了，屬於皇上的「住家」，妃子和皇子都在裡面，大臣就不合適去裡面閒逛。所以，「皇宮」的修建是兩個工程，同時進行。

不過，皇宮與元大都的修建不一樣，忽必烈沒打算完全按照漢族制度，畢竟是蒙古大汗，雖然不住蒙古包了，但逐水草而居的習慣還是保留著。因此忽必烈希望皇城能在水邊修建，回頭宮裡的老少爺們住起來也舒坦。

這個問題劉秉忠不好解決，但沒關係，忽必烈手底下什麼民族的人都有，一個叫亦黑迭兒丁的色目人（除漢族和蒙古族之外的其他少數民族的稱呼）站了出來，建議忽必烈重修萬歲山，並以太液池為中心修建皇城。

現在有人考證，說這位亦黑迭兒丁的哥兒們是大食人（阿拉伯人），本身就有游牧民族的傳統，和忽必烈的蒙古習俗很接近。忽必烈對他的建議很讚賞，就把皇城和宮城的建設包給他，並設置祗應司和修內司兩個衙門，專門負責宮殿的建造。

太液池在古代都城中一直就有，長安就有這個名頭。而金代和元代的太液池就是現在的北、中、南三海，而萬歲山對應的就是北海公園裡的瓊華島，風景宜人，屬於金朝時期的行宮（度假別墅）。

萬歲山後來被戰火毀壞得差不多了，但還有一點遺存。

當年全真教道士丘處機經過燕京去找成吉思汗閒聊，就曾在這裡住過。忽必烈登基前駐紮北平，也喜歡住在這裡，所以算不上是新建，只不過「重修」的幅度比較誇張而已。

瓊華島重修的時間，現在不太確定。元朝文人陶宗儀寫了一本著名的《南村輟耕錄》，提出：「萬壽山在大內西北，太液池之陽，金人名瓊花島，中統三年修繕之。」《元史》也說是中統三年（一二六二年），「修萬壽山宮殿」，總之落差不大。

新的宮殿建得很快，到了中統五年（一二六四年）前後就初具規模，「中統」這個年號用了五年，打完阿里不哥就不用了，改成「至元」。至元元年（一二六四年）就有在萬壽山宮殿接見高麗國王的歷史記載。裡面的一些前朝遺留建築，例如廣寒殿等，都已經在正常使用。

廣寒殿最早是遼代蕭太后的梳妝樓，後來幾經重建，一直到明朝還有，據說是特地為了歷史見證而保存，最後是自然倒塌，沒有人為因素。後世明朝內閣大學士張居正曾在文集裡記載，在倒塌的萬壽山廣寒殿內，打掃房梁，找出一百多枚元朝時期的「至元通寶」，和老百姓家裡的「房梁錢」是相同道理。

有了房子，忽必烈就時不時地在這裡召集群臣宴飲。蒙古人喝酒和當時的漢人完全不同等級。元朝時已經有一種叫「阿剌吉」的蒸餾酒，是打敗阿拉伯地區後俘虜的工匠們帶過來的，酒精度數很高。之前中原地區的酒都是米酒，酒精度數最高十度出頭，而蒸餾酒則和現在的白酒沒什麼區別。除此之外，元朝還盛行葡萄酒和馬奶酒，反正酒肯定夠，大家盡情地喝吧。

我們可以透過一件器物，看出當時蒙古貴族在廣寒殿喝酒有多麼豪放。

至元二年（一二六五年），忽必烈在廣寒殿外放置一個大酒甕，專門用來裝酒。這個酒甕是用南陽的獨山玉雕出來的，重三千五百公斤，人稱「瀆山大玉海」，從「重器」的角度上說，堪稱中國玉器之最。這件器物元朝以後被道士搬去當鹹菜罈子，清朝乾隆皇帝比較有探索精神，重新找出來並做了修復。

現在還有這件「瀆山大玉海」，就擺在北京團城的玉甕亭，算是一件珍貴的元代宮廷遺物。能保存到現在，很大程度上要歸功於其體積、重量等客觀原因，想人為毀壞也比較困難。

當時有錢有閒的乾隆皇帝測量了一下，整個「瀆山大玉海」一共能裝酒「三十餘石」。元朝一石大約是五十公斤，一個宮殿辦宴會，光酒就一千五百公斤。

估計測量完後的乾隆皇帝能直接安靜了，深刻地感受到自己和元朝同行忽必烈在酒量上的差距。正常

瀆山大玉海

人喝酒能按「斤」來計算就已經是海量，到了忽必烈，勸酒詞都是「我和諸位共飲此缸」，堪稱古今飲酒第一豪邁之人。

當然，更豪邁的還在後頭。忽必烈能用一年時間重修廣寒殿，但在他有生之年，元朝的皇城都是一個半成品，沒有修完，整個工程唯一差的就是皇城城牆。

《元史》載：「昔大朝會時，皇城外皆無牆垣，故用軍環繞，以備圍宿。」就是說皇城是開放式，沒有防禦性城牆，頂多開朝會時讓軍隊圍一圈就完成了。

這在歷朝歷代皇帝中是不能想像的，誰家的皇城不是城牆高築，但忽必烈就敢這麼玩。放眼天下一個能打的都沒有，稍微有點實力的除了我的手下就是我的兄弟，築城牆幹什麼，沒必要。

肆

系。

不過，皇城（辦公區域）可以不建城牆，但宮城不能這樣，畢竟這是所謂的「大內」。忽必烈把自己的辦公室搞得囂張一點不要緊，但回到家裡，老婆、孩子的安全還是要顧及一下，故而元朝的宮城修得比較嚴謹。我們現在會感覺元朝的宮城裡沒有多少故事，但事實上，元宮城才是對後世紫禁城影響最深遠的建築體系。

整個宮城「周回九里三十步」，面積很大，坐落在太液池東邊。一聽這個位置就明白了，覆蓋區域基本上和現在的紫禁城高度重合。

宮城的中軸線從南面的大明殿到北邊的延春閣，一以貫之，基本上也和後來的紫禁城中軸線重合。宮城的南門崇天門，大概就是後來太和殿的位置，可見宮城的建築格局整體上偏北。

元宮城的修建，在歷史記載中最明確。《南村輟耕錄》甚至能把開工日期精確到小時，即「至元八年八月十七日申時動土」。調動附近身強體壯的勞動力二萬八千多人去修，一年時間就修得差不多了。

這次修建，忽必烈來了個一百八十度大反轉，不光修建城牆，還把城牆包磚，這在那個時代可是相當奢侈的一件事情。連元大都本身的城牆都是夯土製成，到了「大內」這裡就升級了，可見忽必烈是一個相當顧家的人。

如果仔細觀察元宮城的建築格局，能從中發現許多現在紫禁城裡所擁有的元素。例如，金水河和金水橋，河上面只有三座橋，畢竟是宮城，功能性沒有那麼強。包括現在看到的「三大殿」加「後宮」的規制，也是從元宮城裡「大明殿（正殿）」加「延春閣（後宮）」裡演變過來。

再列一組數字可能更直觀一點，如果按照《南村輟耕錄》的說法，整個元宮城「周回九里三十步，東西四百八十步，南北六百十五步」。現在經過測算，元代一步大概是一百五十五公分，如果把這段話裡的數字換算成現代長度單位，大約就是元宮城周長三千三百九十四．五公尺，東西距離約為七百四十四公尺，南北寬約為九百五十三公尺。

而現在測繪故宮（紫禁城），周長是三千四百二十八公尺，東西距離七百五十三公尺，南北距離九百六十一公尺。各組數字的偏差都是十位數甚至是個位數，可見元宮城對之後紫禁城的影響有多麼深遠。

但要注意的是，後來的紫禁城，同時包括「皇城」和「宮城」兩個功能，而元宮城卻只負責「大內」的作用，等於忽必烈的一個住家。後來明、清兩代皇帝，很難想像當時的元大都有著怎樣的宮廷和氣派。

只可惜，忽必烈的漢化政治理想，遠不像元大都的建築一樣拔地而起，也難以做到穩固且堅定。元大都興建的三十年後，至元三十一年（一二九四年）正月，這位「世上從未見過這麼廣有人民、土地、財貨之強大君主」（馬可．波羅語）在他所興建的都城中溘然長逝。在他的身後，帝國的崩坍才剛剛開始。

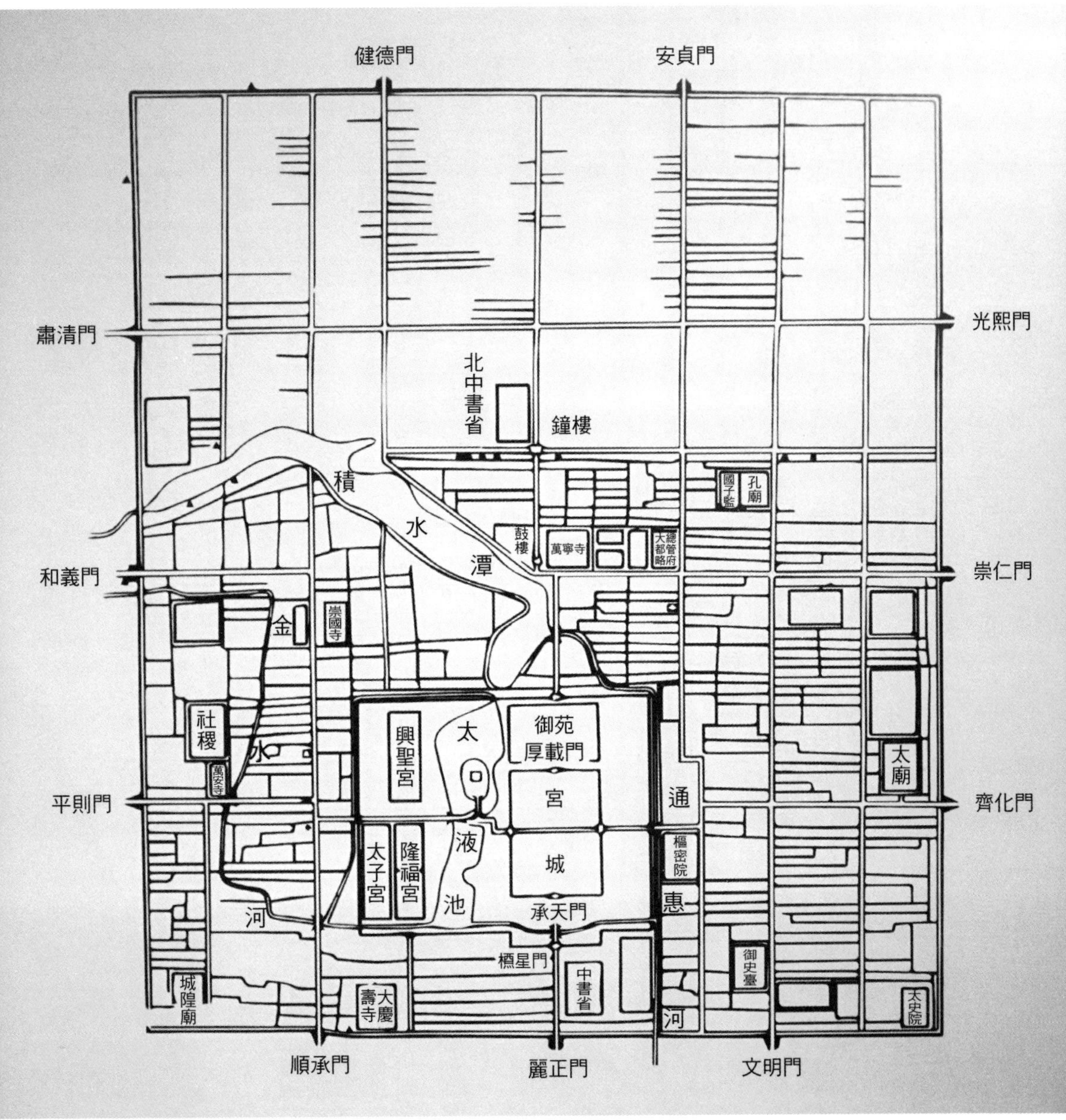
健德門
安貞門
肅清門
光熙門
北中書省
鐘樓
積
水
潭
國子監
孔廟
鼓樓
萬寧寺
大都路總管府
和義門
崇仁門
金
崇國寺
社稷
水
萬安寺
興聖宮
太
御苑
厚載門
宮
城
太廟
平則門
通
齊化門
液
池
樞密院
太子宮
隆福宮
河
承天門
惠
欞星門
中書省
御史臺
城隍廟
大慶壽寺
河
太史院
順承門
麗正門
文明門

元大都布局圖

北方有戰，南方有城

忽必烈去世後不久，元朝的統治迅速陷入動亂和黑暗之中，一個巨大的王朝，在元大都的紙醉金迷中轟然倒塌，只留下一群倉皇逃竄的身影。而與此同時，兩座新城將在南方大地上拔地而起，成為未來北平的建築濫觴。

壹

至元三十一年（一二九四年）正月，八十歲的忽必烈病逝於他所興建的元大都。之後的三十多年，元朝陸陸續續換了十個皇帝，平均三年一任，算起來比市長換屆都快。

而產生這種奇葩現象的原因，在於各個王位繼承人之間還是停留在草原搶位子的思路，大家都是「黃金家族」，誰兵強馬壯，誰就想上來混一混。等於說忽必烈費盡心力地為他們建了一個漢族的都城，而後世子孫還是當成蒙古包去住。

想必忽必烈晚年也很絕望，在位三十多年，教育出來的這群後輩還是天天烤全羊，壓根學不會拿筷子。

到了元朝最後一個皇帝元順帝妥懽帖睦爾繼位時，離忽必烈的時代才不到四十年，但很多東西已經不可控了，特別是民族矛盾的問題。所以，有人說「妥懽帖睦爾」這個名字取得很有意思，蒙古語翻譯過來是「鐵鍋」，等於上來就是「背鍋」的。

元朝建立時，把人分成四等。第一等肯定是蒙古人；第二等是色目人，就是最早被蒙古族征服的西域人，眼睛不是黑的都算，包括維吾爾族等，馬可·波羅這種來旅遊的理論上也算色目人；第三等是漢人，就是我們說的北方人；第四等是「南人」，就是忽必烈時代征服的南宋那一帶的人，主要在長江以南。

乍聽之下是「漢人」比「南人」高級一點，其實正好相反。「南人」是最後被忽必烈征服的，他很注重保護南方的世家大族，包括當地的手工業等，都單獨給了政策上的扶持。如果我們看元代經濟史，很多創造性的手工業在南方都得到創新和發展，例如松江的棉布、景德鎮的元青花瓷器等。

最慘的其實是「漢人」，從蒙哥汗時代就被虐，離蒙古貴族又比較近，很容易被欺負。包括修建元大都這樣的大工程，都是從北方徵調的徭役，「南人」山高皇帝遠，想找還得過長江，蒙古人鞭長莫及。

這下北方的「漢人」不樂意了，天天修工程，再加上北方本來就缺糧食，蒙古人動不動就圈地養羊，一來二去，「漢人」們忍無可忍，決定造反。

元順帝至正十一年（一三五一年），外來工劉福通在修黃河時挖出一個石人，背上刻著字，叫「挑動黃河天下反」，便帶著一群外來工起義。那時沒軍裝，每人拿塊紅布條往身上一紮，自稱「紅巾軍」。

沒幾年時間，起義的烽火開始燃遍黃河以南、長江以北的廣大地區。其中，張士誠、陳友諒和朱元璋三個人最成氣候。

元順帝開始感到壓力，哪還有祖宗忽必烈的謎之自信，緊急在城門外面修築甕城，臨陣磨槍，不快也光。其中，現在還有肅清門和健德門的甕城遺址，只剩下一截土牆，就在北京的北三環以外。

不過，元順帝想得有點遠，因為那時起義軍內部還在搶地盤，所以甕城一時半刻還用不著。所有起義軍裡面，張士誠是私鹽販子出身，占據淮北，一開始實力最強，地盤大了就開始囂張，直接自稱「大周皇帝」。《水滸傳》裡的「宋江」就是以他為原型，因為作者施耐庵當時是張士誠的軍師。而陳友諒就更別提了，和張士誠是差不多的貨色，一看張士誠稱帝，立刻急了，非得替自己弄個「大漢皇帝」，勢力主要在江西一帶。

和這兩人一比，貧苦人家出身的朱元璋就顯得難能可貴。

貳

朱元璋最早是安徽鳳陽的農民，家裡人都餓死了，被迫出家，其實主要是化緣，就是所謂的乞討為生。之後加入紅巾軍，靠著一身本領，當了首領郭子興的女婿。

現在有人考證的朱元璋畫像，說這位後來的開國皇帝是「鞋拔子臉」，又瘦又長，明顯不可靠。朱元璋的妻子馬氏，不是郭子興的親生女兒，而是戰友的遺孤。

郭子興死後，朱元璋接手他的起義事業，在浙江一帶開始拉攏當地士族和文人，地盤拓展得很快，幾年時間就拿下應天府（今南京）。這時，文人提出三條意見給朱元璋，分別是「高築牆、廣積糧、緩稱王」。

我們倒著分析這三條近乎開天眼的建議。

「緩稱王」，就是讓朱元璋別和張士誠、陳友諒一樣囂張，才拿了多大點地方就開始嚷嚷當皇帝，出頭鳥先死，亂世之中不是比誰叫得響，而是比誰活得長。所以，朱元璋一直自稱「吳王」，很長時間都沒稱帝，後來更低調，乾脆叫「吳國公」。

「廣積糧」就是必須有後勤，這點江浙一帶的人看得很清楚，打仗就是打後勤，別看張士誠他們在那裡快樂，真要打起來，你賣鹽能換來大米嗎？無論什麼時候，糧草才是王道，而儲存糧草就必須要「高築牆」了。

當時的謀士葉兌勸朱元璋：「定都建康，拓地江、廣。進則越兩淮以北征，退則畫長江而自守。夫金陵，古稱龍蟠虎踞帝王之都。藉其兵力資財，以攻則克，以守則固。」建康和金陵說的都是南京，大致意思是南京城連接著長江和廣陵江，往北能打，往南能守。更何況這裡龍盤虎踞，一直是帝王之都，靠著這裡聚集財力、人力，攻守都很方便。他強烈建議朱元璋把南京打造成根據地，方便以後開拓進取。

當時的朱元璋就住在應天府的南唐舊城，對此沒什麼意見。不過，朱元璋的心裡還是有點不舒服，南京城是六朝古都不假，問題是六朝都是些什麼東西，除了殘兵敗將就是割據政權，於是就提出「六朝國祚不永」，想在旁邊單獨建一座宮城。

以前在南京建都的政權，皇宮都是建在玄武湖往南的中軸線上。雖然現在的南京城市急速擴展，但最繁華的地方，如新街口、夫子廟等，依舊不離這條中軸線左右。之前朱元璋所住的南唐宮城也在這條線上，就是現在南京市張府園地鐵站旁邊。

但是，朱元璋決定另闢蹊徑，在當時舊城的東邊，即鍾山山麓之南建城，而工程的負責人，正是在民間有著「神機妙算」之稱的劉基（劉伯溫）。

參

劉基接下這工作，心態都開始崩塌了。他就是再神機妙算，也算不到這個地方能建城，因為朱元璋圈出來的這片地是一個湖。

湖的名字叫做燕雀湖，面積很大，除了龍王爺，一般人根本住不了。但是，朱元璋的勁頭上來了，「與天奮鬥，其樂無窮」，就看中這一帶，指示劉基把湖給填平，非得在這上面建皇宮。無奈之下，劉基只能「移三山，填燕雀」，把湖的大多數水域填平，再修建宮城。

現在考古發現，這一帶的夯土之下挖掘出許多大木樁子，最長的可以達到十五公尺以上，排列得非常整齊，正是當年劉基填湖的宮城遺留，木頭都是杉木，防潮，幾百年來都沒有爛掉。今天去南京明故宮的遺址附近，能看到一片叫「月牙湖」的水域，就是以前燕雀湖的遺留水域之一。

而從某種意義上來說，吳王宮就是最早的明故宮。從一開始就是反「風水」的，只不過鑑於朱元璋強勢的個性，什麼天文地理都得在他面前讓路。

這時已經來到元至正二十六年（一三六六年），此時的朱元璋剛消滅陳友諒，正準備和張士誠一決雌雄，王朝已然初具規模，所以底下的臣子們建議：「一代之興，必有一代之製作，今新城既建，宮闕制度亦宜早定。」讓朱元璋趕緊把宮城的內部規劃提到日程上來。

朱元璋那時已經不缺錢，也想趕緊換個新房子住，就讓手下的人著手開始動工。

關於吳王宮的最初建設，能夠參考的資料已經不多，但根據萬曆年間《明會典》，可以找到如下記載：

吳元年作新內，正殿曰奉天殿，前為奉天門，殿之後曰華蓋殿，華蓋殿之後為謹身殿，皆翼以廊廡；奉天殿之左右各建樓，左曰文樓，右曰武樓；謹身殿之後為宮，前曰乾清宮，後曰坤寧宮，六宮以次序列；周以皇城，城之門，南曰午門，東曰東華，西曰西華，北曰玄武。

資料很長，看裡面的名詞也能發現，現在北京故宮的許多建制，尤其是所謂的「三朝兩宮」，那個時候就已經有了。

當時負責修建的官員拿著圖紙讓朱元璋批准，朱元璋還是比較務實，一看裝修得花裡胡哨，就板起臉孔，指示底下的人：「宮室但取其完固而已，何必過為雕斫。」意思是，宮殿這玩意，屆時能住就行，搞得這麼精細幹嘛，沒必要。

接著後面又跟了一句：「吾嘗謂珠玉非寶，節儉是寶，有所締構一以樸素，何必極雕巧以殫天下之力也。」我早就說過，珠寶玉器這些都不是寶貝，節儉才是，這些建築都搞得樸素一點，別因為這些耗費民脂民膏。不愧是大老闆，這話一說，立刻看破了修宮殿材料的經濟問題，底下的人只能照辦。

朱元璋的風格，在很長一段時間內成為明朝修皇宮的一個指導方針。明朝初期的一百年裡，許多宮殿都沒有特別精細的雕梁畫棟，可以看出朱元璋的「節儉是寶」思想還是傳承滿久的。

而由於用料節儉，新的宮城修建得很快，至正二十六年十二月動工，到了次年九月就完成。從無到有，一共用了不到一年的時間，可以想見是相對簡陋。

但無論怎麼說，有了宮城，朱元璋就開始著手準備稱帝。

一三六八年正月，朱元璋在新建的宮城之中正式登基，定國號為「大明」，宣布當年的年號為「洪武」。一個新的時代，已然在新的宮城中開始。

肆

建國後的朱元璋，加快統一全國的腳步。在吳王宮的修建過程中，他已然戰勝最大的敵人張士誠，接下來要做的就是直搗黃龍，朝元大都進軍。

明洪武元年（一三六八年）八月，抑或是元順帝至正二十八年八月，意氣風發的大將軍徐達，一路北伐，來到元大都城下。對於此時的他來說，元大都是這趟征程的終點；而對於未來的徐達而言，這座之後被改名為北平的城市，將是他無數次征程的起點，他將以此為人生的座標，建立不亞於漢代霍去病、唐代薛仁貴的功勛。

朱元璋曾評價這位和他從小玩到大的摯友：「受命而出，成功而旋，不矜不伐，婦女無所愛，財寶無所取，中正無疵，昭明乎日月，大將軍一人而已。破虜平蠻，功貫古今人第一；出將入相，才兼文武世無雙。」

這麼高的評價，徐達當之無愧，至少對於洪武元年的元大都來說，非常應該感謝徐達的「不矜不伐」和「財寶無所取」。

八月之前，元順帝不敢拿自己的性命去賭一把臨時修建的甕城穩定性，提前跑到上都開平。要是忽必烈活著，大概會被氣瘋，當年搬家「農轉非*」多不容易，後代的敗家子孫說跑就跑，「汗八里」都守不了，開平那地方能守住嗎？

徐達兵不血刃拿下元大都。進城後，徐達沒有為此狂喜，而是馬上告訴部下：「封府庫圖籍，守宮門，禁士卒侵暴。」讓這群大頭兵們進城後千萬別打砸搶，都是我們的東西了，得愛惜。也幸虧徐達的理智，才保存元大都的完整，為之後北京紫禁城的修建提供思路。

朱元璋得知這個消息非常高興，欣然地把元朝的「大都」改名為北平。而在之後的十八年裡，徐達都以北平為前線根據地，出發征討已然跑到草原上的蒙古人。最後，徐達在洪武十八年（一三八五年）病逝於北平城。

後世有說法是徐達當時有背瘡，不能吃「發物[†]」，朱元璋覺得徐達功高震主，派人送隻蒸鵝，把徐達害死了。這說法其實出自於名為《龍興慈記》的文人筆記，內容基本上屬於明朝版的「兒童睡前故事」，絕大多數是子虛烏有。徐達在北平，朱元璋一不會真空包裝，二沒有飛機空運，如何送一隻蒸鵝過去給老兄弟。

拿下北平城後的朱元璋，開始不滿足於金陵一個都城，決定把北宋的開封市定為「北京」（「北京」最早指的是開封），同時定老家鳳陽為「中都」，自己住的金陵為「南京」，本來還想有個「西京」，在長安。總而言之，朱元璋希望像金朝一樣，搭建一個多都城體系。

不過考察了一圈，朱元璋以一個戰略家的理智暫時打消這個念頭，他認為「北京」汴梁城地處中原，屬於四面受敵之處，而西安則是「漕運艱難」，容易斷糧，也不好辦，最後只定下在中都鳳陽和南京建皇宮。

南京是改建，比較容易，但改建得有個章程，以前是「吳王宮」，現在是「明皇宮」，規格絕對不一樣。於是，朱元璋想了個主意，先在老家鳳陽建一個「試驗品」，建起來後再修南京的皇宮，這樣不但建得

＊編註：即農業（農村）人口轉為非農業（城鎮）人口。

† 編註：過敏原，指能引起過敏的物質。中醫傳說鵝為「發物」，吃了背瘡（背疽）會發作而死。

穩妥，老家還能有個「度假別墅」，算是回饋故鄉了。

伍

關於明「中都」鳳陽的建設，歷史遺存的資料不是特別多，只能從《明實錄》和鳳陽當地的史料挖掘一二。但基本上能夠確定的是，當時朱元璋確實是按照都城的標準設計，規模很可能超過最早的吳王宮。

這次建造的時間就不是九個月，而是三至五年。明代《中都志》記載：「洪武三年，建宮殿，立宗廟、大社於城內。」這個「大社」就是指社稷壇。如果結合考古資料去看這個配置，基本上和現在北京紫禁城的配置一樣，「宮殿」應該是對應午門以內的區域，東邊為祭祖的太廟，西邊則是「大社（社稷壇）」，位置就是今北京故宮博物院售票處後面那一帶。

此外，明中都的營建大多採用磚石構建，例如午門和城牆都是如此，這個又與元朝不同。之前說過，忽必烈比較自我，除了宮城城牆為了保護家屬用的是磚牆，其他都是夯土築牆，有的地方連牆都沒有。

朱元璋和忽必烈完全是不一樣的性格，早年靠的就是「高築牆」起家，本身就是走低調奢華路線。再加上元大都的教訓太深刻，一個大一統的王朝，從祖宗開始自信不修防禦工事，到最後才臨時搶修甕城，直接被徐達一舉拿下。

朱元璋絕對不犯這個錯誤，來了個反其道而行之，宮殿可以「節儉是寶」，但宮門包括城牆都必須要包磚，愈結實愈好。

現在考古發現，明中都鳳陽的城磚，幾乎都是用桐油、石灰、糯米漿澆築，有些地方甚至還用了礬，數百年過去了都是乳白色半透明的樣子。這絕對不是純粹為了氣派，內在的防禦實用價值很高。後來，南京的明城牆也是這個配方。我們看南京明城牆的修建和元大都只差了一百年的時間，但後者只剩下一截土牆，但明城牆依舊是世界上保存最完整的古代城防體系。如今我們從明城牆下走，依然會被其雄偉和完整所震撼。歸根結柢，這是忽必烈與朱元璋兩個皇帝思想上的區別。

明「中都」鳳陽的修建，一直持續到洪武八年（一三七五年），但朱元璋這時的想法已經改變。這一年四月，朱元璋親自回一趟老家，感覺中都的建設實在是太浪費了，本來就是試驗品，沒必要搞得這麼正式，因此「詔罷中心都役作」，把工程停掉。理由後面也給了，「以耗費罷」，說明朱元璋開始心疼錢了。

當然，更深層次的原因可能是，朱元璋覺得十鳥在林不如一鳥在手。鳳陽修得熱火朝天，但自己一年到頭去不了幾回，反倒是現在住的南京城看上去差比較多，因此想把人力、物力抽調回來，正式開始改建南京的皇宮。

說動手就動手，當年四月把中都的工程停掉，到了九月就「詔改建大內宮殿」。同時，鑑於「中都」建設的鋪張浪費，朱元璋再次強調：「朕今所作，但求安固，不事華麗。凡雕飾奇巧一切不用，惟樸素堅壯可傳永久，使吾後世子孫守以為法。至於臺榭苑囿之作，勞民費財以事游觀之樂，朕決不為之。」看來朱元璋沒有丟掉艱苦樸素的本性。

陸

既然要求節儉，加上朱元璋就在南京親自監督，建起來自然很快。兩年後的洪武十年（一三七七年），就有了「改建大內宮殿成」的紀錄。當然，所謂皇城體系，不僅是一個皇宮，後來陸陸續續增添許多周邊的建築，例如詹事府等。

如果現在去看改建後的南京皇城體系，會發現幾乎和之後北京故宮的形制完全一樣，一條中軸線，一開始是承天門，往後依次是端門和午門。

午門呈「凹」字形的形制也是從這開始，《明會典》說：「闕門曰午門，翼以兩觀。」不過，這個不算是朱元璋的首創，北宋皇城就有，應該是朱元璋去開封參觀後覺得不錯，直接搬過來。午門前面有所謂的「T」字形廣場和千步廊，用來安置官署，實用性很高。這個也是從北宋皇城拿來的創意，看得出來朱元璋對遷都開封還是認真考慮過的。

過了午門，還有奉天門，再往後就是內金水河。元大都只有金水河，這裡算是明代紫禁城的創舉，上面有五龍橋，過了橋就是所謂的「三大殿」，即奉天殿、華蓋殿和謹身殿，屬於辦公區域，基本保留之前吳王宮的建制。

「三大殿」的取名都很有意思，「奉天」是指「奉天承運」，之前提到的「奉天門」就是從這裡來的。現在看電視劇，太監頒聖旨開頭拉著嗓子喊「奉天承運皇帝詔曰」，和這個是相同意思。

其中，奉天殿是整個紫禁城最重要的一座建築，其他的都好商量，這個不行，相當於核心辦公大樓，是朝廷的門面，必須要標準。奉天門到奉天殿這片區域被稱為奉天殿廣場，在當時的利用率非常高。

朱元璋不到四十歲能統一全國，先不說能力，精力旺盛絕對不是吹牛。當皇帝後，他定下規矩，所有大臣每天早上要在奉天門前集合，彙報工作，被稱為「御門聽政」。這個制度自朱元璋制定後，明朝除了朱元璋，沒有一個人能堅持下來，只能說有些人確實是天賦異稟，模仿不來。

華蓋殿和謹身殿也很有說法，「華蓋」是指古代天帝座位上的九顆星星，和奉天殿的意思差不多；謹身殿則是提醒君王別囂張，凡事得謹慎。

過了「三大殿」，就是真正意義上的「宮城」，後面有皇上住的乾清宮和東、西六宮。這個規制也在之後得以保持，臣子不能進入，只有皇帝和後宮妃嬪能住。

再往後就是御花園，南京故宮的御花園，具體規模可能和現在北京故宮的御花園差距比較大。朱元璋可能不太喜歡花園，比較樸素，反而喜歡「農家樂*」。

《明太祖實錄》有個細節，說朱元璋有一天帶著孩子們在皇宮裡溜達，指著一片空地特意告誡這群孩子：「此非不可起亭館臺榭為遊觀之所，今但令內使種蔬，誠不忍傷民之財，勞民之力耳。」意思是，這裡不是不能造個亭子做為遊玩場所，但我讓太監們在這裡種菜、進行「農家樂」，真的是不忍心再勞民傷財。在「大內」皇宮自己種地，而且是強調實用且並非作秀的人，朱元璋大概是古往今來第一個。

只不過物是人非，明故宮的遺址，尤其是後宮和御花園的部分已經不可考，我們能夠參考的只有一些出土的琉璃瓦當和殘破石雕。

現在去南京坐地鐵二號線，其中還能看到「明故宮」這一站，這個更多的是定位於「前朝」奉天殿的遺址，而御花園包括乾清宮的部分已然很難辨認。

歷史總是帶著遺憾往前走，由朱元璋一手締造的明「中都」和南京城皇宮的建築，分別毀於明末的李自

---

*編註：中國自一九九〇年代以來，廣泛分布於城市近郊，以農業和鄉村消費為特點的旅遊、娛樂、休閒度假的場所總稱，也是對近郊休閒度假方式的總稱。

明故宮遺址出土的龍紋黃釉瓦當，象徵皇權

成起義和晚清的太平天國起義，都屬於「人禍」範疇，現在只能依靠考古去做渺茫的追尋。

不過儘管「肉體」毀滅，但兩座都城的「靈魂」卻以一種不可思議的方式，在遙遠的北平城得以傳之後世，並與當時能夠保留的元大都宮闕一起再次獲得新生，不得不說這是一個傳奇。

而這個傳奇的開始，始於洪武十三年（一三八〇年）的一隻「燕子」。

第二章

永樂的逆襲

隆福宮裡的燕子

洪武十三年（一三八〇年），一支隊伍從南京出發，一路上走走停停，來到當時的北平城下，這支隊伍的領袖正是皇四子燕王朱棣。做為就藩*王爺中的一員，不會有人想到，這位年僅二十歲的皇子，將會在未來幾十年內改變這座城市的命運。

壹

讓燕王就藩北平，不是朱元璋腦子一熱做出的決定。朱棣還很小時，洪武皇帝就已經為他的兒子們規劃了美好的未來。

排行老四的朱棣出生在一三六〇年，換成年號還是元朝至正二十年，他的老爹朱元璋仍處於創業階段，當時正在安徽、江西一帶和陳友諒角逐。朱棣一出生，他連看一眼的時間都沒有，匆匆忙忙地上前線。

導致的結果就是朱棣當時沒有大名，估計就是叫著朱小四這種乳名。不光朱棣沒名字，他的三個哥哥和三個弟弟都沒有名字，加起來七個人，後來被朱元璋合稱為「渡江七子」，意思是渡江前生的七個孩子，搞得有點像建安七子。

老朱家在取名方面都有先上車、後補票的習慣。朱元璋就很典型，叫了二十多年的朱重八，參軍才算有了大名，改名叫朱元璋。稱帝後連帶著追贈父親和兄弟們新名字，老爹從「朱五四」改成「朱世珍」，兄弟分別叫做「朱興隆、朱興盛、朱興祖」。朱元璋也在稱帝後改名，叫做「朱興宗」，和兄弟們加起來正好是「隆盛祖宗」，相當吉利，只不過後來不怎麼用這個名字而已。

到了朱棣這裡也不例外，直到明朝正式建立前一週，朱元璋才去太廟祭祀，稟告祖宗把孩子的名字補上。《明太祖實錄》上講：「維子之生，父命以名，典禮所重，古今皆然。仰承先德，自舉兵渡江以來，生子七人。今長子命名曰標、次曰樉、曰㭎、曰棣、曰橚、曰楨、曰榑……」意思是說，感謝祖宗保佑，從渡江以來，生了七個孩子，現在開始取名。到這為止，朱棣的名字才算定了下來。

朱元璋對兒子們的定位相當長遠，早在「高築牆、廣積糧、緩稱王」的時期，就已經在思考國家之後的運轉問題。

儘管元朝靠著刀和馬打下天下，但正如之前說的那樣，拋開忽必烈的三十年和元順帝的三十年，元朝像走馬燈一樣，三十年換了十個皇帝。從權臣專政到後宮亂權，歷朝歷代政治上能犯的大忌，元朝基本上都登峰造極地展示一遍。而朱元璋的青少年階段就是在這種亂世中度過，所以他必須想辦法規避這種政治上的混亂。

思來想去，還是親兒子靠得住。還沒打下江山，朱元璋已經先把皇長子朱標的正統地位，以及其他兒子做為王爺分封各地的體系搭建完成。到時老大在南京城坐著，弟弟們往邊疆一站，老朱家的江山萬壽無疆。

＊編註：指成年後的王爺必須回到自己的藩地。

但是，培養一個鎮守邊疆的王爺可不容易。像電視劇裡演的普通太平王爺就無所謂，混混日子，等二十歲成年後找個地方，該遛鳥的遛鳥，該聽戲的聽戲，該成家的成家。

然而，守國門就不一樣了。首先必須懂軍事，總不能打起仗來分不清炊事班還是騎兵營，那可是要丟完人丟城，全部完蛋。

當時北方被少數民族統治幾百年，很多地方人煙稀少。駐守邊疆的長官必須上馬打仗、下馬管民，放個草包在這兒很容易禍害平民。萬一到時天怒人怨，老百姓回頭一著急把城門打開，北方就不穩定了。也就是說，以朱棣為代表的這群二十多歲年輕人，至少要擔負起封疆大吏外加「軍區司令員」的工作，培養的路數就任重而道遠了。

貳

洪武三年（一三七〇年），朱元璋建立所謂的「宗人府」，當時還叫「大宗正院」，對皇室子弟進行管理。當然，那時老朱家還沒有開枝散葉，宗人府基本上就是朱元璋父子們自娛自樂，統計成表格估計不到一頁紙，不像後來的幾十萬人，湊在一起能比擬一個縣城。

既然人少，基本上人人都有官做，當時的宗人令，正一品的職位由秦王朱樉擔任；晉王朱棡任左宗正，燕王朱棣任右宗正，周王朱橚任左宗人，楚王朱楨任右宗人，全部都是正一品。反正都是自己的兒子，職位不要錢，隨便給，見了長官都叫哥。

當時最大的二皇子秦王朱樉才十四歲，勉勉強強能處理事務，反正就是統計宗府的人數，加起來沒有十個人。其他的比較離譜，當時燕王朱棣僅十歲，最小的楚王朱楨才六歲，鼻涕還沒擦乾淨。最早的宗人府本質上就是學堂，宗人令相當於班長，每天負責點名，外加彙報弟弟們的學習進度給老爹。

學什麼呢？首先儒家經典和兵法謀略必不可少，這是朱元璋和他的創業團隊起家的東西。尤其是儒學，打仗這種事差不多就行，那時大明朝最不缺的就是能打仗的人。但很多將領都是大老粗，包括朱元璋都沒有接受過系統的文化教育。現在看朱元璋寫的很多詩，基本上格律都對不上，只有意境，放在過去會被文人取笑。

朱元璋和皇后馬氏都很希望孩子們讀書，甚至請了很多隱居的宿儒替孩子們教書。當時有個宿儒叫李希顏，河南人，被朱元璋特地下詔書請過來為皇子們上課。結果，這位老先生實屬不客氣，拿著戒尺，上來就把不聽話的學生敲個滿頭包。

這下朱元璋不樂意了，我的孩子你教可以，打學生算怎麼回事，違反「愛的教育」呀。結果，老先生慢條斯理地說：「烏有以聖人之道訓吾子，顧怒之耶？」就是說，我拿聖人的道理教育你的孩子，你居然還生氣？

朱元璋馬上懂了，覺得他說的有道理，動不得，哪能和聖人過不去！中國傳統文化裡，你和聖人作對，基本上與畜生差不多。所以，朱元璋不光沒收拾李希顏，還以禮相待。在皇子都就藩後，李希顏光榮退休，朱元璋還特別賜給他「緋袍」，就是大紅的官服，待遇和四品以上的官員一樣。

除了儒學以外，朱棣等人還要特別學兩本書，一本叫《宗藩昭鑑錄》，另外一本叫《祖訓錄》。前者記載歷朝歷代藩王的好壞事蹟，先把定位明確告訴你們，該學誰、不該學誰自己斟酌；後者則記載朱元璋平時教育孩子們的話，時不時要回想一下老爹的教誨，別忘了自己該幹什麼。

朱元璋還給兒子們安排體育課，例如《明太祖實錄》上載有：「宜習勞，令內侍製麻履行縢。凡諸子出城稍遠，馬行十七，步行十三。」就是讓孩子們特意穿上布衣麻鞋，出城遠足，騎馬走十分之七的路程，步行十分之三的路程，感受行軍打仗的勞累。

洪武九年（一三七六年）時，朱元璋還把包括朱棣在內的幾個兒子扔回老家鳳陽，就是所謂的「中都」，城市建設水準上肯定不能和南京比，也沒什麼正經八百的宮殿。朱元璋希望這群皇子能在其中感受民間疾苦，以免日後到地方上天高皇帝遠，不守規矩，胡作非為。

到了洪武十三年，朱棣已經在文韜武略上初具水準。這年三月，他正式就藩北平，和他同行的還有大將軍徐達的女兒徐氏。

燕王就藩前，朱元璋琢磨著成家才能立業，就和好兄弟徐達商量：「朕與卿，布衣交也。古君臣相契者，率為婚姻。卿有令女，其以朕子棣配焉。」意思是說，我們從平民百姓開始就是哥兒們，過去君臣關係好到都得結為親家，你有個女兒，和我家四兒子朱棣湊一塊吧。徐達哪敢說不，命都賣給朱元璋了，不差一個女兒。所以，前往鳳陽老家前，徐氏就被賜封為燕王妃，第二年和朱棣成婚。

其實，這一樁婚姻在朱元璋看來，遠不只聯姻這麼簡單。朱棣就藩的地方是北平，屬於反攻北元*的前線，將來朱棣肯定要帶兵打仗。徐達在軍中樹大根深，朱棣手底下免不了要有徐達的手下，朱棣治軍需要他的輔助。

有了徐達做岳父就不一樣了，老丈人的人就是我的人。後來朱棣打北元，手底下就有徐達當年北伐的大將傅友德，順順利利地打贏了。

等朱棣到了北平後，已經為他準備好王府，就是當年元大都的太子府——隆福宮。

參

很多人認為元故宮在明代之後就拆除了，其實不完全對。元故宮的大多數建築在明代初年是完整保存的，只不過在明代的數百年裡陸陸續續坍塌毀壞，例如前文說過放置瀆山大玉海的廣寒殿就是其中之一。

後來，萬曆年間的首輔張居正曾經寫道：「皇城北苑有廣寒殿，瓦甓已壞，榱桷猶存，相傳以為肖后梳妝樓。成祖定鼎燕京，命勿毀，以垂鑑戒。至萬曆七年五月，忽自傾圮……」說明至少在明中後期，北京城裡還有很多元代的建築遺存。

隆福宮的位置大概是在現在太液池（中南海）以西，靈境胡同以北的地方。明朝洪武年間的工部官員蕭洵寫了《故宮遺錄》，後來被人們在幾百年後的地攤上找到。

蕭洵描述這個「故宮」和現在的北京故宮完全不是相同意思，說的就是元故宮，即過去的元宮城，裡面提到：「山後仍為寢宮，連長廡，廡後兩繞邃河，東流金水，亙長街，走東北。又繞紅牆，可二十步許，為光天門，仍辟左右掖門，而繞長廡。中為光天殿，殿後主廊如前，但廊後高起，為隆福宮。」按照這個思路，隆福宮離過去元代的寢宮不遠，屬於標準的元代「大內」。

既然是過去的太子宮，又在「大內」，隆福宮的規制建設和普通藩王的宮殿絕對不是相同等級。這在當時引起很大爭議，朱棣的兄弟們為這事眼都紅了。

那時明朝剛建國，本來就百廢待興，比較窮。老爹朱元璋又是農民出身，崇尚節儉，你建個王府稍不留

＊編註：由孛兒只斤家族退居蒙古高原之後統治的元朝殘存政權。

神就可能趕超皇宮，誰敢大興土木？萬一惹得老爹不開心，王宮直接幫你改成王陵。朱棣白撿了一座現成宮殿，很容易樹大招風。

為了這件事，朱元璋煞費苦心，特地在《祖訓錄》解釋：「凡諸王宮室，並依已定規格起造，不許犯分。燕府因元舊有，若子孫繁盛，小院宮室任從起造。」大致就是說，只要是藩王的宮殿，都得按照目前已經制定的規制建設，不能逾越。老四朱棣那個屬於例外，本來就是元朝留下，所以比較特殊。如果以後他的孩子多了，可以再單獨建小院子。

很多學者為此討論，在宮殿安排這件事上，朱元璋有沒有一些特殊用意在裡面。不過，這個有點過分演義了。朱標的皇太子之位是和朱元璋的皇帝之位一起定下來，穩到不能再穩，以朱元璋的性格，犯不著這麼糾結，提前十幾年暗示。

因此隆福宮的安排，可能就是朱元璋覺得沒必要麻煩，當時建宮殿的木頭主要是從南方找，真要在北京建個王府不知道要等到何年何月才能完成，有現成的，不用白不用。

從洪武十三年開始，燕王朱棣將在隆福宮裡，度過他人生中最無憂無慮的十年，並積極地為反攻北元做好準備。

皇天不負苦心人，到了洪武二十一年（一三八八年），蒙古發生內亂，阿里不哥的後代也速迭兒趁著藍玉打敗北元之際，截殺了北元後主脫古思帖木兒。

朱元璋一看機會來了，果斷決定出手。洪武二十二年（一三八九年）正月，由燕王朱棣和晉王朱棡做統帥，西線歸晉王朱棡管轄，從太原往北走；東線則由燕王朱棣統帥，帶著潁國公傅友德、南雄侯趙庸等人，從北平出發。這是朱棣第一次真正意義上獨自統兵，後來齊王朱榑也跟了過來，歸朱棣統轄。一群人在北平，就等著開春遠征塞外。

朱棣一行人三月從現在北京密雲的古北口出發，沒想到路上正好碰上大雪，按理說大雪行軍屬於找死。但朱棣年輕，不信邪，滿腦子都是出奇制勝，對傅友德說：「天雨雪，彼不虞我至，宜乘雪速進。」就是說，雨雪天氣，對方猜不到我們敢在這種天氣行軍，應該加速前進。

傅友德等人一聽都傻了，心說我們也想不到呀，正常人誰這麼玩命，這種天氣如果迷路、斷了補給，基本上就是全軍覆沒的結果，屬於兵家大忌。但沒辦法，不能和王爺對著幹吧，敢和朱元璋的兒子作對，你有幾條命？就只能硬著頭皮往前走。

結果走著走著就到了迤都（今蒙古國的蘇赫巴托省境內），和元軍來了個面對面，碰到當時的蒙古太尉乃兒不花。乃兒不花沒想到朱棣會從這邊冒出來，嚇得拔腿就跑。當時朱棣手底下有個蒙古投降過來的觀童，他和乃兒不花是老朋友，一見面兩人抱頭痛哭，順便就把乃兒不花勸降了。

這場仗打得非常漂亮，因為乃兒不花不是一個人，他是帶著完整的部落一起回來，相當於不戰而屈人之兵。與之形成對比的是西線晉王朱棡直接在敵國迷路，導致西路軍毫無所獲。朱元璋評價道：「肅清沙漠者，燕王也！」這話一說，基本上奠定了朱棣做為北方東線的軍事節制地位。

假如沒有任何意外，朱棣這隻住在隆福宮裡的燕子，將會逐漸被磨煉成一隻傲視北方的雄鷹，他和他的後代也許會成為世代鎮守邊疆的一支貴族，就這麼繁衍下去。北平將因為政治中心的南移逐漸被冷落，成為類似於西安或洛陽那樣的故都。

只可惜，歷史從不缺少意外。

姚廣孝墓塔，位於北京城西南房山區常樂寺村

慶壽寺之謀

意外發生在兩年後的夏天，就在這一年，皇太子朱標因病逝世，年僅三十七歲。朱標的死是一場「蝴蝶效應」，很快在整個大明朝引起巨大風暴。

壹

首先承受不了這個打擊的是朱元璋，老來喪子。洪武皇帝朱元璋戎馬一生，活到七十一歲，已經是相當硬朗，估計他都沒想到自己是大明朝最長壽的皇帝。

古人平均壽命比較短，年紀大的皇帝免不了要面對皇太子英年早逝的問題。換成一般皇帝可能還好，但朱標屬於開國皇太子，他當太子的時間和朱元璋當皇帝的時間一樣長，班底都為他搭好了。

早在洪武十年（一三七七年）時，朱元璋開始讓朱標代理國政，比朱棣就藩北平還早三年。朱元璋連太子幕府都沒有設立，所有重臣全都在太子府有兼職。其中，開國第一文臣李善長擔任太子少師，中山王徐達兼太子少傅，大將常遇春兼太子少保，後面跟著馮勝、劉基等一批名臣。

簡而言之，朱標可能是明朝歷史上最穩的皇太子，整個洪武朝只有一個「太子黨」，除了朱元璋本人以外，其他人都得往後站。

朱標一死，朱元璋所有的政治安排全亂了，必須把手底下那些人清理一遍才能安排繼承人。他被迫處理藍玉、馮勝、傅友德等一批大將，導致本來人才濟濟的明朝軍界居然出現青黃不接的尷尬現象，也為後面建文朝的無人可用埋下伏筆。

朱標之死的另一個影響就是遷都，在這之前的幾年裡，朱元璋改變建國之初的想法，開始謀劃著遷都的問題，但不是遷到北京，而是遷到長安（今西安）。漢朝和唐朝的首都都在這裡，從歷史角度上說認真地經營中原，這裡最合適。

洪武二十四年（一三九一年），正好在西安就藩的秦王朱樉多次犯錯，朱元璋急了，把他叫回南京臭罵一頓，責令他反省一年。然後，朱元璋派出太子朱標去西安巡視，順便勘察遷都的準備工作。

沒想到可能是水土不服，朱標從西安回來後突然一病不起，在病中還上疏籌建新都的事，結果第二年直接暴斃。這件事導致朱元璋一看見西安二字就有心理陰影，遷都的事情就不了了之。

朱標一死，朱元璋就必須重新安排繼承人。過去的家族傳承是按分支走，從朱標確立太子開始，基本上朱標的血脈就屬於「帝系」，除非帝系血脈斷絕，否則不太可能考慮其他人。所以，朱元璋就把孫子朱允炆確立為皇太孫，準備讓他繼承大統。

洪武三十一年（一三九八年）閏五月，朱元璋病逝於南京，葬在明孝陵（今南京紫金山風景），朱允炆毫無爭議地繼承帝位。

過去皇帝繼承帝位，幹的第一件事就是頒布先帝遺詔，得先表明自己的合法性。朱允炆不是朱標的長子，而是二兒子，上面還有個大哥，只不過後來夭折了。朱標出殯時，朱允炆哭得撕心裂肺。朱元璋一看這孩子真孝順，再加上朱允炆熟讀儒家經典，很符合朱元璋心中的「仁君」形象，就把他立為太孫。因此「仁孝」屬於朱允炆的標籤，別管是不是真的，起碼得把牌子打出來，所以遺詔顯得特別重要。

朱元璋的遺詔上有一條特別引人注意，就是「諸王臨國中，毋至京師」。翻譯過來就是，藩王們在自己的地盤悼念就行，用不著來京城一趟。

這一點問題比較大，按理說當爹的去世，兒子奔喪屬於正常禮節。很多人從這裡開始覺得朱允炆已經對叔叔們起了戒心，否則不會這麼不近人情。這下搞得朱棣非常鬱悶，自己親爹臨終都見不到一面，只能在北平哭幾聲，還沒哭完，建文帝朱允炆就開始削藩。

貳

朱允炆放到今天來說，屬於那種假裝好孩子的文藝青年。朱元璋在的時候比較老實，一當上皇帝，直接愛做什麼做什麼。爺爺「洪武」，我「建文」，天天和齊泰、黃子澄等一群書生紙上談兵，商量著把這個國家改為井田制，就是和商朝的農業制度相同等級，非常富有理想主義色彩。

這時候，建文帝手下的一群儒生們就開始建議，說：「我們這麼改制，很容易遭到反對，誰敢反對呢？大臣們肯定不敢，有這個膽子的都被太祖帶走了，只有皇上您的那些叔叔，仗著輩分比較高，敢教訓您，所以我們開始『削藩』吧！」

朱允炆一聽樂了，早看這些叔叔不順眼。《明史》載，朱允炆還是皇太孫時，就在當時明故宮的東角門邊上和黃子澄聊天，說：「諸王擁重兵，多不法，奈何？」就是問他，這些叔叔一個個兵強馬壯，且都不太守規矩，怎麼辦？黃子澄馬上回答：「諸王護衛兵，才足自守。倘有變，臨以六師，其誰能支？」您叔叔那幾個兵自我防衛還可以，真要是打起來，朝廷大軍一到，全都完蛋。

這一聽就是書生之見，打仗哪是單純拚人數呀？但這兩人一個敢說、一個敢信，朱允炆居然當真了。朱允炆繼位後，馬上把黃子澄找過來，開口就說：「先生憶昔東角門之言乎？」您還記得我們當年在東角門聊的雄心壯志嗎？黃子澄馬上跪下磕頭，表示不敢忘。

其實「削藩」這個思路本質上沒有問題，要加強中央集權，「削藩」是必然的。中國幾千年來都這麼做，不然藩王很容易尾大不掉。但「削藩」不是平叛，藩鎮的存在是合法的，藩王合法的權利被剝奪，後果會很嚴重。

我們看歷朝歷代，「削藩」都是一場持久戰。例方漢朝，歷經漢文帝、漢景帝、漢武帝三代明君，才把這件事擺平，即使是這樣也出現「七國之亂」的局面。但朱允炆完全沒想這麼多，說幹就幹。

朱允炆當時的優勢在於，排名比較靠前的藩王在洪武朝的最後幾年都死得差不多了，其中老二秦王朱樉病死在洪武二十八年（一三九五年），晉王朱棡則病死於洪武三十一年三月，比老爹朱元璋早了不到三個月。這樣一來，燕王朱棣就成為建文帝最年長的皇叔，而且離得比較遠。

這時候，朱允炆有兩個「削藩」思路。第一個就是「擒賊先擒王」，這是齊泰的建議，挑最硬的骨頭啃下來，直接削掉四叔燕王朱棣，這是年紀最長且軍功最大的一位藩王，擺平他，其他人肯定不敢反抗。但朱允炆想了一會，還是動搖了，決定按照另一個思路，先從軟柿子下手。

誰是軟柿子呢？周王。周王朱橚和朱棣是同一個娘生下來的胞弟，而且人就在鳳陽，離得比較近。朱允炆等人就教唆周王的二兒子朱有爋，告發周王謀反，並承諾封他為王。

這件事做得相當不安好心，朱橚是個老實人，屬於學者類型王爺，熱愛醫學事業，他編纂的《救荒本草》，後來被李時珍寫《本草綱目》時大量引用。這種人哪有精力造反，編書的時間都不夠用。但朱允炆不管這個，自導自演，直接把周王押回南京囚禁起來。

有了第一個，下面就好辦了。短短幾個月，建文帝連續舉起「削藩」大刀，代王朱桂、齊王朱榑、岷王朱楩、湘王朱柏先後落馬。一年削掉五個叔叔的王位，成績斐然。

其中，代王和齊王等人還好，只是被圈禁或廢為庶人。湘王比較慘，估計是心理落差大，心想父皇在的時候我活得好好的，現在侄子對我動手動腳，一氣之下，直接自焚而死。

到了這個程度，朱棣就是再傻都明白過來，造反是很難，可也得做好萬全準備。何況這一年，建文帝沒少批評他，他剛繼位不久，就開始拿著隆福宮作文章，說他僭越。

朱棣很憤怒，我在這住了快二十年，欲加之罪，何患無辭，直接回信道：「謂臣府僭侈，過於各府，此皇考所賜……蓋《祖訓錄》營繕條云，明言燕因元舊，非臣敢僭越也。」意思是，這地方是太祖爺給我的，我接手後連塊瓦都不敢加，當年《祖訓錄》講了，和其他王府不一樣，不服你去查。

建文帝一看，不出聲了，他還沒膽子和朱元璋的遺訓過不去，不過這不耽誤他從別的地方下刀。他扯出一個理由，說蒙古軍隊可能要南下，把朱棣手底下的軍隊調到開平。開平就是元朝的上都，在今內蒙古境內，當時離蒙古軍隊還遠著呢。

朱棣就在抗擊蒙古軍隊的一線，哪會不知道消息的真假，氣得鼻子都歪了，但也沒辦法。之後，建文帝又把朱棣的得力手下觀童（勸降乃兒不花的那位）調走，派宋忠過來管理朱棣的軍隊。朝廷又在北平城安排張昺為北平布政使，謝貴、張信為都指揮使，就在北平城內。當時北平城不算太大，基本上對朱棣開啟全天候監視。

到這一步，朱棣頭都大了，造反打不過，老實待著又被朱允炆折騰，這種情況必須找個地方靜靜心，琢磨下一步怎麼走。

去哪裡呢？慶壽寺！

參

慶壽寺始建於金章宗大定二十六年（一一八六年），位置就在現在北京西單邊上。對於明代初年的北平城來說是很有名的寶剎（佛土，對寺院的敬稱），距離朱棣所住的隆福宮很近，走路不到十分鐘的路程。元朝大汗蒙哥在這裡建了兩座佛塔，又被稱為「雙塔寺」。這對佛塔一直到新中國成立後還保存著，一九五三年西長安街擴建才被拆除，這讓建築學家梁思成倍感痛心。當然，朱棣去慶壽寺肯定不是為了看雙塔，而是去找一個住在裡面的老和尚，法號道衍，俗名姚廣孝。

姚廣孝是元末明初亂世特有的人物，出身於醫學和儒學世家。之後，他在姑蘇出家，拜的老師卻是著名的道家名師席應真，也就是說，姚廣孝貫通佛、道、儒三家。傳說這老和尚雙目三角眼，和興建元大都的劉秉忠相同相貌，屬於「病虎」之相，主一生殺伐。

當年馬皇后去世後，朱元璋為了紀念她，派了一批僧人跟隨兒子們去就藩，引導著兒子們信佛，為馬皇后祈福。姚廣孝的路數比較廣，和當時的文人領袖宋濂、高啟等人關係很好，再加上是難得的「通儒之僧」，就被派到燕王朱棣身邊，和朱棣非常聊得來。很多人覺得姚廣孝應該和朱棣同輩，但實際上他只比朱元璋小七歲，算是長輩，更像他的老師。

一見面，朱棣就問姚廣孝這事怎麼辦，總不能活活等死。結果姚廣孝一開口就說大不了我們就造反吧。朱棣一聽都嚇傻了，心想到底是誰被「削藩」，怎麼老和尚比我還急？其實很好理解，姚廣孝那時六十多歲，學了一輩子佛、道、儒，再不找機會瘋狂一把，滿腹經綸就帶到棺材裡去了，所以力勸朱棣造反。

問題是當時朱棣手底下的軍隊都沒多少了，就剩下一群護衛，加起來大約不到千人，要是造反，難度不比老爹朱元璋起家來得小。何況朱元璋還算是亂世出英雄，渾水摸魚成功率比較高。現在大明已經建國三十多年，天下太平，中央政府的威信很高，一個叔叔去和侄子搶位子，說破大天也不合理。朱棣哆囉哆嗦地問了一句：「民心向彼，奈何？」

造反這種事沒什麼回頭箭，要嘛一飛沖天榮登九五，要嘛全家被誅九族。既然準備動手，不用管動機是什麼，總得朝著成功的目標衝。但在古代，你想得天下，第一要素就是大義民心。比較典型的就是晉朝，連續三代弒君上位，造成的後果是別人覺得你得國不正，你能上，我也能上，國家就完蛋了。

這時，老和尚很霸氣地回答道：「臣知天道，何論民心。」擺明就是耍流氓，管民心幹嘛，我造反屬於替天行道，和宋公明（宋江）哥哥相同等級。

姚廣孝還勸說好友袁拱和金忠去輔佐燕王。他們是做什麼的呢？一個相面，一個占卜，主要作用就是洗腦朱棣。這下朱棣開始堅定信心了，至少要做最壞的打算，不然就得和湘王一樣在隆福宮自焚。既然確定想法，很多事就好辦了，姚廣孝當仁不讓地接過最重要的任務，練兵。

現在回看這段歷史，會感慨老和尚真的是造反專家出身，構思太縝密了。《明史》記載，姚廣孝「穴地作重屋，繚以厚垣，密甃翎甋瓶缶，日夜鑄軍器，畜鵝鴨亂其聲」。意思是挖了地洞，蓋上厚牆，埋下大量瓷缸，用來吸收聲音，然後開始造兵器。這還沒完，又養了一群鵝和鴨，擾亂練兵和打造兵器的聲音。

多虧這裡是隆福宮，如果換成普通王府，根本不可能完成這些活動。隆福宮面積大，這些全部在燕王家的後院就辦妥了。在姚廣孝的安排下，造反的物質條件就這麼具備了。

但打造兵器、選拔將領、制訂作戰計畫都需要時間。這時，姚廣孝又為朱棣出了個主意，讓他裝瘋，以此迷惑建文帝，反正天高皇帝遠，無法當面確認，只要把北平這些盯梢的瞞過去就行。

朱棣在建文元年（一三九九年）六月開始裝瘋。大夏天穿著皮襖在北平的大街上亂跑，又哭又笑，時不時抱著爐子喊冷。張昺和謝貴等人一看，六月天不吃冰就算了，還吆喝冷，馬上就信了，趕緊彙報給建文帝，說您四叔瘋了。

但這種事情就瞞一下外人，朱棣不可能天天穿著皮襖，回到家就脫下來，要不然回頭中暑就麻煩了。當時燕王府的長史，就是大管家葛誠，一看朱棣回去後判若兩人就明白了，燕王是裝的。他為什麼裝呢？肯定是想造反，就向張昺和謝貴告密。

建文帝一聽，裝的？馬上告訴都指揮使張信，趕緊找機會把朱棣抓起來，南京也有「精神病院」，不差他這一個。

到這一步，造反已經是一觸即發的事情了。

從北平到南京

我們常講，歷史往往是由無數個小人物構成，而張信可能就是其中之一。最終讓建文帝萬萬沒想到的是，張信這廝看上去濃眉大眼，居然反叛了。

壹

如果按照建文帝的安排，張信應該找一切機會抓捕朱棣。結果這件事被張信的母親知道了，就勸兒子說，我早就聽說燕王要奪取天下，這種人抓不得。不知道老太太在哪兒聽的，真要有這種流言，估計朱棣早就死十次了。張信就去找朱棣，想把實際情況告訴他。

一開始朱棣壓根不敢見，張信去了兩次，連門都不給進。張信急了，想了個辦法，直接找一輛婦人坐的小車，偽裝成女眷，進入燕王府後苑，這才見到朱棣。

剛一見面，朱棣還在裝，像中風一樣不說話。張信說您不用裝，我都知道了。朱棣馬上回答：「疾，非妄也。」意思是說，我真有病，不是假的。

張信一聽樂了，病人哪有自己承認有病的，這演技太差了。他告訴朱棣，你要是再裝，我就按照命令直接動手。朱棣這才明白過來，這兄弟真是來幫忙的，馬上叩首拜謝，說您這是救了我全家老小呀。然後，燕王朱棣馬上聯繫姚廣孝，養兵多日，用兵一時，馬上召開動員大會，我也替天行道一把。

結果這件事比較匆忙，沒選好日子，那天風雨大作，直接把房頂上的瓦片掀了起來，落在地上。過去出征都得找個風和日麗的日子，大風吹瓦，相當不吉利，會直接影響士氣。朱棣也知道，當場就變了臉色。

這時候，姚廣孝站出來，開口就是：「祥也。飛龍在天，從以風雨。瓦墮，將易黃也。」這話簡直絕了，意思是說這非常吉利。為什麼有風雨？說明飛龍在天呀；瓦片為什麼掉了？說明灰瓦不能用，得換黃的，什麼人用黃瓦，皇上呀！一段瘋狂解釋，成功把士氣提升上來。

動員完士兵，該動手了。首先必須控制北平城，這對朱棣來說輕而易舉，他在這裡混了將近二十年，要是連個北平都穩不住，乾脆別起兵了。當時北平城還保存著元大都的建制，一共九座城門，朱棣只用一個晚上就取得所有城門的控制權，順便殺了叛變的長史葛誠。正式打響對抗建文帝的戰爭，號稱「靖難」。

「靖難」是簡稱，全稱是「奉天靖難」，和姚廣孝當時在慶壽寺裡的話差不多。另一個口號是「清君側」，就是說不是侄子想除掉我，而是齊泰、黃子澄那些小人挑撥。這話不算瞎扯，朱元璋在《祖訓錄》寫得很明白：「朝無正臣，內有奸惡，必訓兵討之，以清君側之惡。」意思是，如果朝廷上奸邪當道，藩王可以組織軍隊討伐奸邪之人，讓皇帝身邊乾淨一點。

問題是朱元璋說這話時沒琢磨過來，到底怎麼算奸惡？這樣一來，等於給藩王一個合法造反的理由，當然一般情況下沒人用。但是，到了朱棣這裡，起碼證明自己的合法性，這在造反的過程中非常重要。

建文帝一看四叔造反，很高興，在他的認知裡，這種造反基本上等於送死，而且給他一個「削藩」的理由。他派出老將耿炳文去鎮壓燕王的叛亂。耿炳文是明朝當時碩果僅存的開國元勛，已經六十多歲，和徐達是相同等級的功臣。只可惜打仗這種事不看年紀，耿炳文一開始沒太把朱棣當回事，沒想到朱棣敢主動出擊，遭到當頭一棒，大敗於真定府（今河北正定縣），隨後採取守勢。

建文帝一看急了，到底誰造反呀，你去平亂怎麼還守著不動呢？果然老同事靠不住，沒衝勁，就讓耿炳文回來，換上曹國公李景隆。李景隆在對付周王的過程中出很大的力氣，是「削藩」的一把好手，朱允炆可能覺得他行，就讓他統兵鎮壓朱棣。

貳

從某種意義上說，李景隆打朱棣無論如何都不可能輸，雙方兵力懸殊。當時李景隆手底下約有五十萬大軍，整個江北都歸他控制。但是，朱棣戎馬半生，對李景隆這種靠祖上功勛起家的貨色瞭如指掌，他對付手無寸鐵的周王還行，真打起來基本上不行。朱棣評價他為「紈綺少年耳」，花花公子，啥都不會幹。

而且，朱棣明白，造反這種事情指望防守，肯定是必死之局，所以選擇主動出擊。由姚廣孝和王妃、世子堅守北平城，自己帶兵穿插到敵人後方。那段時間，理論上是「靖難之役」中朱棣最艱難的時候，李景隆就算再草包，朱棣老巢就在北平，所以舉兵攻打北平。

千鈞一髮之際，世子朱高熾（朱棣大兒子）站出來，說：「君父身冒艱險在外，此豈為子優逸時？且根本之地，敵人所必趨者，豈得不禦備。」我爹在外頭拚命，現在哪裡是當兒子在這裡享福的時候，而且北平城是老窩，敵人也不傻，肯定過來，必須做好準備。

朱高熾是個大胖子，而且身體不太好，但他咬著牙，「每四鼓以起，二鼓乃息」，二鼓相當於晚上九點到十一點，四鼓差不多是現在凌晨不到三點，朱高熾每天晚上十一點才睡，凌晨兩、三點爬起來巡邏，確實夠拚命。當時姚廣孝是他的老師，他們倆不愧是師徒，可能一碰上造反都比較亢奮。

燕王妃做為徐達的後代，也不是吃素的，不光幫助參考城防部署，甚至親自上陣，帶著城裡的娘子軍參加防守。後來，一直到好多年後，她臨終之際，始終記得這些軍嫂們，並囑託兒子朱高熾多加撫恤。

但即使這樣，也打得非常辛苦。當時明軍的大將瞿能，一度從彰義門登城。彰義門就是現在的廣安門，在北平城的西邊。眼看城要破了，但李景隆給了機會，感覺早晚都能打上去，幹嘛把功勞給瞿能呢？所以，就讓瞿能回來了。朱高熾一看，馬上亡羊補牢，往城牆上澆水。那時已經是北方的冬天，第二天城牆上凍了一層冰，根本上不去，這才勉強守住。

北平城沒打下來，朱棣就有發揮的空間，從後面包抄李景隆的大軍。李景隆一看害怕了，直接跑回德州。當時南北交通主要靠大運河，德州屬於戰略要衝，等於李景隆直接把整個河北（當時稱直隸）給丟了。

這算是朱棣在「靖難之役」中第一個大勝仗，回去後，將士們為他慶功，說燕王用兵如神，朱棣都不好意思承認，說：「此適中爾，無所喜也。」說都是運氣好，沒什麼好高興的。朱棣事後都在怕，萬一北平真被端走，基本上屬於必死之局。所以，還是得感謝李景隆。但是，就算打贏這一場，成功對朱棣來說依然遙不可及，當時全國的大多數地方還是在建文帝的控制下。之後的幾年裡，朱棣帶著他的軍隊在中國北方展開艱苦卓絕的鬥爭，打得非常慘。

當時濟南是根硬骨頭，李景隆接連戰敗後逃到濟南。山東參政鐵鉉和李景隆手下大將盛庸不信邪，在濟南城和朱棣硬碰硬，活生生把朱棣擋在北方。朱棣一看打不下來，想走。盛庸等人趁機追殺，讓朱棣大敗於東昌，還折損手下大將張玉。這次失利讓朱棣非常迷茫，一度打起退堂鼓。關鍵時刻，還是姚廣孝站了出來，鼓勵朱棣重振旗鼓，第二年，在河北打敗盛庸。

參

一場勝仗當然不能說明什麼，因為造反這種事風險很高，百勝不足定乾坤，一敗足以失天下。

不過打到這一步，姚廣孝開始慢慢地琢磨過來，就勸朱棣：「毋下城邑，疾趨京師。京師單弱，勢必舉。」就是說，別天天盯著濟南那些城市，你是「清君側」，又不是「清濟南」，在這兒耗著沒用，直接衝南京，南京的兵都調出來放在江北，直接殺進去這事就穩了。

姚廣孝看清楚這場戰爭的實質，不是純粹意義上的造反，這是叔叔打侄子，打來打去天下還是姓朱。建文帝說破大天也就是一個皇帝的名號，你衝進南京當了皇帝，那些軍隊就都是你的了。

朱棣一聽明白了，建文三年（一四〇一年）十二月，朱棣帶著軍隊直接繞開濟南和徐州，長驅直入，幾個月就衝到長江邊上。而且愈往南愈好打，像揚州和泗州，比較認可「朱元璋兒子」這個身分，直接投降。

到了建文四年（一四〇二年）六月二日，朱棣直接殺到南京郊外（今南京市浦口），準備過江。現在，朱棣距離大侄子朱允炆只有幾十里路的距離，放到今天坐捷運僅半小時的時間。

事情發展到現在，朱允炆慌了，想割地求和，我們叔侄倆按長江一人一邊。朱棣一聽生氣了，可能是覺得侄子在侮辱他的智商，這緩兵之計也太低級了。直接放話說：「吾今救死不暇，何用地為。」我人都快死了，要地有什麼用，乾淨俐落地過江。水軍一看人家叔侄倆相攻相殺，就別摻和了，果斷投降。

到這一步，南京城已經算是近在咫尺，但打南京是一件很難的事情，打個濟南都這麼費勁，何況當時的首都南京。要是拖得久，估計趕回來支援的軍隊能把朱棣生吞活剝。

關鍵時刻，又是李景隆站了出來。他一琢磨，當時我帶著五十萬大軍都打不過朱棣，現在更打不過，所以直接開城門，賣給朱棣一個面子。就這樣，幾乎兵不血刃，朱棣就打進南京。從渡江到進城，一共花不到十天。從某種意義上來說，李景隆幫助朱棣創造冷兵器時代的戰爭奇蹟。

朱棣進城的第一反應就是找侄子算帳，但可惜沒見到。朱允炆一看四叔進城了，嚇得點把火，自焚而死。關於建文帝到底有沒有死這件事，歷史上爭議比較大，有傳聞說他到了正統年間還活著。不過，這已經不重要，因為新的時代來臨了。

裝模作樣地悼念朱允炆一番後，朱棣毫無爭議地榮登九五，改元「永樂」。

肆

永樂帝上臺後的第一件事，就是取消「建文」這個年號，宣布建文四年為「洪武三十五年」。這個非常重要，因為直接決定著朱棣的皇位到底來得正不正。

如果承認「建文」這個年號，就意味著明朝的帝系還是「朱元璋－朱標－朱允炆」，朱棣就相當於「外人」，毫無爭議是篡位。但是，現在一否認「建文」，帝系就變成「朱元璋－朱棣」，純粹父子之間的傳承，簡單的一個年號，背後所含的意義非常深遠。

再接著就是要面對建文朝的老臣，不用說黃子澄、齊泰甚至鐵鉉這些人，基本上就是誅九族，但有一個人讓朱棣感到相當棘手。就是建文帝的近臣方孝孺，當初建文帝和朱棣商量割地求和，主意就是方孝孺出的。他相當於建文帝的半個老師，天天灌輸心靈雞湯給學生，例如勸建文帝說北方士兵不擅長水仗，我們在長江上和他們決戰，結果沒幾天朱棣就過江了。

按理說，這種書呆子沒有任何用處，成事不足，敗事有餘，又屬於「清君側」的範疇，直接殺掉就沒事了。但是，早在北平還沒出兵時，老和尚姚廣孝就對朱棣再三叮囑，千萬不能殺方孝孺，這個人是文壇領袖，你打天下可以刀槍棍棒，治理天下還是得靠文人，留他一條命，便於收買人心。

方孝孺是宋濂的學生，宋濂編寫《元史》，方孝孺總編《太祖實錄》。在古代，能負責修正史的絕對都是官方認證的文壇碩學加朝廷重臣。例如，元代負責編史的脫脫帖木兒，就是當時的宰相，從治理黃河到鎮壓紅巾軍都有份，編史頂多算兼職。

既然姚廣孝都開口了，再加上確實需要收買人心，於是朱棣耐下性子，忍了方孝孺。不光沒殺他，還讓他繼續當官，反正大明朝不差你這一口飯吃，也算一段佳話。

沒想到方孝孺不要這個臺階，衝勁上來了。朱棣讓他上朝，他直接穿一身喪服，哭哭啼啼地過來。朱棣的臉色很難看，但還是安慰他：「先生毋自苦，予欲法周公輔成王耳。」您別傷心了，我是學周公輔佐成王，幫我侄子一把。

誰知道方孝孺還是不甘休，就質問朱棣，你幹嘛不立侄子的兒子當皇帝，想做什麼呀？問來問去把朱棣問急了，來了一句：「此朕家事。」我們老朱家內部矛盾，你管不著，然後就讓方孝孺起草繼位詔書。

按理說到這一步，給個臺階您就下吧。沒想到方孝孺直接把筆摔在地上，說：「死即死耳，詔不可草！」這詔書打死不寫。

方孝孺血跡石，現存於南京明故宮遺址，相傳為方孝孺被車裂時的血跡染成

朱棣一看火了，說那你就去死吧。直接下令把方孝孺車裂，就在當時的南京明故宮的午門外。現在南京市的午朝門公園正是明故宮的遺址，進門不遠有一塊「血跡石」，相傳就是方孝孺的血跡濺在上面染的。

現在傳的比較特別的是方孝孺被誅十族的故事，意思是朱棣一氣之下，誅殺方孝孺傳統的九族以外還加上師生關係，湊了整數。其實，這件事屬於傳說，最早見於祝枝山寫的《野記》，原文非常具有神話色彩，不怎麼可信。因為《明史》記載得很清楚：「萬曆十三年三月，釋坐孝孺謫戍者後裔。」就是說，明朝中晚期以後被方孝孺牽連的人的後代還活著，只是方孝孺一家老小被滅門。何況當時方孝孺是文壇領袖，弟子、門人很多，永樂帝要是真按師徒關係誅殺，大明朝估計會陷入動盪，所以這不可能。

方孝孺的墓就在南京的雨花臺，他在萬曆年間被平反，當時寫《牡丹亭》的湯顯祖正好在南京，就為他修建墳墓，後來清朝的李鴻章也曾經幫助重修。

方孝孺的反抗給了永樂帝當頭棒喝，讓他意識到自己所建立的政權不是簡單的叔侄互換。無論建文帝多麼不堪，但在讀書人眼裡卻很符合「仁君」形象，為永樂帝收服人心造成很大障礙。

朱棣本來以為方孝孺事件會是一個結束，但他沒想到這僅是一個開始。就在永樂帝登基沒幾天，一個名為景清的人開始發難了。

建文初年，景清在北平做過官，和當時還是燕王的朱棣關係不錯，後來回南京任職。永樂元年（一四〇三年），朱棣加封他為御史大夫。

在一天早朝，景清穿了一身大紅衣服，帶著刀子就進朝堂。糊弄朱棣說：「異星赤色犯帝座，甚急。」就是天上有一顆星星變成紅色，衝撞皇帝所對應的位置，這事比較急，能和您聊聊嗎？

那時的人比較信這些，但這事應該歸欽天監管，你一個御史大夫這麼急幹嘛？何況那一天是早朝，不是大朝會，我們講過明朝四品以上官員穿紅色，正式朝會才這麼穿，平時都是常服。朱棣覺得景清很反常，就讓人搜他的身，結果把刀子搜了出來。朱棣一看，既驚且憤。

這時候，景清一看事情敗露，開始罵朱棣，說是為了替建文帝報仇而來。朱棣怒火中燒，好心被雷親，我給你升官，你還為了我侄子要殺我，直接讓人抽他幾鞭子。可能當時朱棣離得比較近，景清一口血直接噴在他的龍袍上。朱棣大怒，直接把他車裂。

方孝孺和景清是當時比較突出、為建文帝死節的文人，但絕不是孤軍作戰。很多文人在朱棣進城時就直接自殺，例如理學大師程頤的後代程本立，服毒自盡；禮部右侍郎黃觀更絕，全家投水而死。

這些人在精神上給了朱棣很大打擊，他感覺和南方的這些文人無法溝通。這裡面有很多人都是從宋代開始傳承的文化世家，而朱棣在北平待了二十年，是一個豪爽的北方漢子。

在南京的皇宮裡待著，朱棣感到精神上的孤立和政治思想上的格格不入，他必須打破這種僵局，為明朝的政治文化注入新的力量。

朱棣開始動了遷都的念頭。

午時三刻一把火

如果回看歷史，朱棣的遷都想法很早就有體現。甚至在某種意義上說，朱棣做為皇帝的政治生涯中，絕大多數時候都在為這一刻做準備。

壹

《明太宗實錄》記載，早在永樂元年正月，當時的禮部尚書李至善比較擅長拍馬屁，看出皇上的心思，就上疏說：「昔帝王或起布衣定天下……肇跡之地皆有升崇，切見北平布政司，實皇上承運興之地，宜遵太祖高皇帝中都之制，立為京都。」

這話太上道了，意思是說過去皇帝只要獲得天下，他發家的地方肯定要得到推崇。現在北平是皇上您發家的龍興之地，應該和您老爹把老家鳳陽定為「中都」一樣，把北平也定為京都。

朱棣聽了很開心，但也得矜持一下，何況南京城當了三十多年首都，遺老遺少的貴族比較多，一下子改了也不合適，所以，只是把北平改成「北京」。

通州北運河，南方的漕運運到此處後再轉運到北京

從此以後，明朝相當於有兩個真正意義上的都城，鳳陽做為「中都」已經邊緣化，而且離南京太近，不太具備實際意義。而南京則被稱為「京師」，說明還是中心，而北京則被稱為「行在」，意思是天子巡遊途中所在的地方。大臣們一看，只要不傻基本上都懂了，皇上要準備遷都。

不過，好在當年朱元璋做了伏筆，他晚年講得很明白：「本欲遷都，今朕年老，精力已倦。又天下新定，不欲勞民。且廢興有數，只得聽天。」就是說，我本來想遷都，但年紀大了，加上天下安穩沒多久，就別折騰，聽天由命算了。所以說，對於遷都的事，大臣們都有心理準備。

到這一步，朱棣就不怕別人知道了，三月春天一到，就宣布開海禁，走海路運輸物資到北京，而且每年如此。而且，遷徙很多人口去北京，從此，北京城真正意義上的建設開始了。

當然，只開海運肯定不夠，那個時代海運雖然快，但成功率比較低，而且不準時，這很麻煩。而且，朱棣的定位中，北京不僅是未來的首都，也是北伐的前線總指揮部。在北方打仗，十分講究發兵時間，必須春、夏出發，總不能軍隊到齊，軍糧還沒到。而且，將來北京的人口肯定會大規模增加，把吃飯問題交給大海，那北京就不用建天壇，家家戶戶供奉龍王爺算了。所以，朱棣做了一個對明、清兩代政治影響極深的決定，就是開通漕運。意思是透過大運河直接把南方的糧食運到北方，有點像現在的南水北調。這樣一來，直接產生兩個影響。

第一就是穩住北京的建都，不然解決不了糧食問題，北京城就談不上建設。第二就是北京等於把經濟命脈交到南方手裡，這將在未來產生一系列的連鎖反應。糧食問題一解決，再往後就是宮殿。過去的京城不像現在，皇宮占地面積很大，基本上可以稱為「皇城」。

貳

明朝建宮殿和元朝是相同套路，講究先「天文」後「地理」。天文注意的是必須定住「一點一線」。首先，這個和國運相關，古代人很講究。其次，總不能開始時先建一批，回頭隨心所欲地添加，到最後皇上和老百姓搶地方，弄得像「申請國賠」一樣，不好規劃。

「一點」說的是天文學上的紫微宮，又叫紫微垣。《宋史・天文志》說：「紫微垣在北斗北，左右環列也。」紫微星是古代天文學裡面的帝王星，其他星辰都圍繞它轉。紫微垣對應的就是「三大殿」的區域，然後以「三大殿」為中心，再去建設其他宮殿。

在秦、漢和唐、宋，宮城都是以紫微垣為中心，例如唐代的杜甫比較愛國，就曾經寫過：「紫微臨大角，皇級正乘輿。」而到了元代，蒙古人的皇城是逐水草而居，所以圍繞著太液池而建，偏離紫微垣，就不能叫做紫禁城。漢族人不講究這套，反正不放羊，到朱元璋時代又改了回來。

現在講紫禁城的「紫」，就是紫微垣的意思。要是非得在字句上挑毛病，北京故宮的歷史嚴格地算起來是從元朝開始。但是，如果討論「紫禁城」的歷史，不好意思，元朝那個就不能算，畢竟連個「紫」都沒有。

理論上的「紫禁城」不只一個，秦、漢、唐、宋的皇城都能叫紫禁城，不過現在都沒有了，所以「紫禁城」成為明、清皇宮的專屬稱呼。

「一線」就是中軸線，這個思路也和元朝一樣，先定中軸線再安排建築。這條線相當於中國的「零度經線」，必須定時，總不能皇上在北京看時間按四川的時區走。因此這條中軸線又叫「龍脈」，動不得。

後來，清朝的貪官和珅把康熙皇帝「天下第一福」的碑文從皇宮裡偷了出來，放在自己家後院的假山山洞裡。和珅家就是現在的恭王府，嘉慶皇帝抄他家時，本來想把石碑弄回皇宮，結果和珅比較有心機，直接把假山造在中軸線上。嘉慶皇帝一看傻眼，犯不著為了一個「福」字把「龍脈」挑了，乾脆就樣吧。所以，這塊碑現在還在恭王府假山的祕雲洞裡。

確定好「一點一線」，就要開始動工了，圖紙基本上都是現成的。

之前說了，北京紫禁城的建設有兩個藍本，第一個就是南京的故宮，我們現在看明故宮的復原圖，從端門、午門到奉天、華蓋、謹身「三大殿」，再到後面的東、西六宮，基本上規制相同。而修好紫禁城，後續城市整體的配套設施其實都好辦。

第二個就是當年被朱元璋喊停的鳳陽「中都」宮殿，雖然停工，但圖紙保留了下來。從南京到鳳陽再到北京，基本上一脈相承，《明朝典匯》說得很清楚：「凡廟社、郊祀、壇場、宮殿、門闕，規制悉如南京。」

有了圖紙就好辦，永樂四年（一四〇六年），永樂皇帝下詔說：「以明年五月建北京宮殿，分遣大臣采木於四川、湖廣、江西、浙江、山西。」明年在北京造房子，今年先找木頭。

從元朝開始，宮殿建造就大量地使用楠木，因為木質好，結構緊密，紋理漂亮，不易變形。但是，找楠木特別費勁，因為需要找成材的，樹要是比人矮，你好意思拿去蓋房子嗎？

朱棣運氣比較好的是，雖然元朝也用楠木，但元朝比較亂，除了忽必烈以外用的不多，所以還能找到不少好料子。現在故宮裡已經沒有當時永樂時期的原樣建築，但從永樂皇帝的陵寢長陵祾恩殿所使用的木料來看，最大的木料高十四公尺，直徑約一．二公尺，這對後世的帝王來說基本上不敢想。祾恩殿當然不能和「三大殿」相比，可以想像當年的故宮有多氣派。

為了找木頭，當時的工部尚書宋禮連辦公室都坐不住，大老遠從北京趕到四川，親自盯著手下找木頭。楠木主要生長在南方，尤其是四川和雲貴，路特別難走。為了找楠木，人在深山老林裡出點意外太正常了，當時的四川人甚至達到「入山一千，出山五百」的程度。有個吏部主事蕭儀比較不怕死，寫了一首詩〈伐木謠〉，非常真實，和唐朝白居易的〈賣炭翁〉有得比，裡面說：

去年拖木入閩關，後平山裡天正寒。
夫丁已隨瘴毒歿，存者始惜形神單。
稺子多孤母多老，幾度臨門望歸早。

火伴還家始報音，遺骸已潤荒山草。
官家役簿未除名，孤兒嫠婦仍登程。
去年丁壯已殞歿，今年孤弱知無生。
君門如天多隔阻，聖主那知萬民苦。

而且，木材不是說找到就沒事了，還得運到北京去。人力是不可能的，爬山都費勁，更不用說扛木頭。必須等夏天，暴雨引起山洪，把木頭沖下山，然後拖到江裡，走水路運到北京。

有時候，人跑得沒水快，木頭丟了，那不好意思，運木頭的人全都論罪處死。這件事放到現在來看相當不講理，我找的木頭丟了怎麼樣，回頭再幫你找一根不就好了嗎？不好意思，普天之下，莫非王土，你找到就不是你的了，是皇上的，弄丟了皇上的木頭，你還想活著？

運一根木頭都這麼麻煩，何況其他材料呢？導致紫禁城的建造速度不快。而

北京故宮角樓

且，建宮殿這種工程，對於國家來說屬於標準的錦上添花，但凡國家有點事、手頭緊，工程就得暫緩，因此紫禁城的建設準備工作持續很多年，一直斷斷續續地做。

參

雖然宮殿暫時沒修好，但也不耽誤朱棣在北京辦公。

永樂五年（一四〇七年），陪伴朱棣多年的患難夫妻徐皇后因病逝世。在家庭和事業的發展上，朱棣與父親朱元璋的軌跡有著驚人的相似：都是四十歲左右登上皇位，也都壯年喪妻。對於突如其來的不幸，朱棣選擇和朱元璋一樣的態度：深切悼念，從此不再立后。同時，朱棣宣布，徐皇后將葬於北京郊外的長陵。

皇后葬在北京，朱棣遷都的心思就更明顯了，將來不可能來個夫妻南北分居。尤其在永樂八年（一四一〇年），朱棣親征蒙古後，他待在北京的時間更多了，就住在之前的燕王府裡。

既然是皇帝，以前的王府肯定比較寒酸，必須大修。以前當燕王時「不曾一毫增損」，現在當了皇上，可以盡情地建，再也沒人說你是違章建築了。當時北京等於同時開了三個工程：燕王府的重建、皇宮的準備工作和北京郊外帝陵的修建。

好不容易到了永樂十四年（一四一六年）底，朱棣從北方再次打仗回到南京，外部形勢暫時穩住。朱棣已經五十六歲，感覺這件事得抓緊。畢竟準備十幾年，哪天龍馭賓天，到頭來新宮殿都沒住過那可虧大了，

於是就讓工部遞摺子，並召集群臣商議這件事。

首先，朱棣表示：「營建事重，恐民力不堪。」剛打完仗，勞民傷財地蓋房子不太好吧。臣子們一看馬上就明白，紛紛說：「皇上營建北京，為子孫帝王萬之業。」表示您這是為大明朝開萬世基業呀。「天意人心，昭然可見，然陛下重於勞民，延緩至今，臣等切惟宗社大計正……伏乞早賜」。這馬屁拍得太舒服了，翻譯過來就是，建京城和宮殿這件事，上合天意、下應民心，只不過之前皇上您心疼老百姓，因此一直沒做，現在我們這些當臣子的，跪求您趕緊為了江山社稷，答應這件事吧。

朱棣聽了很高興，臣子們都很上道，於是批准正式開始建設紫禁城。北京和紫禁城的建設，從永樂十四年開始，一直持續到永樂十八年（一四二〇年）結束，相當於用了四年的時間，當然之前做的準備工作也很重要，很多物資都已經透過漕運和海運送到北京。

即使是這樣，四年的時間在帝都的建設中算很快了。這可能要歸功於當時大明朝才開國四十多年，工程很多，培養出一大批成熟工匠，永樂朝時大多還在，活動一下老胳膊、老腿，還能發光發熱。老人們一邊帶徒弟一邊做，不僅確保質量地完成任務，還在原藍本的基礎上有所創新。

比較典型的就是紫禁城的角樓，非常有特色，上上下下加起來共有九梁十八柱七十二條脊，結構複雜，設計巧妙，確實令人瞠目結舌。

相傳這種想法最早是朱棣提出，打算建這種四個角樓，把紫禁城搞得與眾不同。問題是朱棣明顯是外行指導內行，隨口一說就是世界級難題。

上面動動嘴，手下跑斷腿。以前的工匠們都沒蓋過這種樣式，壓力很大。後來，工部的匠人湊在一起，琢磨很長時間，忽然有人想到裝蟈蟈的籠子是用秸稈插起來的，買來一看，正好就是想要的那種結構，就從蟈蟈籠子上借鑑出創意，才有了現在的角樓。現在的角樓已經是紫禁城的代表景物之一，基本上僅次於午門和太和殿。

在老、中、青三代工匠的共同努力下，到了永樂十八年底，工程正式完工，這次建設基本上奠定之後六百年裡北京城和紫禁城的建築格局。

現在看紫禁城，基本上所有的正式建築都始建於永樂十八年，例如「三大殿」和東、西六宮等，之後的工程基本上都是翻修和重建。而在北京城的建設上，比較突出的就是把之前元大都的南城牆繼續往南邊移動，之前的南城牆在現在的長安街上，從永樂朝開始就移動到前門大街。其他的一些建築，諸如鐘樓、鼓樓，包括大多數的城門，都是那時候修建的。

房子修好了，就該準備搬家，這一年十一月四日，朱棣正式發布遷都的詔令，宣布從第二年開始，北京就是大明朝正式的首都。為了這一天，朱棣足足準備了十八年。

肆

皇帝搬家比較講究，必須算凶吉，否則會影響國運。《嘉興府志補》記載朱棣找了當時欽天監的漏刻博士*胡瀚，占卜「三大殿」搬遷的凶吉問題。

欽天監是負責觀察天文星象的機構，秦、漢時期就有，歷朝歷代最大的作用可能就是制定曆法，順便替

＊編註：中國古代文官官職名，通常是天文曆法換算。漏刻原指水鐘，但這裡指時間，為配置於欽天監官署之基層官員。

一些大事件算算日子，拿點賞賜。而漏刻博士是裡面很小的官，從九品，主要負責報時。

胡纘不知道哪根筋不對，一開口就對朱棣說三大殿「某月某日午時當毀」，這個時間結合文意應該給了出來，即四月庚子日。

朱棣聽了很不高興，眼看著要遷都，你一個負責報時的小官在這瞎嚷嚷什麼。就把他關起來，說等著，要是三大殿沒事，回頭砍了你。

到了第二年四月初八（庚子），應該就是胡纘所說的那一天了，一到正午（中午十二點），胡纘拜託獄卒去看看「三大殿」怎麼樣了。獄卒一看，對他說什麼事都沒有，「三大殿」好好的呢。胡纘一聽直接服毒自殺，朱棣秋後算帳那麼狠，還不如落個全屍。

但到了午時三刻（約中午十二時四十五分），風起雲湧，雷電砸下來，點燃了「三大殿」，全部燒光。朱棣傻眼，再去找胡纘也來不及了。

為何胡纘在從九品升不上去呢？專業知識太不足了，古人說一天裡陽氣最盛的時候應該是午時三刻，所以都在這個時候處決人犯。老胡十二點就直接喝藥，再等個四十五分鐘就什麼事都沒有了。

當然，這件事有很多傳說色彩。但不可否認的是，四月初八這天，「三大殿」確實遭到雷擊，而且確實被燒毀。後來，有些官員的奏摺名是《奉天殿災疏》，說明火災應該是從奉天殿（後來的太和殿）燒過去的。

這下官員一片慌亂，過去有個地震，皇帝都必須出來道歉，畢竟你是天子，國家出現這種天災，說明你有違天意。

何況雷擊燒毀剛建成的「三大殿」，這種事太邪門，連朱棣都開始害怕，下了詔書認錯：「朕心惶懼，莫知所措……朕所行果有不當，宜條陳無隱，庶圖悛改，以回天意。」我現在怕了，之前做的要是有哪裡不對，你們這些大臣直接說，我改，請求上天原諒我。

但眾所周知，提意見給老闆是一門學問，皇上這麼說可以，你要是當真，那就完蛋了。但是，修建北京城這件事加上遷都，群臣確實壓了一堆意見，既然有機會，很多人就憋不住了。

以侍讀李時勉為首的一批人，開始批評朱棣在建設北京城和皇宮的過程中操之過急，造成很多浪費，而且夾雜貪汙現

「三大殿」側視圖，始建成於永樂十八年，後經多次重建

象。朱棣一開始的態度比較好，雖然生氣，但還是決定實行「惠政」，例如暫停很多花費冗雜的採買項目，增加補貼給參加徭役的人，對於人民都是比較實在的好事。導致的結果是，有的人看到皇帝好說話，就開始得寸進尺。其中，比較突出的就是吏部主事蕭儀，就是之前講過寫〈伐木謠〉的那位。

蕭儀一開口，就是直接扯到遷都問題：「豈不以金祚僅百年，元祚不盈百年，非宜都乎？」北京這個地方不行，你看金朝一共在這地方待了百十來年，元朝連一百年都沒待夠，所以說這個地方不適合做為國都。

這下子朱棣不能忍了，遷都北京是他堅持將近二十年的國策，大明朝為此耗費上億財產，現在蕭儀上嘴唇碰下嘴唇，一下子否決掉，你想造反嗎？

蕭儀的下場，現在已經不好考證，《明史》說他「病卒於獄中」，這很可疑。後世王世貞說的更為可信一點：「本朝言事之臣……惟蕭儀之諫遷都至於剮。」意思是，本朝敢於上書直言的大臣裡，只有蕭儀因為諫言遷都的事情，最後落得被千刀萬剮的結局。無論死法是什麼，蕭儀的死給其他人很大的震懾，不敢直接說遷都的事情，而暗流依舊在朝廷裡波濤洶湧。

午時三刻的一場火，幾乎讓朱棣的所有籌劃化為灰燼。此時的朱棣，已經是風燭殘年的老人，再也沒有當年力排眾議的雄心壯志。他被迫承認「兩京」的存在，並在之後的歲月裡，再也沒有開啟重修「三大殿」的活動。

大明朝在法律的角度上，正式形成兩個都城的政治格局。而對於剛遭遇劫難的紫禁城來說，一切才剛剛開始。

第三章 仁宣之治

仁君朱高熾

假如時光可以倒流，我們不妨回到永樂八年的春天，朱棣開啟漫長的親征之旅。而從某種角度上講，永樂八年將會成為整個永樂王朝的分水嶺。

壹

可能是朱元璋從朱棣小時候就沒把他當作「儲備」皇帝培養，所以朱棣對處理政務，包括和文臣打交道這些事特別不耐煩。畢竟有能力是一回事，願不願意做就是另一回事了。

但老話講「在其位，謀其政」，繼位的頭幾年，朱棣還是硬著頭皮待在南京的奉天殿，老老實實地批閱奏章。不得不說，除去已故的太子朱標，朱棣是朱元璋最有天賦的兒子，諸如「鄭和下西洋」、編纂《永樂大典》等，都是出自於永樂朝的頭幾年。

但是，到了永樂七年（一四〇九年），大將丘福在漠北兵敗身亡，這下朱棣坐不住了。

朱元璋的時代，流亡的北元政府成為洪武年間武將獲取功勛的最大來源，包括朱棣發家的軍功，也是在征戰北元的過程中取得。

到了永樂年間，明朝開始把殘餘的蒙古人稱為「韃靼」。與此同時，另一支少數民族瓦剌也在草原上崛起，這兩個民族基本上構成永樂時期的北方對外格局。

瓦剌的崛起很好理解，之前歐亞大陸差不多快被蒙古人拿下，結果蒙古人的組織一倒，被壓制的各路好漢都開始出山。例如，現在的俄羅斯，之前就是一個城，叫莫斯科。一看蒙古人大勢已去，莫斯科就公開宣布反抗蒙古，慢慢地發展起來。

瓦剌當時混得可能比蒙古人好一點，屬於一個完整部族。在成吉思汗和忽必烈的時期非常老實，基本上都是和蒙古大汗結為「安達」，就和《射雕英雄傳》中拖雷與郭靖的關係差不多。

到了洪武二十二年（一三八九年）北元內亂，瓦剌一看，馬上翻臉不認帳，掏出刀子開始動手。敵人的敵人就是朋友，因此在永樂時期，明朝和瓦剌的關係不錯，主要是對付韃靼。

一開始，朱棣沒想自己動手，派老部下丘福帶兵遠征韃靼。丘福雖然因為「靖難」有功被封為淇國公，但在這之前，他當過最大的官是燕王府的中護衛千戶，即現今一個團的編制。在朱元璋時代，絕對不缺武將出人頭地的機會，而丘福年近六十歲還在燕王府當千戶，就很能說明才能了。

朱棣顯然對手下嚴重估計不足，真拿著丘福當徐達了。丘福到戰場，馬上被韃靼誘敵深入，甩開大部隊，直接帶著近千人追擊，可能還是覺得一個團用起來比較順手。追擊前，將士哭著勸他，他不聽，估計是把韃靼當成李景隆，最後中了埋伏，全軍覆沒。

消息一傳來，朱棣大為惱火，直接剝奪丘福的世襲爵位，全家流放海南。但是，朱棣也沒辦法，大明朝那時的將領正好青黃不接，能打的都被朱元璋在晚年時期殺掉，不然也輪不到朱棣「靖難」成功。於是乎，朱棣前後一想，乾脆御駕親征算了。

在古代，御駕親征是一件很有風險的事。以前通訊不發達，皇上一離開首都，很多奏章都到不了皇上手裡，八百里加急這種待遇不是到處都有，必須留下人在首都處理政務，不可能讓郵差跟著皇上滿世界跑。好在朱棣完全不用擔心這個問題，有個現成的人選就擺在那裡，不做他想。

這個人就是太子朱高熾。

父皇出征，太子監國，這套流程朱高熾太熟悉了。當年在北平守家時就是這麼做，處理朝政再難，也不可能難過北平保衛戰吧。

貳

朱家取名字很講究，朱元璋特別沉迷於取名字，不光替父母、兄弟都換了名字，還為子孫後世制定取名字的規矩。兒子的名字是他親自取的，這個不算，但從孫子輩開始，每一支血脈都賜二十個字，每一代用一個字，放在第二個字做輩分，例如朱棣這一支就是「高瞻祁見祐，厚載翊常由，慈和怡伯仲，簡靖迪先猷」，「高」是第一輩。

朱元璋還規定，每一代的第三個字必須用「金木水火土」的偏旁順序輪換，不能改。後來老朱家子孫一見面，很難認錯輩分，看看偏旁，五代以內基本上不會認錯。

朱棣這一批是「木」，長子朱標、四子朱棣等都是帶「木」字旁。而根據「五行相生」的原理，「木生火」，第三代都必須帶「火」，朱允炆、朱高熾和朱棣三兒子朱高燧都是這樣。

可能有人不理解為什麼朱棣二兒子會叫朱高煦，在古代漢語裡，「灬」這個部首的讀音就是「火」，等於有「火」。後來的正德皇帝朱厚照也是「火」字輩，只不過那已經是朱高熾五代之後的事情了。朱高熾生得很早，是朱棣的長子，當時朱棣才十八歲。按照朱元璋的個性，朱高熾的名字應該是由他老人家親自操刀。而且，朱高熾也被爺爺朱元璋所喜愛，因為他少年就有仁厚之相，很符合朱元璋對子孫的定位。

不過朱高熾畢竟不是大明「寶鈔」，不可能人見人愛，這邊爺爺疼他，那頭老爹朱棣就不喜歡了。朱棣不喜歡朱高熾的原因，主要是由於疾病，朱高熾最後胖到走路都必須要人攙扶的地步。朱棣戎馬一生，從侄子打到蒙古人，最看不慣的就是像朱高熾那樣一百公斤肉坐在那裡，天天批文件。

老爹一看不慣大兒子，其他孩子就容易跳出來爭家產。於是，二兒子朱高煦就站了出來。朱高煦比哥哥小兩歲，但各方面和朱高熾正好相反。從前在南京時，朱元璋就特別不喜歡這個孫子，當時藩王的兒子都一起上學，而朱高煦是出了名的調皮搗蛋和不學習。但是，人長得孔武有力，很有朱棣年輕時的感覺，所以被老爹喜歡。

到了「靖難」時，兩個兒子開始面臨不同任務。中國的傳統是嫡長子繼承制，不光繼承財產，也有手下人的效忠。朱棣帶兵出去打仗，朱高熾必須留在北平鎮守，如果朱棣真有什麼意外，燕王府不至於樹倒猢猻散。而朱高煦則陪著父親打天下，征戰四方。

某次戰敗後，朱棣比較慘，正好趕上朱高煦帶著部隊前來救援，轉危為安。

朱棣當時很激動，畢竟打虎親兄弟，上陣父子兵，關鍵時刻還是老二靠得住，換成朱高熾，估計馬都馱不動他。人一激動，說話就不經過腦袋，朱棣來了一句：「吾病矣，汝努力，世子多疾。」這話一說不得了，意思就是老爹累了，你加油吧，你哥哥的身體不太好。

北京故宮文華殿，過去為太子居住、學習之所

這話暗示得太明顯，朱高煦一聽，就像打了興奮劑一樣。當時他人在軍中，朱棣身邊的一群武將，諸如朱能、丘福等人主動聚攏在他的身邊，形成一股勢力。如果換成一般人，可能大明朝就真的換了太子，奈何朱高熾實在太優秀，優秀到朱棣都找不出他的毛病。

參

在古代，嫡長子繼承制不能隨便更改，何況在永樂二年（一四〇四年），朱高熾被確立為太子，就更換不得了。當時，如果皇帝打算換太子，無論朝臣願不願意，一般都要上疏勸諫，因為太子屬於「半君」，也是大臣們需要效忠的對象，不痛心疾首地表示一下，都不好意思說自己讀過聖賢書。況且，朱高熾有自己的派系，早在北平守城時，他的老師就是姚廣孝。

姚廣孝對朱棣的影響力不用說，地球人都知道。這位老和尚在「靖難」後拒絕朱棣讓他還俗的好意，白天一身朝服，晚上一身僧袍，人稱「黑衣宰相」。和朱高熾則是北平城並肩作戰四年的師生情，朱高熾一當太子，姚廣孝就做了太子少師。平時朱棣不在南京，都是姚廣孝輔助太子處理政務。只要老和尚往那一坐，基本上沒人敢造次。

再一方面，朱棣登基後，朝堂上新舊更迭，新提拔起來的一批讀書人都主動圍繞在朱高熾身邊，所以他有個很穩定的文臣派系。這個派系在朱高熾監國期間，維持著國家的日常運轉。

更何況，朱高熾還有一個得天獨厚的優勢，就是生下皇太孫朱瞻基。

老朱家有隔代親的習慣，朱元璋在兒子面前基本上都是暴力執法，但教導起孫子來循循善誘，慈祥地像換了一個人似的。而朱棣也不能免俗，他對一百多公斤的朱高熾怎麼看怎麼不順眼，卻格外疼愛朱高熾的長子朱瞻基。

朱瞻基的出生很不尋常，當時是洪武三十一年，朱元璋去世前夕，還是燕王朱棣突然夢到老爹遞給他一個白圭。白圭是過去帝王或諸侯手裡拿著的禮器，這種東西不能輕易授人。朱棣一覺醒來，下面的人就告訴他，您的大孫子出生了。朱棣一聽非常高興，覺得這個孫子正好對應了夢境，加上又是長孫，所以特別疼愛他。

但即使是這樣，朱棣在兩個孩子之間還是猶豫不決，要不然也不會到登基第二年才確立太子。很多改朝換代的君主都會有這種疑慮，因為好幾個兒子都屬於創業根基，感情都很深。朱棣就去問別人，做為參考意見。

首先問的是解縉，他是明朝大才子，不過比較恃才傲物，年少輕狂，朱元璋時期就做了翰林學士。朱元璋很喜歡他，曾告訴他說：「朕與爾義則君臣，恩猶父子，當知無不言。」我們表面是君臣，但關係像父子一樣，有什麼事你就說。

誰承想，解縉人比較直，把長官的話當真了，三不五時上個萬言書。朱元璋受不了了，覺得這樣太得罪人，就把他打發到地方上，希望磨煉一下他的性格。

到了永樂朝，朱棣又想起解縉，就把他提拔上來，讓他主持編修《永樂大典》和《太祖實錄》。解縉辦得很漂亮，一躍成為文臣裡數一數二的人物。

解縉不僅文章漂亮，字也寫得好。北京遷都籌備期間，很多對聯就是解縉所寫。例如，大明門上的對聯「日月光天德，山河壯帝居」就是他親筆書寫。

解縉是出了名有文采、沒腦子，這副對聯的問題太大了。它最早的出處是陳後主被隋朝俘虜後的酬和之作，不要臉的程度堪比劉禪的「樂不思蜀」，屬於亡國之音。而大明門是國門，是出入皇城最重要的大門，這對聯哪能用到國門上呀！從這不難看出，解縉是個很不講究細節的人，為他之後的命運埋下伏筆。

解縉做為文臣，是個標準的「太子黨」。一看皇帝問話，馬上回答說：「為長，古來如此。皇太子仁孝，天下歸附，若棄之立次，必興爭端。先例一開，怕難有寧日，歷代事可為前車之鑑。」立儲一定要立長，何況朱高熾仁慈孝順，沒事把他廢了，相當於為後世開一個不好的頭，往後就沒有安寧了。

這話沒問題，但屬於和稀泥，朱棣聽完很不高興，我對你掏心掏肺，你在這裡用一堆廢話搪塞我。解縉一看沒轍，就說了一句「好聖孫」。朱棣一聽，馬上明白那時孫子朱瞻基已經七、八歲，古人講「三歲看大，七歲看老」，朱瞻基很有朱棣的風範，從小能文能武，就衝著這個孫子，也不能把他爹給換了。

然後，朱棣又問了幾個人，基本上都是這些話，沒人敢說立朱高煦。朱棣一看就死心了，他告訴朱高煦和三兒子朱高燧：「元子仁賢，又太祖所立，真社稷主，汝等勿復言。」意思是，你哥做事沒毛病，加上你爺爺當年很認可他，確實是當皇帝的料，你們別說了，老老實實地當個太平王爺就好。

朱棣就把朱高煦封為漢王，地點在雲南；而三皇子朱高燧則封為趙王，住在北京，為遷都做準備。知道這個消息的朱高煦整個人都傻了，老三好歹在北京，我去雲南，還有活路嗎？何況當時他身邊還有一堆武將勢力，根本不叫他「漢王」，依舊叫他「二殿下」。

旨意還沒下來，「二殿下」就跑去找父皇，一見朱棣的面就開始一哭二鬧三上吊，問朱棣：「我犯了什麼罪，你把我扔這麼遠？」說雲南山高路遠，米酒又難喝，我才不去。緊接著，他就流著眼淚和老爹回憶，當年打仗多麼不容易，我對您多麼孝順。

一來二去，朱棣不好意思了，覺得雲南確實太遠，流放犯人才三千里，把最疼愛的二兒子扔在雲南，確實不太合適。改朝換代的皇帝都有這個毛病，兒子們大多屬於創業一代，感情很深，換成之後的皇帝早就開罵了，這種事能討價還價嗎？

經不起念叨的朱棣耳朵一軟，就問朱高煦：「你想去哪裡呀？」朱高煦難得聰明一回，知道自己在京城還是「二殿下」，出去後基本上想見老爹一面都難。他馬上表示哪裡都不去，就想在京城陪著老爹。朱棣沒轍，就說我帶著你去北邊巡視好了。打這以後，朱高煦就賴在老爹身邊，一直不去封地就藩。

肆

敵明我暗，敵忙我閒，這下朱高煦就有機可乘了，整天有事沒事就去找哥哥的碴。俗話說「常在河邊走，哪能不溼鞋」，而且朱高熾是監國太子，老爹要嘛北伐，要嘛巡視，整天不在南京，朱高熾的能力愈大，責任愈大，犯錯的機會就愈大。朱高煦苦心孤詣地等了幾年，終於等到朱高熾犯錯的機會。

事情發生在第二次北征結束。

當時的北京算是京都（只是不算京師），朱棣北征回來，按理說應該要安排儀式在郊外歡迎皇帝歸京。不知道什麼原因，朱高熾安排的車馬耽擱了，然後解釋也讓朱棣不滿意。朱高煦一看機會來了，就在旁邊各種煽風點火。朱棣一氣之下，不光臭罵朱高熾，還把他身邊的幾個文臣抓了起來，做為警告。

到了這一步，只要不是傻子，都知道朱高熾被針對了。有人告訴他：「您知道有小人在暗傷您嗎？」朱高熾回答得非常老實：「吾不知，知為子耳。」這話任誰都挑不出毛病，意思是我只知道做兒子的本分，其他的一概不知。

一看大兒子這麼謙卑有禮，朱棣也不傻，慢慢地明白過來，「二殿下」耍嘴皮還行，真要治國穩定後方還得靠老大。再加上當時朱高煦確實不像話，一回到京城就帶著一群衛士橫衝直撞，天天自比於唐太宗，還把自己的後衛叫「天策衛」，完全不知道自己姓什麼了。

朱棣沒辦法，心一橫，教訓朱高煦一頓，把他改封到青州（現山東濰坊）就藩，這樣朱棣從北京到南京都能見著兒子，不至於心疼。

沒想到「二殿下」一到青州，馬上開始變本加厲。直接招募幾千私兵（當年燕王府起家才八百號侍衛），在青州附近各種橫行不法。在過去已經是近乎謀反的行為，朱棣就派當地的兵馬指揮徐野驢去警告一下。徐野驢是衰鬼纏身，朱高煦聽完他的話就不耐煩了，我們父子倆的事，你一頭驢在中間摻和什麼，直接拿著鐵鎚活活打死他。

朱棣這下不能忍，藩王擅殺朝廷命官，品行太惡劣。朱棣就把「二殿下」叫到南京，數罪併罰，關在當時南京城的西直門內，並剝奪他的一切待遇，準備將他廢成庶人。

關鍵時刻，一個最不應該幫忙的人站了出來。朱高熾一把鼻涕一把淚，拚命攔著老爹，才把弟弟保了下來。有人說朱高熾是作戲，其實當時的他大可不必，裝裝樣子就行。《明史》的說法是「力救」，可以看出確實是以德報怨。而且在這之後，朱棣將朱高煦安排在樂安（今山東廣饒），基本上沒受到太多懲罰，可見朱高熾出力不少。後來，朱高熾多次寫信勸告弟弟，別天天作亂，哥哥不會虧待你，只不過「二殿下」領不領情就另當別論了。

伍

永樂十八年九月，朱棣正式發布遷都詔書。

當時，朱高熾還在南京監國，但遷都這種大事，把一國儲君扔在南京也不合適。朱棣就下詔書，讓朱高熾帶著太孫朱瞻基，在遷都大典前來到北京。當然，詔書說得很好聽，還派人告訴太子，不用急著走。估計是朱棣知道兒子胖，走兩步得喘一口，所以提前囑咐。

朱高熾哪能當真呀？老爹客氣一下而已，遷都這種事要真是去晚了，還不挨鞭子。自己這一百多公斤肉就算用滾的，也必須按時滾到北京。但皇太子離京是大事，特別是涉及遷都，流程很麻煩。朱高熾先去鳳陽祭祖，必須向祖宗彙報，我們幾個搬家了，你們回頭托夢別找錯地方。

緊接著，朱高熾從安徽到山東，一路往北京趕過去，路上還得不斷考察民間疾苦和政務得失。

等朱高熾到了北京，剩下的事情我們都知道了。「三大殿」一把火，直接把朱棣的老臉打腫了，晚年的朱棣再也無法乾綱獨斷地鎮壓下文臣們的呼聲。遷都的事情正式擱置下來。能夠維持他最後顏面的，只不過是「南北兩京」的空殼罷了。

面對亂七八糟的局面，朱棣在永樂二十二年（一四二四年）以一種近乎逃離的姿態離開北京城，開啟他人生中的最後一次北征。最終於當年七月病逝在返程途中榆木川（今內蒙古錫林郭勒），此時，距離他愛恨交加的北京城，還有整整一個月的路程。

皇帝駕崩在外，對任何王朝來說都是一場嚴重的政治危機。而對於坐在京城裡處理文件的皇太子朱高熾，以及他身後巍峨的紫禁城來說，一切才剛剛開始。

文淵閣裡的春秋

朱棣突然駕崩，無論是對朱高熾還是對明朝的政治體制都是極大考驗。朱棣當時沒有在北京城留下遺詔，皇太子上位和遺詔繼承完全是兩回事。此時的大明朝，外有瓦剌、韃靼虎視眈眈，內有「二殿下」在樂安伺機而動。關鍵時刻，朱高熾身邊的內閣大學士們站了出來。

壹

內閣大學士不是新鮮的詞，宋朝就有。《明史．職官志》講得很清楚：「十五年，仿宋制，置華蓋殿、武英殿、文淵閣、東閣諸大學士。」

朱元璋是中國歷史上極少數沒有經過帝王教學培養，卻極其勤政的皇帝。朱元璋往前就不說了，明、清之前的政治體制中，皇帝能做到勤政水準的相當有限。再往後數，清朝的康熙皇帝、雍正皇帝都是正經八百從學堂出來，從小就被教著怎麼當皇帝。

只有朱元璋天賦異稟，打完江山還熱衷於坐鎮江山。每天早晨四點多爬起來早朝，幾十年從不間斷。特別是在誅殺宰相胡惟庸之後，六部的事情一個人全管，這邊剛批准水利工程，那頭又得處理貪汙腐敗，忙得不亦樂乎。

現在的說法是朱元璋實在是太累了，所以搭建內閣做為祕書組織，其實相當不可靠。洪武十二年（一三七九年），「胡惟庸案」就爆發了，而設置內閣大學士是洪武十五年（一三八二年）冬天。朱元璋一個人足足熬了三、四年，真要覺得累，早就找祕書了。

真正的原因應該是在洪武十五年八月，馬皇后突然抱病身亡。朱元璋和馬皇后的感情很深，這件事對當時五十一歲的朱元璋打擊很大，他很長一段時間對朝政都不是那麼熱心。但大明朝每天無數的政務堆著，朱元璋沒辦法，就設置大學士輔佐政務，相當於祕書組織加高級智囊團。

內閣只是一個簡稱，明朝大學士的設置一開始是仿照宋朝，按照殿閣劃分。例如著名的包拯，當時就被封為龍圖閣大學士。朱元璋一開始設置五個大學士，「三大殿」的華蓋殿和謹身殿各一個，廣場上相對的文華殿和武英殿各有一個。最後設置一個虛職——東閣大學士。東閣不是獨立的宮殿，應該是宮殿的一部分，相當於離皇上最近，隨時待命，後來大學士之首就是東閣大學士。

再往後，設置文淵閣大學士。文淵閣是藏書的地方，南京明故宮的文淵閣在當時奉天門的東邊。後來，朱棣在北京按照相同的圖紙規劃，也修建文淵閣，在文華殿的後面。在朱元璋時代，文淵閣也是太子朱標讀書的地方，和弟弟們在宗人府學習不一樣，因此文淵閣大學士相當於太子的老師，最早都是一些儒生擔任。

到這裡為止，明朝大學士「四殿」、「兩閣」的說法就奠定了，明、清兩代基本上沒什麼變化，變的只是宮殿的名字而已。只不過到了清代，乾隆皇帝有強迫症，強行拿掉中和殿，換成體仁閣，湊成對稱的「三閣」、「三殿」。

北京故宮文淵閣，現在的文淵閣為清代所建，與明代時期不同

明朝一開始規定，內閣大學士的品級是正五品。不過，這句話在朱元璋時代就是一句廢話，最早的一批內閣大學士就有禮部尚書邵質（華蓋殿大學士），標準的正二品。明朝的正五品在京城和太醫院院長是相同等級，放到地方上就是同知，相當於今天的副市長。除非朱元璋腦袋出問題，才會真的找這個等級的官員參與國家大事。

在洪武一朝，朱元璋獨斷專行，內閣組織沒有發揮什麼影響國家的作用。只不過朱元璋還是沒拿發展的眼光去看問題，除非老朱家代代都是奮力運轉的工作機器，否則只要出現一個正常人，內閣大學士做為皇帝身邊最近的一批官員，馬上就會在政治格局中突顯出巨大優勢。

很不幸，朱棣和朱高熾爺兒倆都是正常人。

朱棣一登基，就覺得老爹簡直是無敵的存在，這麼多事情哪能一個人解決？於是就選拔一批人進入文淵閣值班，參與商量軍國大事，第一批入選的名單裡有解縉、胡廣、楊榮等人。從這時開始，內閣在文淵閣值班的慣例正式形成。

既然是一起辦公，內閣大學士裡也得分三六九等，帶頭的大學士被叫做「首輔」，而編寫《永樂大典》的解縉當仁不讓地成為大明第一任首輔，接著就發生之前講過關於「立儲」的那番對話。之後，朱高煦開始恨上解縉。而且，解縉身上有非常明顯的「太子黨」色彩，打擊他就是打擊朱高熾，一石二鳥，何樂而不為。

永樂四年（一四〇六年），當時丘福還在「二殿下」朱高煦的陣營中。朱棣正好找一群機要大臣談話，丘福和解縉都在其中。朱高煦指使丘福在外面散播這次談話的內容。這下朱棣不高興了，私下談話就是私下談話，暴露出去算怎麼回事，「君不密則失臣，臣不密則失身」，於是開始查到底是誰傳出去的。

巧的是，就在前幾天，朱棣給每個內閣大臣人手一件紗羅衣，但之前解縉勸過朱棣不要打安南（今越南），朱棣不開心了，所以獨獨沒有給解縉。朱高煦等的就是這一手，這樣一來，解縉就成為唯一有動機的人。

這下朱棣怒了，就把解縉貶官到廣西。解縉這種脾氣平時得罪一群人，這時都站出來了，開始火上澆油。朱棣一琢磨，你不是反對打越南嗎？我不光不聽，還打下來，直接把解縉打發到交趾（今越南）當官，正好去感受一下自己的豐功偉績。

按理說，解縉這種才子簡在帝心，只要不惹事，過幾年就回來了。但沒想到過幾年，解縉好死不死，犯下天大的失誤。

永樂八年，解縉從交趾迫切渴望回南京述職，正好趕上朱棣第一次北征韃靼的時間。那時沒電話，解縉不知道這件事，好不容易到了京師，第一時間就往皇宮跑，必須讓皇上知道自己這幾年多麼不容易。到了皇宮，看門的太監告訴他，皇上正在北方和蒙古人打仗，您改天再來吧。

解縉一聽急了，當時從南京到越南，一來一回可能就要一年，要是再耽擱幾年，回頭皇上都忘了我姓什麼。人一急，腦袋就不清楚，解縉在渾渾噩噩之下，直接去找當時正在監國的太子朱高熾。

這樣一來麻煩大了，監國太子不是皇上，頂多算臨時CEO，沒有人事決定權。你本來就背著「太子黨」的標籤，進京先見皇太子算怎麼回事，而且見完後直接回去，也沒說留在南京等皇帝。

這件事被跟在朱棣身邊的「二殿下」知道了，馬上在老爹耳邊放話，說：「伺上出，私現太子，徑歸，無人臣禮。」翻譯過來就是，解縉故意趁您不在京師，私下會見太子，見完後還直接回去，哪裡像臣子。朱棣聽完氣炸了，原話都沒改，直接以「無人臣禮罪」把解縉下大獄，順便狠狠地教訓朱高熾一頓。

從此之後，解縉就退出明朝的政治舞臺，幾年後淒涼地死在雪夜中。

但儘管如此，內閣還在繼續發展著。

貳

解縉之後，內閣的接力棒到了楊士奇手裡。

永樂六年（一四〇八年），就是解縉離京兩年後，朱棣命令楊士奇留在南京輔佐。對於剛監國不久的朱高熾來說，楊士奇在一定程度上扮演了老師的角色。

朱高熾一開始可能沒把楊士奇放在眼裡，覺得這傢伙是編《太祖實錄》出身，舞文弄墨還可以，問題

是大明朝要論編書誰比得過解縉，他都走了，何況你呢？但是沒幾天，楊士奇就替他上了一課，告誡他：「殿下當留意《六經》，暇則觀兩漢詔令。詩小技，不足為也。」翻譯過來就是，你應該多看看儒家經典，沒事的時候多留意漢朝的帝王詔令，詩文這種東西玩玩就好，別天天琢磨。朱高熾是明白人，對此馬上肅然起敬，從此特別敬重楊士奇。

楊士奇真正厲害的地方在於他是一個標準的「太子黨」，卻能讓朱棣覺得他是一個「保皇黨」，進而信賴有加。朱高煦就藩青州前，其實朱棣好幾次動過換太子的念頭。換太子得師出有名，朱棣一回京就打聽太子最近怎麼樣，有沒有調皮搗蛋之類的。向誰打聽呢？楊士奇。

楊士奇做為輔助太子監國的內閣大學士，享有這個問題的最終解釋權。老楊馬上回答：「殿下天資高，即有過必知，知必改，存心愛人，決不負陛下托。」這不光吹上天了，還把朱棣後面的話也堵上了，有錯就改，這麼好的孩子去哪裡找呀。朱棣聽了特別高興，老師都誇我家孩子聰明。

之後，朱高熾犯錯，迎接的車馬晚了，被「二殿下」煽風點火的那次，也是楊士奇及時站出來。他跪在地上表示「凡所

《杏園雅集圖》，明代謝環繪。畫的是楊士奇、楊榮等內閣大學士休假期間在楊榮家聚會的場景

稽遲，皆臣等罪」，都是我們的錯，和太子爺沒關係。朱棣心想，實際上是你們這群人教唆，就把楊士奇等一批太子身邊的大學士下大獄。不過，沒幾天又放了出來，畢竟政務太多，少了這幾位進行不了。

俗話說，有仇不報非君子，楊士奇開始記上「二殿下」。到了永樂十四年，朱高煦沒忍住擊殺徐野驢後，朱棣開始清算朱高煦，楊士奇終於等到機會。

當時，朱高熾以德報怨，替二殿下各種求情。但這種事已經上升到社稷穩定的程度，不能憑藉家庭關係解決，朱棣就把幾個親信大臣拉過來，想問問二殿下真的無可救藥嗎？

沒想到問了好幾個人，都沒人敢說話。最後問到楊士奇，他一開口就告訴朱棣：「我和前面幾個人都是太子底下的人，不太好開口。但陛下您想，漢王（朱高煦）兩次讓他去封地，他都不想去，現在說要遷都了又琢磨想留在南京，您自己看著辦吧。」

這話簡直堪稱陰陽怪氣的巔峰，先把自己「太子黨」的立場擺清楚，打消朱棣的疑慮，然後又引導朱棣去深思。朱棣聽完就沉默了，幾天後就教訓了朱高煦，裁撤他的兩隊衛士，然後將他打發到樂安就藩。

從某種意義上來說，楊士奇是明朝的第一位內閣權臣，也是朱高熾身邊的「定海神針」。當朱棣駕崩於榆木川時，朱高熾第一時間就找到楊士奇。

那時的北京城處在很微妙的危局中，因為北京沒有兵，京城的士兵都被拉去北征，只剩下老三趙王朱高燧的王府衛兵得以保留。而朱棣沒有留下遺詔在紫禁城，也就是說，雖然朱高熾是皇太子，但不能直接登基，必須把遺詔和朱棣的靈柩迎回來才行。這段時間裡，萬一朱高燧動點心思，紫禁城就直接被整鍋端走了。何況這個消息要是傳出去，二殿下在山東，估計也能拉一支兵馬殺過來。

鑑於這種情況，朱高熾派了太孫朱瞻基去迎接爺爺的靈柩，自己坐鎮京城。但這個時候，朱瞻基提出一個技術性難題。

那時出長城迎接靈柩，需要皇帝的印章，這種國家大事的印章就一個，叫「皇帝奉天之寶」，其他小章不行，必須讓朱瞻基帶在身上做為憑證。但這樣一來，北京城裡就沒有大章，萬一有人遞重要奏章上來，沒有印章就露餡了。而皇家做一顆印章很麻煩，不可能隨便找根蘿蔔刻一個，何況重做已經來不及了。

關鍵時刻，還是楊士奇站了出來，告訴爺兒倆不用慌。說太子爺您還沒繼位，平常應該沒什麼事情，用皇太子的印章也可以，反正大家都知道你監國。

楊士奇是在賭，賭這段時間沒有國家大事發生，也在賭大明的國運。幸運的是，他賭贏了，而他賭贏的底氣，是「小楊」楊榮的能力。

參

「小楊」叫做楊榮，內閣大學士之一，朱棣駕崩於榆木川時，楊榮做為大學士正好在朱棣身邊。

楊榮之前不叫這個名字，他有一個現代人更熟悉的名字，叫做楊子榮。沒錯，和《林海雪原》的那位同名同姓。只不過二者的反差比較大，差了幾百年，一個是大學士，一個是偵察兵。

楊榮很早就被朱棣記住，朱棣「靖難之役」進南京時，還是翰林院編修的楊子榮，在大街上直接攔住當時南京人人聞之色變的燕王。那時朱棣正是志得意滿的時刻，剛打進南京，大好江山就在眼前，沒想到有人不長眼地攔住自己。結果，楊子榮只說了一句話就讓朱棣肅然起敬。

楊子榮說：「殿下先謁陵乎，先即位乎？」您是先拜祭皇陵呢？還是先登基呢？朱棣馬上明白過來，先拜祭皇陵，說明我是來「靖難」，但要是先跑去皇宮搶椅子，就成了居心不良。朱棣馬上調轉馬頭，去明孝陵找老爹朱元璋閒聊。

朱棣就此記住這個當街攔道的讀書人，不光替他改名叫楊榮，還讓他進入內閣。但和楊士奇輔佐東宮不同的是，楊榮更多的是跟在朱棣身邊。

朱棣對他極為信任，但凡朱棣生氣罵人，只要楊榮一到，馬上就煙消雲散。讓當時很多大臣都特別嫉妒楊榮，就想把他推舉為翰林院祭酒，相當於現在的教育部部長，用閒職把他掛起來。朱棣不樂意了，一句話堵住所有人的嘴：「我知道他能當祭酒，問題是他現在的工作誰來做呀？」

事實證明，比起當教育部部長，更適合楊榮的還是軍旅。從第四次北征開始，朱棣就把大大小小的軍務都交給他去處理。到最後一次北征，撤軍的點子也是楊榮想出來的，只不過沒想到朱棣撐不住，在路上即龍馭賓天。

楊榮不愧是帶兵的人，關鍵時刻雷厲風行，他把所有朱棣的近臣召集起來，告訴他們：「六師在外，去京師尚遠，祕不發喪。」意思是說，我們現在帶著軍隊在外面徘徊，離北京太遠，先不要把皇上駕崩的消息說出去。接著，楊榮馬上蒐集軍隊裡的錫，把永樂帝的棺材焊死，放在皇帝的車裡，當時是夏天，這樣可以保證沒有異味。然後，每天照樣往車裡送一日三餐，臣子們每天早請示、晚彙報，一切如常。安排好這一切，楊榮馬上千里奔襲，來到北京報喪，為朱高熾爭取最寶貴的時間。

就這樣，在內閣這個團隊的扶持下，朱高熾有驚無險地順利登基，年號「洪熙」。

遺恨欽安殿

已然不年輕的朱高熾第一次以「九五之尊」的身分君臨天下，對他來說，處理政務早已成為生命的一部分。但對於老爹遺留下的很多政策來說，他依舊認為有著變革的必要，其中之一就是——遷都。

壹

朱高熾不喜歡北京，儘管和朱棣一樣，北京足以稱為「龍興之地」：他在這裡出生，也在這裡娶妻生子，更曾在這裡面對五十萬大軍而力保城池不失。他曾見證著這座城市從「北平」到

北京故宮欽安殿

「北京」，這座城市也看著他從「世子殿下」到「洪熙帝」。

但無論如何，就現在的資料來看，朱高熾對老爹遷都的決定不是十分滿意，在即位之初，朱高熾已經做出決定，遷都，爺要回南京。

轉過年來，已經是洪熙元年（一四二五年），一百年太短，只爭朝夕。朱高熾決定不能等了，他開始試探著邁出第一步。這一年二月，他派出鄭和（下西洋的那位）去鎮守南京。相當於把「大內」的一部分放到南京，「大內」屬於皇帝家事，如果大臣提意見，也可以有個緩衝。

過了一個月，朱高熾發現沒人提意見，馬上就明白了，你們明擺著都等著呢。於是，他果斷取消北京的「京城」地位，重新改成「行在」，同時收回之前北京各部門的印章。等於北京的所有衙門一夜回到遷都前，從「國」字頭改成「省」字頭。然後，他明確地頒布文件，宣布還都南京。

還都南京比當年朱棣遷都北京容易太多了，南京本身就是完整的一套組織，而且和北京的組織相容。朱高熾剛登基，就特別賞賜給夏原吉、楊士奇和楊榮等臣子「食三祿」，就是一個人拿三份工資，南京一份，北京一份，其他例如大學士、太子少保之類的差事再加一份。後來，楊榮他們不太好意思，靦著臉表示拿兩份就行，三份太多。反正大學士名義上是正五品，工資只有象徵性的十六石糧食，不差這點。

到了五月，朱高熾把皇太子朱瞻基打發去南京，名義上是祭祀明孝陵，實際上沒打算讓他回來，你先去晃晃，爹隨後就到。

假如不出意外，遷都的事情就這麼愉快地確定，而中國和紫禁城的歷史將就此改寫，呈現出完全不同風景。只是很遺憾，歷史沒有假如。就在朱瞻基祭祖的一個月後，一封八百里加急的詔書突然送到南京，讓朱瞻基趕緊回北京。詔書裡只說了一件事：皇上不行了，趕緊回來。

朱高熾病倒得非常倉促，甚至沒能等到兒子朱瞻基回京。五月底，朱高熾病逝於紫禁城的欽安殿，時年四十七歲。就是現在御花園的欽安殿，就在中軸線上，位置在靠近北門的地方。當時，朱棣登基後，為了吹噓，說自己是真武大帝轉世，就在紫禁城北邊建了欽安殿，供奉北方玄武大帝。

比較有意思的是，到目前為止，欽安殿是北京故宮唯一得以保存的明代建築。其他宮殿包括「三大殿」之內，都經歷過火災之類的毀壞，唯有欽安殿安然無恙，據說是北方主水，比較防火。後來的欽安殿成了明、清兩代的官方道場，皇上一般不住這裡。

無論怎麼說，名為「洪熙」的時代尚未開始就已經戛然而止，留給歷史的只有無盡的遐想。紫禁城的命運，將交付在那個還在千里之外的年輕人手上。

貳

朱高熾的去世，讓年輕的朱瞻基措手不及。但老爹身體不好，已經是從永樂時代就開始的朝廷共識，在繼承人的培養過程中，朱瞻基不比老爹晚太多。早在永樂七年（一四〇九年），朱高熾剛監國時，朱棣就把孫子帶在身邊，言傳身教，並給他單獨安排老師悉心教導。

在這種不同的教育模式下，朱瞻基呈現出和老爹朱高熾完全不同的性格。

朱高熾的特點是仁慈、能忍，是被朱元璋的審美標準塑造的。但是，朱瞻基從小就被爺爺朱棣帶在身邊，朱棣肯定不能允許自己的大孫子也變成一百多公斤的肥肉在那兒坐著，因此給予朱瞻基更多軍旅上的培養。隔代教育的問題，在老朱家的頭四代體現得淋漓盡致。

朱瞻基很早就知道自己在家庭中的定位，要不是爺爺疼愛，皇太子是不是自己的爹就難說了。而老爹朱高熾的風格放到朝堂上是仁君，扔到家裡就是典型的受氣包，姥姥不疼、舅舅不愛。而自己的二叔在爺爺面前不是煽風點火就是挑撥離間，所以朱瞻基必須站出來。

《明史紀事本末》講了一個段子：朱瞻基還小時，有一回朱棣帶著幾個兒子去明孝陵祭拜。明孝陵在山上，走的是標準山路，而朱高熾是個大胖子，得靠人扶著才能往上爬，爬得非常辛苦。

爬著爬著，朱高熾沒留神，一腳踩空，直接跌在那裡，搞得自己非常狼狽。這時，後面的二殿下開始陰陽怪氣，說：「前人失跌，後人知警。」意思就是，前面的人跌倒了，我得吸取教訓呀，一語雙關，暗示得非常明顯。

沒想到話音剛落，身後的朱瞻基就接上：「更有後人知警也。」意思是，二叔您不用得意，吸取教訓也輪不著你，我爹後面還有我等著呢。朱高煦往後面一看，臉色大變，不說話了。朱家的內部生態鏈，大哥朱高熾對二殿下下不了手，而做為二叔的朱高煦面對自己的大侄子也很頭疼，原因就在於朱棣太寵這個孫子。

寵到什麼地步呢？早在建設紫禁城的過程中，朱棣已經把皇太孫的宮殿建好了，這是歷史上極少見的情況。明朝有的皇太子是住在文華殿，很多皇太孫都跟著母妃住，而朱瞻基做為皇太孫居然也擁有一片專屬的宮廷區域，叫做「東苑」，可以想像朱棣對這個皇太孫的重視。

現在一說紫禁城，一般都是「兩內」，就是「大內」和「西內」。「大內」是指皇宮本身，又叫做「禁中」；而「西內」則是說「南中北」三海，就是明朝所說的西苑。但很少有人知道，明朝還有一個「南內」。

「南內」是唐代的說法，最早說的是唐玄宗建的興慶宮，就是和楊貴妃雙宿雙飛的地方。白居易在〈長恨歌〉講「西宮南內多秋草」，就是說這裡。明朝的「南內」一開始就叫東苑，和後來的西苑剛好相對，做為皇太孫宮。它的位置就在現在天安門東邊的普渡寺周圍，範圍很大，連帶著菖蒲河公園和南池子大街一帶都屬於這一塊。

朱棣當時住在西苑，但經常來東苑這邊玩，畢竟年紀大了，喜歡孫子，很多儀式都會在東苑舉行。《明太宗實錄》裡記載了一件小事：永樂十一年（一四一三年）的端午，朱棣帶了一群人到東苑過節，包括當時在北京的文武百官和前來朝貢的少數民族。那時沒什麼娛樂，朱棣不好帶著一群大臣搓麻將，就讓子孫們去射箭做為娛樂。年僅十五歲的朱瞻基，連著射中好幾箭，著實讓朱棣的老臉光彩了一把。

射完箭後，朱棣把朱瞻基叫到跟前，對他說：「今日華夷之人畢集，朕有一言，爾當思對之。」就是說，今天「外國」朋友都來了，人很多，我出個對聯考考你。朱棣說了上聯：萬方玉帛風雲會。朱瞻基不假思索，馬上對道：「一統山河日月明。」這寓意太好了，朱棣特別高興，看我孫子多會說話呀，賞賜他一堆東西。

無論這件事朱棣有沒有和孫子串通好，但至少非常能說明他對朱瞻基的期許：允文允武，無所畏懼。

實際上，當朱瞻基從南京來到北京城外時，他的內心確實無所畏懼。但與此同時，在不遠處的樂安城，一支兵馬也蠢蠢欲動。

「西內」的囚徒

洪熙元年六月，紫禁城的接力棒到了年輕的朱瞻基手裡。但相比起祖父的披肝瀝膽和父親的戰戰兢兢，朱瞻基，或者說大明朝已經有了足夠的底氣應對即將到來的疾風驟雨。這種底氣將推動著時代，走向明朝下一個盛世。

壹

朱瞻基的底氣來源有兩個，一是住在後宮裡的太后張氏，二是在文淵閣裡當班的文臣們。一內一外，堪稱大明朝當時的擎天白玉柱、架海紫金梁。

皇太后張氏早在洪武三十一年就被冊封為燕王世子妃，這個孫媳婦的選定應該有朱元璋的意思在裡面。張氏陪著朱高熾從北平保衛戰一路走過來，是名副其實的患難夫妻。

朱棣對大兒子怎麼看都不順眼，但對這個兒媳婦卻很滿意。《明史》的說法是朱高熾「體肥碩不能騎射成祖恚，至減太子宮膳，瀕易者屢矣，卒以後故得不廢」，朱高熾因為體重被老爹各種嫌棄，朱棣親自下令削減他的飯食，甚至差點因此廢了他，而且不是一、兩回。朱高熾做為一個胖子估計當時特別痛苦，最後還是因為張皇后，朱棣才沒有下手。

朱高熾從年輕時就被朱棣稱為「多疾」，渾身毛病，搞得朱棣開始著手培養皇太孫。最後朱高熾硬生生地撐到四十七歲。明朝算上建文帝加起來十六個皇帝，朱高熾的壽命名列前五。排在他前面的，除了爺爺朱元璋和老爹朱棣這倆「馬上天子」，再有就是後面嘉靖和萬曆兩個「宅男」，不得不說，做為妻子的張氏對朱高熾的照料居功至偉。而做為母親，張氏對宣德皇帝朱瞻基的影響也很大。朱瞻基敢對老爹不以為然，但在母親面前要多老實就有多老實。

宣德二年（一四二七年），張太后去長陵（朱棣的陵寢）和獻陵（朱高熾的陵寢）祭奠，朱瞻基親自為母親駕車，侍奉左右。回去的路上，附近的百姓跪在路旁迎接。張太后告訴朱瞻基：「百姓戴君，以能安之耳，皇帝宜重念。」意思就是說，小子，百姓擁戴是因為你能讓他們過安穩的生活，你要重視這件事。

而且，張皇后親自訪問一些居民，問當地的老太太平時吃的怎麼樣？退休工資多少呀？大走親民路線。她還找一些農家的酒飯讓朱瞻基嘗嘗，體會民間疾苦。

從這些事情不難看出，張太后是個非常知道進退且能夠把握大局的女人。住在哪裡不重要，但在宣德初年，她所住的地方基本上等同於紫禁城的中心。

除了張太后，朱瞻基身邊的叔叔、伯伯也不是吃素的。例如，吏部尚書蹇義，在洪武朝時就是中書舍人，朱元璋的近臣，算上建文朝，到了朱瞻基時已經是名副其實的「五朝元老」，輩分大得嚇人。當然那時皇帝換得有點頻繁，不是「三朝元老」，都不好意思和人打招呼。

朱高熾留下一個絕對可以信賴的班底給兒子，武將方面有英國公張輔，是「靖難」時期犧牲的大將張玉的長子。從「靖難之役」到平定安南再到朱棣北征，張輔都有參與，是當年燕王府的舊臣，絕對可以信任。

而文臣上，內閣號稱「三楊」，就是楊士奇和楊榮，再加原本朱高熾身邊的老師楊溥，三個大學士坐鎮中樞。六部裡面，吏部尚書蹇義、戶部尚書夏原吉號稱「蹇、夏」，一個管錢袋，一個管官帽，還兼理著其他幾個部門的政事，經驗豐富。

歷朝歷代太子登基很大的問題之一，就是太子的近臣要替換上一批執政大臣，而太子身邊的人才出出主意還行，不見得能總領全域。但在宣德時期，完全不存在這個問題。楊士奇、夏原吉等人在永樂時期就負責處理政務，很多人既是朱棣的臣子，同時也是朱高熾的幕僚，更兼職教導朱瞻基。三朝皇帝一個班底，對朝政各方面駕輕就熟，避免了動盪。

從各種角度來看，朱瞻基接手的是一個鐵打的江山。只不過，在極為少數的個別人眼裡不那麼看。能這麼看的一般都是瘋子，但當瘋子手裡有兵，很多事就不太一樣。

這個「個別人」正是「二殿下」朱高煦，或許現在應該稱之為「朱二叔」了。

貳

朱高熾一駕崩，朱高煦就覺得機會來了。當時朱瞻基還在從南京到北京的路上騎馬狂奔，「朱二叔」就帶了兵馬，準備截下大侄子。沒想到朱瞻基年輕，跑得快，等朱二叔反應過來，夏原吉已經在盧溝橋上跪迎新皇登基。朱高煦沒辦法，只得恨恨作罷。朱高煦不知道，他錯過了離皇位最近的一次機會。

登基後的朱瞻基對兩位叔叔很有容人之量，尤其是對二叔朱高煦，更是賞賜有加。要馬給他二十匹，要駱駝給了四十頭，各種華貴的衣服都像不要錢一樣賞賜。

朱高煦一看，馬上得意起來，還上奏摺給朱瞻基，說了一大堆利國利民的政策。朱瞻基看了很欣慰，二叔終於長進了。他馬上照單全收，吩咐下面去辦。這樣一來，朱高煦更不把侄子當回事了。

可真實的情況是，兩個人其實都在演戲。朱瞻基太清楚叔叔是什麼玩意，我爹他都不服，能服我？而朱高煦則是極力表演叔侄情深，為謀反做準備。

到了宣德元年（一四二六年）七月，朱高煦感到時不我待了，愈往後拖，朱瞻基的江山愈穩固。造反這種事嘛，時間久了夜長夢多，當時朱高煦四十多歲了，論年紀肯定拖不過侄子。

《明仁宗實錄》記載，正好那年七月初，「京師地震」。《明仁宗實錄》是後人修撰，京師就是北京。但地震這種事，放到古代屬於帝王有罪，老天爺罰你，特別是京師地震，朱高煦就有理由了，準備起兵造反。造反前，朱高煦特別聯繫童年的小夥伴，當年在「靖難之役」中一起扛過槍的英國公張輔，對他說我們裡應外合，把我侄子給處理掉。

但張輔太了解對方，兩人從小在燕王府一起長大，知道朱高煦除了耍嘴皮子、裝裝樣子，什麼都做不了。再說了，張輔本來就是明仁宗朱高熾的託孤之臣，武將中基本上已經封無可封，朱高煦要真成功，總不能把皇位賞我吧。張輔壓根沒猶豫，直接把這事彙報給朱瞻基，這下朱高煦不反也得反了。

但朱瞻基好歹是皇上，對叔叔不能肆無忌憚地下手，當年朱允炆還得遮掩一下。於是，朱瞻基一邊休整兵馬，一邊假惺惺地派人告訴朱高煦，「即位以來，天地神明鑑臨在上，豈有一毫拂違叔父之心」，但是，「小人離間，不得不敷露中懇。且傳播驚疑，或有乘間竊發者，不得不略為之備。唯叔鑑之」。這話太缺德，大致意思就是先表白，我對二叔的信任蒼天可鑑，您老說什麼我做什麼。只是現在有小人挑撥離間，我怕被某些人乘虛而入，想提前準備一手，二叔您別見怪。

這下朱高煦怕了，要是讓朱瞻基傾全國之力準備，這仗還有得打嗎？他馬上發布文件昭告天下，把夏原吉一群人稱為「奸佞」，然後說侄子不遵守祖宗的法制，我是為了除掉奸臣才起兵。朱瞻基看到就樂了，這不就是爺爺「靖難」那套嗎？合著二十多年了，二叔沒長進呀！玩來玩去還是爺爺剩下的東西。朱瞻基不慌不忙地召集群臣，「痛心疾首」地表示，我二叔居然反了，你們說說怎麼辦吧。

怎麼辦？打吧。夏原吉等人開始推薦合適的人選擔任主帥。當時，朱棣北征剛過去沒多久，手底下的將才很多。例如陽武侯薛祿，洪熙時期就是太子太保，之前跟著朱棣北征的右前哨，打仗也比較穩妥。但這時楊榮突然站出來，不陰不陽地來了一句：「皇上獨不見李景隆事乎？」皇上，您還記得北平城外的李景隆嗎？朱瞻基聽完沉默了，不光是他，文武百官集體沉默了。

見過損人的，沒見過這麼損的。這下誰要是再跳出來請戰，不就是默認自己是「李景隆第二」了嗎？李景隆是什麼人，五十萬大軍打幾千人都能大敗而歸的「神仙」。正好朱瞻基年輕氣盛，一咬牙，親征算了，我們老朱家的事，我自己清理門戶。

當時英國公張輔的壓力比較大，畢竟朱高煦和他聯繫過，可能急著洗清嫌疑，趕緊跳出來向皇上表示，您給我二萬人，我把這事給您擺平了，犯不著您親自動手。朱瞻基不同意，說我知道您老可以，但現在我剛登基，手底下有人還在觀望，親征效果更好。不過，為了安慰這位老臣，朱瞻基還是任命張輔做為大軍的前鋒。明朝打仗是「五軍」，就是前、後、左、右、中各一軍。明朝有個衙門叫「五軍都督府」，就是這麼來的。

就這樣，禱告過天地後，朱瞻基統領著五路大軍，浩浩蕩蕩地從北京城出發。

參

這場仗打得和旅遊差不多，路上朱瞻基問大臣們：「你們猜我二叔怎麼打？」大多數人都覺得朱高煦會出兵濟南。因為樂安城在濟南的東北，現在在東營，就是勝利油田那一帶，屬於沖積平原，無險可守。這個地方理論上無法造反，從戰略角度來說，朱高煦必須要把濟南拿下來做為根據地，然後去德州掐斷大運河，就和當年盛庸追擊朱棣的套路差不多。

但朱瞻基太清楚這個二叔有幾斤幾兩，評價朱高煦：「外多誇詐，內實怯懦，臨事狐疑，輾轉不斷。今敢反者，輕朕年少新立。」意思是，這傢伙欺軟怕硬，其實內心猶豫不決，現在就是欺負我剛登基才敢造反。「今聞朕行，已膽落，敢出戰乎！至即擒矣。」現在二叔一聽，估計沒膽子，哪裡敢打濟南，我們直接過去，他就束手就擒了。

果不其然，朱瞻基直接帶著大軍長驅直入，一路上連個伏兵都沒碰上，就殺到了樂安城下，把朱高煦包圍起來。當時樂安城一共才多大，大軍圍上幾圈，還有富餘。然後大軍對著四面城門開了幾炮，朱高煦直接嚇傻了。

當時手底下的人還勸朱高煦別投降，當年你大哥好歹在北平撐了四年，你現在一看見侄子直接投降，多丟人呀，還不如戰死。朱高煦來了一句「城小」，這地哪能和北平比，算了算了。就從小道溜出來，穿了一身白衣，見了侄子就磕頭認錯。

朱瞻基很不爽，仗都沒打你就跪下了，派了個御史過來，叫于謙，就是寫〈石灰吟〉的那位，把朱高煦臭罵一頓。然後，朱瞻基把樂安城改名為「武定」，展現一下自己的功績，然後帶著二叔回北京，後來還編了一本書，叫《東征記》。

從宣德元年八月出發，到九月班師回朝。這場叛亂總共打了不到兩個月，正經八百的交戰時間可以按小時計算。由此可見在明朝，王爺造反不是誰都可以，朱高煦和老爹朱棣差得太遠了。

現在《明史》上講，回到北京後，朱瞻基把朱高煦一家囚禁在「西內」，這個不是特別準確，因為「西內」很大，明朝早年定義的「西內」可能比後來的西苑範圍更靠北邊一點。「西內」的南部大概就是過去燕王府所在的地方，朱高煦是對抗朝廷的千古罪人，別讓你爹沾染晦氣了。

《明實錄》講將朱高煦囚禁在西安門內，現在北京有一條西安門大街，就在西什庫天主堂那邊。西安門一直到一九五〇年才被燒毀，當時朝廷就在西安門以內，替朱高煦修建一座房子，做為囚禁的地方。當然，就是做做樣子，沒多久朱高煦就被殺了。

朱高煦的死，基本上消除了明初以來一直都有的藩王隱患，宣德皇帝的那把龍椅算正式坐穩了。在文武大臣的群策群力下，一個大明朝真正的盛世——仁宣之治，已經到來。

第四章 定都前夜

蟋蟀罐裡蛐蛐叫

朱棣教導孫子朱瞻基時，曾經給出「他日太平天子」這樣的評價。而相比起祖父和父親，朱瞻基做為「太平天子」，終於可以靜下心來，好好欣賞這座宏偉的紫禁城。而他將在這座皇城中，呈現出怎樣的宮廷生活呢？

壹

如果僅從史料來看，朱瞻基非常喜歡待在北京。例如，平息朱高煦叛亂，從北京來、回北京去，這麼大一件事壓根就沒想著回南京向祖宗報備。

當時所有的大臣，首要職務就是北京的差事。後來修撰的《明宣宗實錄》裡關於北京的描述特別矛盾，開口都是「京師」，其實對不上。當時，文武百官前面都得加個「行在」，例如吏部尚書蹇義，在書裡面的全稱是「行在吏部尚書蹇義」，少前面二字不行，否則回覆文件寄錯地方就麻煩了。

但無論朱瞻基多麼喜歡北京和紫禁城，有兩條紅線是他絕對不敢觸碰的。

第一條紅線就是遷都問題。

老爹朱高熾一共當了九個月皇帝，最主要的政策方向就是遷都，而且是以當時還是太子爺的朱瞻基去南京祭祖做為信號發布的，你現在正了大位，總不能一句話把老爹否定了吧。你再喜歡北京，北京在宣德一朝也只能是「行在」；你再對南京愛搭不理，人家也是「京師」，改了就是不忠不孝。

第二條紅線就是不能重修「三大殿」。

這玩意更要命，「三大殿」理論上是要修的，但你敢修嗎？朱瞻基明確表示不敢。不修「三大殿」是爺爺朱棣留下來的政策，朱瞻基從小就是跟著爺爺長大，再沒心沒肺也得有分寸吧。何況修宮殿需要材料，但削減徵稅和停止木石採集是洪熙帝朱高熾的國策之一，違背不得。這樣一來，朱瞻基感到很麻煩，遷都是不孝，修「三大殿」是雙重的不孝。

「三大殿」無法修倒不影響皇上的起居，明朝皇帝都得住在乾清宮，這個名字取自於《道德經》的「天得一以清」，皇上就是天，所以必須住在乾清宮。乾清宮前面有乾清門，過了乾清門就是「三大殿」。

現在去北京故宮旅遊，因為售票處的位置，總會覺得午門才是紫禁城最重要的分界線，但其實貌不驚人的乾清門在臣子心目中的地位更重要一點。進了這道門就是內廷，內廷是外臣絕對不能逾越的。老闆的辦公室你都不可以隨便逛，要是去老闆的住家溜達就更不合適了。

不過即使是這樣，朱瞻基還是覺得不舒服，每天一出乾清門，對面一片拆遷工地，關鍵是這片工地還不能動，成天在眼前當「釘子戶」。

再說了，朱瞻基還是個年輕人，好動，不可能天天待在乾清宮不出門，他索性避開「三大殿」，在紫禁城內外到處閒晃。之前從朱元璋到朱棣再到朱高熾，要嘛天天忙於政務，要嘛帶兵北征塞外，基本上沒有到處

溜達的時間，只有朱瞻基可以「偷得浮生半日閒」。

後世王鏊在《震澤長語》寫過一件小事，說朱瞻基沒事時，喜歡在皇城的城牆上溜達，有一次正好看見閣老們從文淵閣下班出去吃飯。朱瞻基覺得很奇怪，問手底下的人為什麼他們不直接在文淵閣吃飯。手下一聽就暈了，文淵閣是藏書閣，不能生火做飯，總不能一人一包野戰口糧讓他們啃吧，他們告訴皇上，這地屬於「大內」，不能點火。

當時閣老們都在文淵閣兩邊的廂房辦公，環境非常艱苦。明朝文淵閣和現在看見的不一樣，現在的是清朝仿照寧波天一閣修建，明朝的比較簡陋。而且，閣老們雖然掌管財政大權，但自己也無法找人去修，畢竟皇上的「三大殿」都沒著落，做臣子的好意思翻修辦公室嗎？

朱瞻基一聽，不忍心了，紫禁城裡面不能騎馬、坐轎，一幫老頭子一日三餐步行出去吃，太不人道了。他下令在院子中間建了一個廚房，叫做「烹膳處」，內閣這個大明朝最大的機關單位才算有了食堂。

寫這本書的王鏊後來也是內閣成員之一，所以此件小事的可信度很高，可以想見朱瞻基在紫禁城宮牆上散步的場景。

朱瞻基《唐苑嬉春圖》

但紫禁城就這麼大，天天溜達也沒意思，而且文臣單位確實太強了，朱瞻基百無聊賴之下，就開始天天琢磨著怎麼玩。

貳

首先想到的就是玩蛐蛐（蟋蟀）。

做為現代人，我們已經很難理解宣德玩蛐蛐的興趣到底是怎麼產生，估計和之後的遛鳥、鬥雞原理差不多。皇上養寵物比較講究，養魚容易死，不吉利；養鳥太費勁，不符合朱瞻基年輕人的性子；也不能天天在皇宮裡養一群藏獒，有失體統。思來想去，還是蛐蛐比較好，體積小，品種多，可玩性強。

但是，什麼東西一碰上「皇家」二字，就完全不一樣了。平民老百姓玩蛐蛐，田間地頭隨便逮兩隻就行，但朱瞻基要玩，規格、品味和等級都必須最高。

《皇明紀略》記載：「宣廟好促織之戲，遣取之江南，其價騰貴至十數金。時楓橋一糧長，以郡遣覓得其最良者，用所乘駿馬易之。」意思是，在朱瞻基的帶領下，蛐蛐的價格暴漲，各地官員都在找蛐蛐，甚至一隻好的蛐蛐能換一匹好馬，已經到了駭人聽聞的地步。

後來，沈德符在《萬曆野獲編》直接連民間俗語都記上，當時很風靡的一句話是：「促織瞿瞿叫，宣德皇帝要。」意思是，皇帝直接開口了，向大臣要蛐蛐，還給當時的蘇州知府下了聖旨，聖旨裡說：

> 宣德九年七月，敕蘇州知府況鍾：「比者內官安兒吉祥採取促織。今所進促織數少，又多有細小不堪的。以敕他每於末進運，自要一千個。敕至，而可協同他幹辦，不要誤了！故敕。」

古代皇帝的聖旨很講究，不像電視劇裡演的那樣動不動「奉天承運，皇帝詔曰」，「詔」說的是布告天下子民，加上玉璽。再往後是「制」，一般重大的加官晉爵，例如封個將軍。之後才是「敕」，也是正規文件，有告誡官員和嘉獎普通官員的意思。最不起眼的叫「諭旨」，和小字條差不多，隨口一說，你看著辦。朱瞻基一開口就是向蘇州知府要一千隻蛐蛐，要求確保質量地完成，必要時可以和其他部門一起合作去辦，甚至直接下了「敕令」。頒發敕令向四品大員要蛐蛐，朱瞻基真是開了歷史先河。

不光蛐蛐本身要講究，養蛐蛐的罐子也得講究。拿個泡麵碗鬥蛐蛐不符合宣德皇帝的身分，所以他囑咐御窯廠，訂製一批青花瓷蟋蟀罐。

御窯廠是專門替皇家燒造瓷器的機關，位置就在現在的景德鎮，以前屬於饒州府管轄。歷史上，古代人都以為青花瓷是宣德時期出現的，因為之前的青花瓷很難找到年號，自宣德皇帝開始，把年號印在瓷器底部才算形成慣例。

近現代人們發現一件元朝青花雲龍紋象耳瓶，上面寫著「至正十一年四月良辰謹記」，至正是元順帝的年號。當時這玩意拿到北京琉璃廠，沒人收，覺得這個造假太不用心了，就好比現在拿出個手機上面寫著大清年號一樣，問誰都不信。後來，這個瓶子因為戰亂流落到國外，現在在大英博物館裡。經過考證，明確了這個瓶子的真假。人們才反應過來青花瓷不是朱瞻基搞出來的，元朝就有，而且技術還很高，洪武和永樂也有，只不過不加年號。

但無論如何，宣德的青花瓷在陶瓷藝術史上都是濃墨重彩的一筆。現在古董界關於古陶瓷有句行話叫「青花看宣德，彩瓷看成化」，就是說青花瓷發展到宣德時期，基本上是一個巔峰，不僅空前，而且絕後。空前是因為當時最好的工匠經過幾代人的積澱，繪畫技術比較成熟，都在御窯廠彙集；而絕後則是因為原料。

當時畫青花瓷用的原料叫蘇麻離青，名字很奇怪，屬於舶來品。這個名字來自波斯語，「蘇麻離」就是波斯語「蘇萊曼」的音譯，指的是產地，這種釉料來自中東的伊拉克。

元朝時，這玩意可以隨便用，反正歐亞大陸基本上都歸我家管。到了明朝，這玩意不好弄到了，只能靠「三寶太監」鄭和下西洋帶回來一批。

但從宣德八年（一四三三年），鄭和去世，再加上為了節約開支，下西洋的活動停止了。「蘇麻離青」變成無根之水，用一點少一點，到了十幾年後基本上就用光了，改成江西本地出產的平等青料，和「蘇麻離青」的顏色差很多。現在看宣德時期的瓷器，青花瓷顏色深藍裡帶著深黑色寶石般的斑點，這是「蘇麻離青」釉料裡的鐵含量偏高所導致，俗稱「鐵鏽斑」，是永樂、宣德時期瓷器的典型特徵。

朱瞻基當時應該訂製一大批蟋蟀罐，蛐蛐一張口就是要一千隻，少了養不過來。但現在流傳下來的蟋蟀罐很少，因為朱瞻基比較早死，天天玩，三十六歲就英年早逝。

張太后當時一把年紀了，身體還很硬朗，非常傷心，覺得都是孩子不務正業，才讓她白髮人送黑髮人，一氣之下，直接砸了紫禁城裡所有的蟋蟀罐。明朝時，宣德蟋蟀罐的價值就被炒得很高，基本上見不到，能傳出來的要嘛是太監貪財偷出來，要嘛是當時朱瞻基隨手賞給大臣的。

宣德蟋蟀罐

不過，好在當時明朝御窯廠有個制度。燒瓷器這種手工業有成品率的問題，例如，畫工沒注意，手一哆嗦多畫一道；再如，燒製過程中有一點小小的開裂，理論上都不影響使用，可這種殘次品進貢給皇上，百分之百要誅九族。但也不能廢物利用，皇上不用的誰都不能碰，所以必須打碎埋在御窯廠的地下。

近些年考古發掘，挖出當年宣德時期埋瓷器碎片的底層，裡面清理出很多蟋蟀罐的碎片，非常精美。我們現在在博物館裡看到的宣德蟋蟀罐都是修復過的，算是一個歷史見證。

參

除了玩蟋蟀罐，玩銅爐也是朱瞻基另一項比較出名的事業。

當時，明朝有一個內官監，專門負責製造皇室需要的器物。這個說法是從元朝繼承而來，以前叫做「內府」，現在看元朝有些瓷器寫著「內府」兩個

宣德款朝天耳三足爐

字，就是這個部門造的，到了清朝則叫「造辦處」。《明史．職官三》說得很清楚：「內官監……掌木、石、瓦、土、塔材、東行、西行、油漆、婚禮、火藥十作，及米鹽庫、營造庫、皇壇庫，凡國家營造宮室、陵墓，並銅錫妝奩、器用暨冰窨諸事。」整個宮廷從衣食住行到柴米油鹽，內官監基本上全包了，相當於皇家工部，工藝標準就兩字「完美」，只用貴的，不用對的，不計成本地伺候好主子們。

宣德爐是指朱瞻基親自設計，讓內官監去鑄造的一批銅爐。這種銅爐在很多影視劇或文學作品中都有出現，後來甚至成為香爐的代名詞之一。例如，魯迅《阿Q正傳》說尼姑庵裡「又不見了觀音娘娘座前的一個宣德爐」，說的就是普通香爐，可見宣德爐對後世影響力之大。但到底宣德爐是用什麼打造，現在比較有爭議。

一種說法是宣德三年（一四二八年），當時紫禁城的庫房一把火，把金屬都燒熔化了，金銀銅鐵什麼玩意都有，弄成一大塊，無法做為正常金屬流通，朱瞻基乾脆化了做一批爐子，就是後來的宣德爐。不過，這種說法經不起推敲，且不說《明實錄》等資料裡無此火災記載，而且熔點也說不通。金銀銅鐵的熔點都不一樣，紫禁城的建築都是木頭做的，一般火災的溫度根本達不到。

後來，嘉靖年間流傳出一本《宣德彝器圖譜》，是當時的禮部尚書呂震和負責冶煉的太監吳誠編成，後來被于謙拿到副本，留給後人。這本圖譜裡有各種宣德爐的樣式，才澄清意外冶煉的說法。說明朱瞻基是真的閒，親自設計並專門訂做這麼一批銅爐。

當時朱瞻基剛登基沒多久，就去皇宮的庫房裡找古董。歷朝歷代皇帝都有收藏古董的習慣，而且品味很高，不是青銅器就是書畫古籍，一般的不入眼。

朱瞻基去庫房翻了半天，感慨明朝收藏的青銅器太少了。明朝初期的青銅器大多是從宋朝宮廷裡繼承過來，特別是青銅鼎。當時，忽必烈滅宋，把南宋收藏的青銅鼎搬到元朝的大明殿，因為鼎象徵江山社稷，不能和其他東西混在一起。明朝攻陷元大都，當時亂哄哄地丟了一批，剩下的都放在太和殿。但是，數量很不讓朱瞻基滿意。

不滿意怎麼辦？自己造吧。正好宣德三年，暹羅國（泰國）進貢一批風磨銅，大約一萬多公斤。泰國信佛，估計是用來鑄造佛像的，沒想到朱瞻基大筆一揮，按照商周青銅鼎的樣式，直接用來造香爐。

造之前，朱瞻基問了一句，一般青銅煉造幾次才能鑄造呀？工匠告訴他，民間大概四次，宮廷裡必須六次，精益求精，才能顯出所謂的「寶光」。朱瞻基一聽，反正不是自己動手，直接把次數翻一倍，冶煉十二次，俗稱「十二煉」。結果煉完又出現問題，雜質去除得太乾淨，分量不夠了，就問皇上怎麼辦？朱瞻基說不就是分量嘛，銅不夠就加上金銀，湊一湊不就行了，才打造出這麼一批絕無僅有的精品，色彩豐富，款式大方。朱瞻基看完很滿意，在宣德爐的底部加了年號——「大明宣德年製」。

現在一提起宣德爐，都是做為古董等，其實宣德爐的珍貴之處是做為工藝品的藝術價值。畢竟材料難得，巧匠難得，像朱瞻基這種有藝術追求的皇帝就更難得了。

宣德爐的成就，是宣德時代紫禁城的一個縮影，也是明朝真正意義上宮廷物質生活的第一個巔峰。而在紫禁城的巍峨的宮牆後面，朱瞻基對這座皇城的掌控才剛開始。

太監與衛士

朱祁鎮接手的紫禁城，不是簡單的一個文淵閣中樞或一條簡單的中軸線。隨著明朝政治體制的完善，隱藏在陰影中的力量不可忽視，這些力量將直接左右明朝三百年的朝堂格局，成為左右文臣武將的重要力量。

這些力量分為兩組，一組叫錦衣衛，一組叫東廠。

壹

先說錦衣衛。

受影視作品影響，現在提起錦衣衛，第一反應就是特務，一群高手穿著飛魚服，提著繡春刀，滿大街抓人、砍人，順便精通各種審訊手段，簡直就是體制內的「大俠」。

這樣的理解對錦衣衛產生很大錯誤，實際上，錦衣衛是實打實的軍隊編制，不算祕密機關，屬於大明二十四衛之一，朱元璋時代就已經發光發熱。最早時叫做「拱衛司」，意思很清楚，「拱衛天子」，相當於貼身警衛營，官比較小，正七品。

錦衣衛木印，
中國國家博物館藏

到了洪武十五年，朱元璋感覺人手不夠用，因為要清理功臣。但這種事無法讓刑部去做，畢竟刑部是正經八百的朝廷衙門，堂堂天子不能覥著臉對刑部尚書說，我覺得那個誰有點問題，你去查查，這不合適。刑部屬於司法部門，要走正規的司法程序，更何況人家好端端的朝廷重臣，你也不能隨便查。

朱元璋因此改革禁衛軍，分為十二衛所，其中就把拱衛司改成錦衣衛，而且提高級別，正三品，把職權也擴大了。《明史》載錦衣衛：「所屬有南北鎮撫司十四所，所隸有將軍、力士、校尉，掌直駕侍衛、巡察緝捕。」意思是，朝廷給錦衣衛設置南北兩個鎮撫司，且明確規定，錦衣衛不光可以做為侍衛和門面，也可以做為祕密警察負責辦案，相當於三軍儀隊加國家安全局。

南北鎮撫司在錦衣衛的發展史上是一個絕對不可或缺的衙門，因為鎮撫司是負責審案和關押的地方。在這裡面，北鎮撫司主要做皇上囑咐的案子，所謂的「詔獄」就在北鎮撫司，後來的楊士奇、夏原吉等人都被關在裡面過，不在「詔獄」待一遭，你都不好意思說自己是朝廷重臣。而南鎮撫司主要是盯著北鎮撫司，別讓他們玩過頭。

以前的拱衛司頂多算是軍隊，現在有了鎮撫司的錦衣衛，相當於一套獨立的司法體系，能甩開刑部直接自己執行。即使是這樣，也不足以解釋為什麼錦衣衛如此豪橫。錦衣衛頂多是正三品，但巔峰時期的錦衣衛號稱「緹騎」，碰到正一品大臣也敢直接找機會拿下。很多人忽略一個問題，就是錦衣衛裡的這些「大俠」，到底是從哪裡來？

關於第一任錦衣衛指揮使，現在已經不可考證，其實也不重要。《明史》給的答案很明顯，「擇公、侯、伯、都督、指揮之嫡次子，置勛衛散騎舍人」。這下就明白了，能進錦衣衛當官的，都是各路開國元勛的二兒子，一群頂級「官二代」組成的特務組織加儀隊，在天底下基本上可以橫著走。最初錦衣衛裡拚的不是職位，而是家世，誰當指揮使壓根不重要。一說某某國公、某某侯爵，不是你家大爺就是我家哥哥，放開做吧，有事他們扛。

這樣一來，在朱元璋的授意下，錦衣衛這群「二代」們出手就肆無忌憚了。洪武朝光是宰相「胡惟庸案」，還有新貴族「藍玉案」，林林總總加起來就處決了四萬人。這下文臣們不幹了，文臣們都是打工的，不像武將們家大業大，一個爵位天長地久。現在這幫武將們的孩子完全不按司法程序走，逮誰咬誰。這樣下去，文臣們還有出頭之日嗎？朱元璋一看，沒辦法，就做了做樣子，燒掉錦衣衛的刑具，然後撤銷他們的獨立司法權。

貳

錦衣衛對此倒是無所謂，反正查案本來就是兼職。

明朝初年，錦衣衛的職權和部門主要傾向於侍衛的職能。這些人都是官二代，父輩們都是和朱元璋一起打天下的兄弟，信得過，所以護駕這種事都是他們來做。

當時禁衛軍一共十二個衛所，例如金吾衛、府君衛等，但只有錦衣衛有資格「守四門」，其他的不配。這裡的四門是說紫禁城東南西北的四門，也就是東安門、西安門、天安門和地安門。然後，皇城內的正門，也就是午門，只有錦衣衛的官員需要日夜值班於此。

能進宮參與值班的錦衣衛，與一般士兵有區別，不能長得拐瓜裂棗，畢竟是代表紫禁城的顏面。就和現在的儀隊一樣，得看身材和顏值，這種標準「官二代」裡不太好選，因為缺口比較大，值班紫禁城需要的錦衣衛得幾千人，很多要從民間選拔。

《明會典》給的標準是「錦衣衛大漢將軍……務要身長五尺三寸以上、力勝三百五十斤及無惡疾、體氣、過犯，不系正軍及犯極刑之家，方許收用」。先不說身世清白、身體健康，光是這個身高，一般人就達不到。明朝量身高，一尺說的是裁衣尺，不是木工尺，大約三十四公分左右，「五尺三寸」就必須一百八十公分以上，放到明朝算是相當了不起的身高了。

而且，不是說身高一百八十公分就行，瘦得像麻稈一樣無法保護皇上。還要求能舉起三百五十斤的重量，明朝一斤比現在重二兩，算起來三百五十斤和現在的二百一十公斤差不多，基本上等於舉重運動員的水準。

符合基本條件後還要再選，最後才能「於奉天門及丹墀者尤取恢大」，意思是身材最好的才可以在奉天殿內和殿外的石階上值班。為了叫起來響亮，還替這批人取一個好聽的名字叫「大漢將軍」。當然這個「將軍」連官銜都不算，說了算的都是錦衣衛指揮使，所以明朝的「將軍」不值錢。例如，奏摺裡動不動就是「將軍一千人」，說的就是一千個錦衣衛力士。

平時皇帝上朝前，錦衣衛的各級頭目必須先進紫禁城，文武百官在午門外面候著。等錦衣衛進去後，百官才陸續從午門進入，沿著內金水橋，來到太和殿前。這時，錦衣衛全副武裝，拎著金瓜、刀劍之類的武器在邊上站著，看看有沒有人帶刀劍等兵器進來。當然只能看，不能逐個搜身，否則有辱斯文，反正也有「將軍」站在皇上身邊。

不過凡事都有例外，之前我們講過永樂時期的大臣景清，就是一個典型。他在官服裡藏了把刀子就上來，結果痕跡太明顯，被大殿上的錦衣衛逮住。這哥兒們是個文人，加起來五、六十公斤，錦衣衛力士一個人能舉起他三個。景清純粹是對錦衣衛的武力值一無所知，別說他是被搜出刀子，以錦衣衛的武裝和身手，那個距離給景清一把手槍，他都不見得有機會瞄準。

這事讓朱棣很生氣，忽然想起來，錦衣衛不是會查案子，那你們就直接上手得了。這下可是猛虎歸山，錦衣衛多興奮呀，終於有機會重操舊業。不光把景清全族老小徹查清楚，還不辭辛苦地找出他家祖籍，直接去景清老家，把一個村子變成廢墟。後世把這種絕戶的行為叫做「瓜蔓抄」，順藤摸瓜，一乾二淨，可以想見錦衣衛辦事之狠。

參

朱棣感受到錦衣衛的好處，特別是他剛奪了侄子的江山，急需這麼一批人幫他處理很多事情，所以又把錦衣衛重新抬了起來。但從這時開始，錦衣衛就開始轉變職能，以前審案子是有需要才辦，現在有點專職做這個的意思。

這時，錦衣衛指揮使這個位子就比較關鍵，以前指揮使基本上是「背鍋」位，惹怒文臣犯了眾怒，然後被朱元璋拉出來砍頭以平民憤，畢竟錦衣衛骨幹是一群「官二代」，總不能砍他們，所以老大得出來扛。第一任指揮使毛驤、第二任指揮使蔣瓛都是這麼死的。

但是，到了朱棣時就不一樣了。開國勛貴基本上都跟著朱允炆混，必須得任命一個靠得住的指揮使。朱棣選擇了紀綱，紀綱是秀才出身，「靖難」時，他在老家德州。正好朱棣打仗經過這裡，紀綱看見了衝上前去，和《水滸傳》寫的一樣，「納頭便拜」，指名道姓地要追隨朱棣。朱棣看傻了，那時造反朝不保夕，怎麼還有人想跟著我混呢？加上紀綱文武雙全，還會騎射，就讓他當了兩年馬夫。

職場上，兩個職業最容易被長官信任，一個是祕書，一個是司機。紀綱替長官駕了兩年車，深得朱棣信任。因此「靖難」結束後，朱棣就把紀綱任命為錦衣衛指揮使，專門負責審案和詔獄，清掃建文遺臣。

紀綱一開始辦事非常漂亮，加上為人又狠，處決了一大批人，從小太監到文武百官，只要進了「詔獄」沒有不老實的。朱棣愈發信任紀綱，《明史》說：「帝以為忠，親之若肺腑。」

沒承想這「肺腑」用多了，就開始出問題。由於朱棣信任，紀綱做事變得愈發肆無忌憚，欺上瞞下、搶奪官船，甚至偽造詔書，還和朱高煦混在一起。朱高煦構陷大學士解縉，當時就是紀綱動的手腳。到最後，錦衣衛在紀綱手裡變成一個一手遮天的怪物，自己也膨脹了，一來二去，就做了一件找死的事情。

事情發生在永樂十四年端午節，那時有個活動叫「射柳」，就是把柳樹刮下來一塊皮，露出白色的木質，然後皇帝帶著大家拿弓箭去射，看誰準。結果，紀綱射箭前，對手下囑咐一句：「我故射不中，若折柳鼓噪，以覘眾意。」我故意射不中，你在一邊就說射中了，看看誰敢多說話。

紀綱的劇本相當完美，手底下人一開口，大臣們全都當了瞎子，沒一個敢說話，誰都不想得罪這個傢伙。這下紀綱很滿意，說：「是無能難我矣。」我獨孤求敗，一覽眾山小，誰都難為不了我。紀綱滿意了，朱棣卻看傻了。我還活著呢，你就開始「指鹿為馬」，再這麼下去，你該改朝換代了。朱棣忍不了了，兩個月後，就有和紀綱有仇的內侍舉報其違法，一看就是朱棣安排的，不然借內侍十個膽子也不敢得罪紀綱。

紀綱違法的事不用刻意蒐集，太多了，隨便找都能誅他九族，真要是都寫成供狀，加起來可能比《永樂大典》都厚。有了罪名，朱棣直接動手，從審案到行刑，只用了一天。明朝謀反之罪不用等到秋日處決，當天就把紀綱分屍。

紀綱一死，朱棣開始反省。錦衣衛這個東西確實是不太可控，而且主力平時常駐在紫禁城之外，用起來沒那麼方便。朱棣眉頭一皺，把目光放在身邊的太監身上。於是，就有了一個機構，叫做東廠。

肆

明朝的太監是個很龐大的團體，就像禁衛軍有十二衛一樣，宦官的部門也可以分為十二監、四司、八局，合稱「二十四衙門」。之前提過號稱「皇家工部」的內官監就是十二司的其中之一，大名鼎鼎的鄭和就是永樂初年內官監的大太監。

一開始，太監沒有很高的地位。朱元璋在太監這方面很有原則，他知道元朝亡國就有太監們的一份功勞。他定下制度，太監們「不得兼外臣文武銜，不得御外臣冠服，官無過四品」，就是說太監做好自己的事就行，不能有任何兼職的差事，最高等級不能超過四品，和知府同一級別，相當於今天市政府的官員。為了告誡子孫，朱元璋還在宮門口設立一個大鐵牌，上面刻著「內臣不得干預政事，預者斬」。這塊鐵牌到底掛在哪處的宮門，目前已經不可考證，但肯定是在乾清門或乾清門以內，因為是給皇上看的，所以要放在內廷。

但到了永樂十八年，籌備遷都後，朱棣覺得必須要壓制一下錦衣衛，就改了老爹朱元璋的規矩。他利用太監，設置了「東緝事廠」，簡稱「東廠」，這個名字和地方有關係，因為東廠的位置就在東安門以內。永樂時期的東安門正對著東華門，門口有一條玉河，到了宣德時期擴建了，往東邊移一段距離，到了玉河東邊。現在的北京還有一條東廠胡同，往西邊一走就是北河沿大街。北河沿大街裡的「河」，說的就是之前的玉河，只不過後來被填平了。

過去上朝時，官員們都是從東安門進到皇城內，然後再轉到午門。宣德時期，玉河上有一座橋，就叫「承恩橋」，意思是能進來是皇上賜給你的恩德，別不知足。這麼一看，當時上朝的官員確實比較慘，進東安門前，錦衣衛盯著；進去後，東廠還得再查一遍。朱棣把東廠安排在這裡，就是想讓東廠監視百官。

現在一說明朝的特務機構，都是東廠、錦衣衛並列，合稱「廠衛」，其實構架完全不一樣。錦衣衛是有名有姓的軍事機構，只不過被朱元璋和朱棣賦予太多特權，例如「詔獄」這種完全可以繞開司法程序的存在。但東廠不一樣，它不是一個具有正式編制的部門。一開始，東廠沒有所謂的首領，直接對朱棣本人負責，後來才放權給身邊的親信太監。

東廠裡面當官的太監，編制都是掛在「十二監」下屬，相當於兼職，手底下沒有太監，都是從錦衣衛裡選拔出來。從這個角度上說，東廠不能算是太監部門，應該算是太監監管的部門。東廠衙門的正堂裡掛著一幅岳飛像，就是告訴手底下的人要忠誠，我們和軍隊不一樣，要完全忠於皇上。這可能是岳飛在歷史上被黑得最狠的一次，天天被一群太監當榜樣。

最底層的東廠辦事員叫「番子」，戴著一頂尖帽子，穿一身純褐色或青色的衣服，腳上再加一雙白皮靴，在京城裡只此一家，別無分號。番子再往上有小隊長，俗稱「檔頭」，大約有一百個，像電影《新龍門客棧》的「四大檔頭」就是這個級別。

檔頭的上面還必須加上一個千戶和一個百戶，又叫「貼刑官」，也是從錦衣衛裡拉來的兼職。東廠只有抓人的權力，審案還是得交給錦衣衛，因為東廠沒有自己的「詔獄」，必須和錦衣衛「資源分享」。但東廠的人在審案過程中可以旁聽，被稱為「聽記」。

區別在於，錦衣衛是按程序走，東廠則是聽完直接出門找皇上彙報，「聽記」這種事到底是誰聽誰的，想也知道。東廠的人往那一坐，基本上錦衣衛就不敢插話了。

貼刑官再往上，才是監管的太監，被稱做「督主」，全稱是「欽差總督東廠官校辦事太監」，是一個臨時職務，只不過被固定下來而已。在明朝，能夠執掌東廠的督主，通常都是二把手、一把手的大太監，被東廠稱之為「宗主」。而且，「宗主」和「督主」都是一個部門出來，絕對不會有這山望那山高的情況出現。

這個部門叫做司禮監。

伍

明朝太監的所謂「二十四衙門」，為首的就是司禮監，當時大多數太監都住在紫禁城的東北方，就是景山的東邊。司禮監的旁邊是內府供用庫，往西邊一點就是尚衣監。顧名思義，司禮監就是掌管宮廷禮儀的部門。和內官監那些整天叮叮噹噹的工匠不一樣，司禮監做的事都很體面。例如，太監們想要進出宮廷，必須有「馬牌」做為通行證，不然出不去，誰管「馬牌」的發放呢？不好意思，是司禮監。再如，皇宮內的各種婚喪嫁娶，禮部尚書只能幫忙拿章程出來，真正跑前跑後地調動宮裡面各項物資的是誰呢？是司禮監。又如，皇上今天高興，隨手賞賜內閣大學士一幅書畫，誰負責去送，然後和大臣們說說笑笑呢？還是司禮監。

到這裡為止，我們不難發現，司禮監是個何其無敵的存在，有錢有權，還有外朝大臣們的關係。但這些還不是司禮監可怕的地方。司禮監手裡還有兩個權力，一是制帛與「御前勘合」，二是糾察內官人員違犯禮法者。這兩項權力奠定司禮監在內廷宦官中至高無上的地位。

過去的聖旨都是用帛做的，由翰林院的庶吉士書寫，書寫好了皇上不可能自己校對，沒那個功夫，都是由司禮監確認無誤後，再用印並備案。而下面遞上來的摺子，要先給「通政使司」匯總，整理後由司禮監送給皇上和內閣批閱，然後再送回司禮監加印，稱之為「御前勘合」。也就是說摺子好不好使，司禮監很容易動手腳，八百里加急送過來的文件，司禮監只要願意，能給你拖上個三、五天。

第二項權力更厲害，只要內廷中有人違背「禮法」，司禮監都有「糾察」的權力，這就不得了了。今天你不小心摔了皇上的一個蟋蟀罐，湊巧司禮監的太監和你關係不錯，那沒事，這玩意庫房裡有的是，皇上也數不過來，換一個就行。但哪天你要是和司禮監關係不好了，在紫禁城裡隨便吐口痰，被司禮監知道了，不好意思，這事有違禮法，直接拖出去打死，沒得商量。

《萬曆野獲編》說「司禮今為十二監中第一署」，就是這個原因。宮裡所有太監看見司禮監裡的小太監都得磕頭行禮，人家搭理不搭理不重要。

司禮監裡面有四個大太監：一個掌印太監、一個秉筆太監、一個提督太監，再加一個隨堂太監，手底下沒有具體官職。毫無疑問，跑腿的不如管人的，管人的不如寫字的，寫字的不如蓋印章的。掌印太監是司禮監的一把手，也是整個紫禁城裡太監的頭，二把手才是秉筆太監，就是管轄東廠的「督主」。

現在說起司禮監和大太監都是影視劇裡的形象，一臉不陰不陽，在皇上面前當各種狗腿子。但最早的大太監都不是伺候皇上，而是有點客卿的性質。最典型的例子就是鄭和，雖然他不是司禮監出身，卻是標準的從龍之臣。那時太監都是不讀書的，朱元璋在祖訓裡明確規定「內臣不能讀書識字」，不過這個說法有爭議。理論上，司禮監的太監大多都識字，只不過是不讀書，抄寫沒什麼問題，相當於小學水準以上。

鄭和屬於家傳的學問，而且深得朱棣信任，當上大太監沒幾年，就被派出去下西洋，相當於以外交使臣的身分兼任外交使者，壓根用不著在朱棣身邊伺候。

第一個有名有姓的司禮監大太監叫侯顯，也沒待在朱棣身邊。當時，朱棣聽說西域的番僧哈立麻很有影響力，加上朱棣受到姚廣孝的影響，也信佛，就派侯顯出使東印度。侯顯前前後後去了約五趟西域，但永樂期間的司禮監大太監一直是他。可見在永樂時期，東廠歸東廠，而司禮監還不能算是一個權力機關。而如果按照這麼發展，錦衣衛和東廠最多是平級的暴力機構，和司禮監不產生直接關係。

從某個意義上說，司禮監應該感謝朱瞻基。

陸

朱瞻基做為「太平天子」，面臨一個很大的問題，就是文臣勢力不可避免地要壓過武將。因為武將必須在戰爭年間才能獲得功績，而洪熙、宣德兩朝以仁政著稱，不可能天天在那裡舞刀弄槍。東風壓倒西風，文臣壓死武將就是很自然的事情。

「三楊」還不用太擔心，好歹是看著朱瞻基長大，不至於有什麼歪腦筋。但文強武弱是個長期存在的體制問題，不僅是一朝天子一朝臣的問題。朱瞻基必須對廠衛有所動作，拉一派打一派，整合為一股力量對文臣進行牽制。毫無疑問，錦衣衛被拋棄了。因為文臣們都下過「詔獄」，也都被當年的紀綱折磨過，對錦衣衛深惡痛絕。除非朱瞻基想和楊士奇、夏原吉這些叔叔、伯伯們徹底決裂，否則錦衣衛一定會被打壓的。

為了找一幫大臣們信得過的人，朱瞻基決定扶太監們一把，於是設立了內書堂。內書堂就是太監們的學堂，專門教他們讀書的地方。等於朱瞻基公然打曾祖朱元璋的臉，改變祖訓，給予太監們系統讀書學習的機會。

內書堂的位置最早在文華殿的東廡，後來搬到宮外，就是司禮監的大門內，進去往南一走，就是內書堂，這個學堂等同於為司禮監開的。裡面的布置和正常的私塾差不多，想像不出來的可以看一下魯迅先生描繪的「三味書屋」，和那個差不多，進門一張孔夫子的畫像，然後就是桌椅、板凳。

然而，這個看似普通的學堂，卻有著幾乎是大明最豪華的教學陣容。朱瞻基直接指派翰林學士去教育這些太監，而且還不重複，輪流上課。翰林學士都是科舉的佼佼者，很多人甚至有可能入閣執政。和內書堂一比，國家最高學府國子監頂多算是「野雞大學」，太丟臉了。

第一個在內書堂教學的「老師」是劉翀，原本是戶部的陝西清吏司主事。這哥兒們比較悲摧，回家服喪三年，回來發現位子被人頂替，暫時沒有缺。朱瞻基就替他掛了一個刑部主事的頭銜，兼職翰林修撰，讓他「專授小內使書」，改行替小太監們教書。

後來，「教授」的等級來了。宣德四年（一四二九年），朱瞻基派陳山為太監們上課。教的東西都不難，從《千家詩》和「四書五經」講起。但陳山的等級擺在那裡，戶部尚書兼謹身殿大學士，規格非常高，快趕上太子了。這樣一來，出現兩個新情況。

首先，太監開始接受系統的儒家思想體系。以前的太監連祕書都不算，頂多算是文字記錄者。但經過內書堂的培養，開始往高級祕書上靠攏，能夠在一定程度上獨立處理政務。

再有一點，內書堂的太監可以直接和大學士這個級別的外臣接觸。內書堂裡面高機率會出現之後的司禮監掌印太監，而翰林院則是未來內閣大學士的搖籃，不是翰林的話，基本上就和內閣無緣了，這兩者之間形成一種既熟悉又對立的關係。

在朱瞻基手上，從東華門後的文淵閣，到景山後面的司禮監，一種微妙的政治平衡態勢正在形成。號稱「三代從龍」的那批文臣正逐漸老去，文臣的影響力正在逐步減弱，達到一個完全可控的範圍。

而以司禮監為首的內廷勢力，整合廠衛後，則成為制衡文臣集團的一支重要力量，而且還在萌芽期，完全可控並將其規範化。這樣既避免了朝廷內部的文臣一家獨大，又讓政務處理過程變得規範而高效，一舉兩得。朱瞻基也可以節省大量時間玩蛐蛐，簡直太舒服了。

只可惜，現實和理想往往很難共存。誰都沒想到，宣德十年（一四三五）正月，乾清宮突然傳來噩耗，宣德皇帝朱瞻基駕崩了。

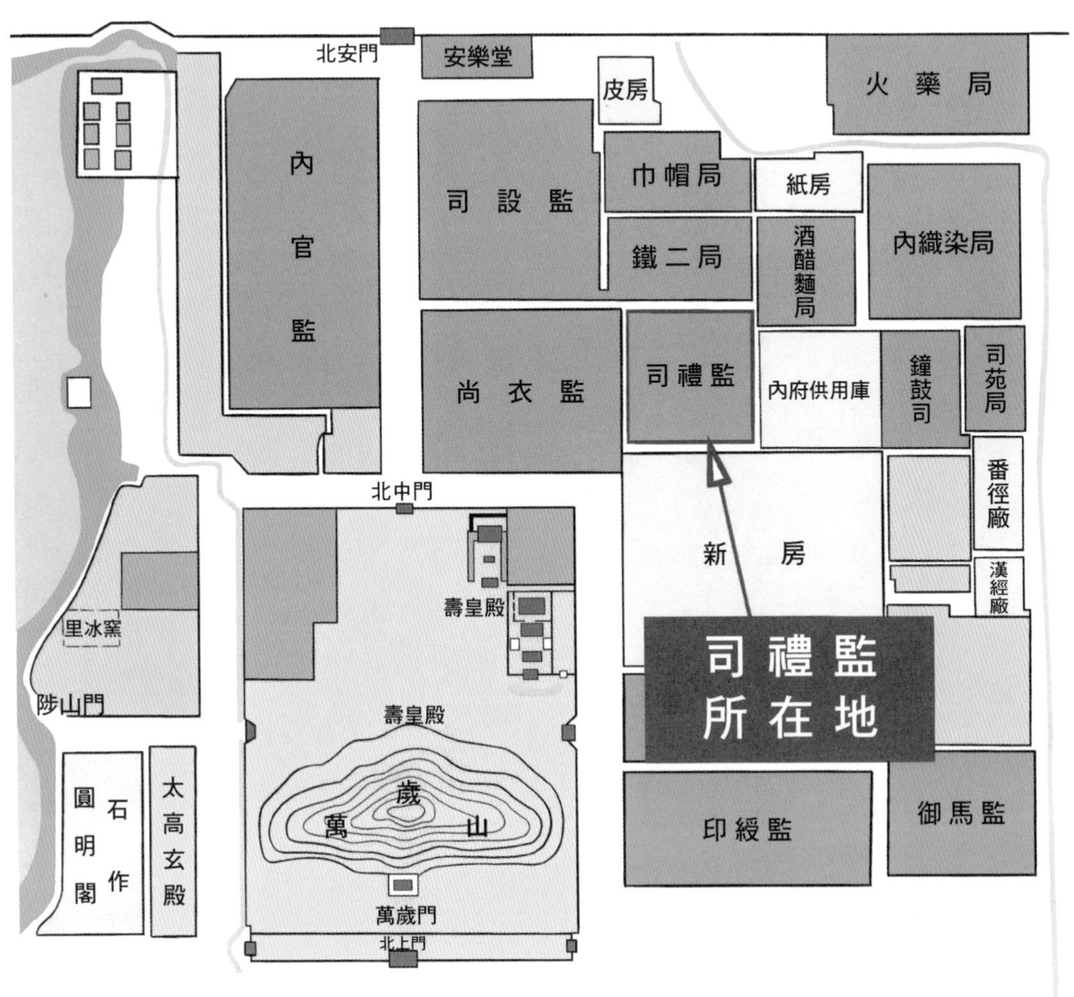
北安門
安樂堂
皮房
火藥局
內官監
司設監
巾帽局
紙房
鐵二局
酒醋麵局
內織染局
尚衣監
司禮監
內府供用庫
鐘鼓司
司苑局
番徑廠
北中門
新房
漢經廠
壽皇殿
里冰窯
司禮監所在地
陟山門
壽皇殿
太高玄殿
石作
圓明閣
萬歲山
印綬監
御馬監
萬歲門
北上門
司禮監位置示意圖

重修「三大殿」

宣德十年（一四三五年）正月，沒有太多過年的喜慶。就在去年十二月，允文允武、敢作敢死的朱瞻基身體突然撐不住。正月初三這天，朱瞻基把大臣叫到文華殿，讓他們參拜年幼的皇太子朱祁鎮，緊接著就龍馭賓天。就這樣，年僅八歲的朱祁鎮，成為整個紫禁城的主宰。

壹

朱棣看了一輩子的人，唯獨看壽相的眼光奇差無比。本來以為朱高熾命不久矣，結果他硬生生地拖到四十七歲，反倒是從小英武過人，被稱為「太平天子」的朱瞻基，三十多歲就把自己玩死了，可見養生是一門技巧。

朱瞻基在遺詔中說：「死生常理，修短定數，惟不能光承列聖之洪業，終奉聖母皇太后之養，中心念之，雖歿弗寧。」大概是後悔了，不該玩得那麼嗨，讓自己的老娘張太后白髮人送黑髮人，自己死後也不安穩。

這樣一來，之前「仁宣之治」打下的政治格局就得重新規劃。之前明朝的幾個皇帝，包括朱允炆在內，最小的也是二十多歲即位，已經系統地接受過太子的培訓，和文臣組織也有磨合，問題不大。

但到了朱祁鎮，沒轍了，才八歲，完全是一張白紙，必須依賴張太后和群臣的扶持。那時老臣們大多已經不在，夏原吉在宣德五年（一四三〇年）就病逝了，蹇義和朱瞻基前腳後腳，比朱瞻基晚一個月去世。「三楊」內閣還在，但已垂垂老矣。

按理說，朱祁鎮不應該年紀這麼小，朱瞻基駕崩時都快四十歲，他爺爺朱棣「靖難」起家時也差不多這個歲數，但那時他老爹朱高熾早就成家立業，在北平城頭來回巡邏。這裡就不得不說到朱祁鎮的母后孫皇后。

宣德朝前，大明只有三個皇后，馬皇后、徐皇后和張皇后，老朱家三代都是標準的一夫一妻制。誰承想，到了朱瞻基這裡，開始出鬼點子了。

最早給朱瞻基配的是胡皇后，是朱棣親自替孫子挑選，在《明史》難得有閨名記載，叫胡善祥。而孫氏一開始是侍妾，家裡走張皇后的路線，死纏爛打，才入選皇太子府。但孫氏長得很漂亮，《后妃傳》說她「幼有美色」，能在史書裡加這麼一筆，可見顏值絕對靠得住，所以很得朱瞻基歡心。

朱瞻基登基後，孫氏被封為皇貴妃。明朝初期，皇貴妃和皇后的差距還是很大。明朝的皇后不像後來清朝一樣住在東、西六宮裡，而是住在坤寧宮，而貴妃只能住在東、西兩側的六宮裡。

明朝早期，坤寧宮在現在的真武門附近，女子在風水上屬水，對應的是北方玄武，所以寢宮設置在內廷的北邊。坤寧宮這個名字也與皇帝的乾清宮相對應，《道德經》說「天得一以清，地得一以寧」，合起來正好是「乾坤清寧」。

但胡皇后太老實，而且有個致命缺陷，婚後數年一直沒有生下男丁。國家沒有嫡長子，是非常危險的事情。正好在宣德二年，備受寵愛的孫貴妃誕下一子，正是長子朱祁鎮。這個孩子到底是不是孫氏所生，現在比較有爭議，《明史》的說法是「陰取宮人子為己子，即英宗也」。說朱祁鎮是宮女的孩子，被孫氏偷著抱養。

這事朱瞻基多半也清楚，但沒有開口，他早就看賢慧的胡皇后不順眼。張愛玲說，男人的「白月光」結婚就成了「飯黏子」，何況胡皇后在朱瞻基這邊頂多算個「白熾燈泡」，朱瞻基婚後一直想換個「燈泡」，這個孩子就成為廢后的最好理由。

胡皇后清楚孩子對於天下的意義，就對張太后和朱瞻基表示：「皇上春秋三十未有子嗣，是妾所累也。」說都是我的錯，害皇上沒有孩子。她主動上疏，請求辭去皇后的位子，朱瞻基比較不講究，順水推舟就同意了。

如此一來，坤寧宮就易主了，胡皇后搬到東六宮裡的長樂宮居住，就是後來的景仁宮。母憑子貴，孫氏則順利地登上皇后的位子，宣告著大明朝「第一屆宮鬥大賽」圓滿落幕。

廢黜胡皇后，在當時不是沒有爭議，「三楊」和夏原吉都想開口，但這屬於皇上家事，況且太子涉及「國本」問題，該妥協還是得妥協，就沒敢出聲。後來，朱瞻基也愧疚了，表示「此朕少年事」，那時我年輕，不懂事，糊里糊塗地把人家廢了。

但孫氏能上位，實質上還是靠美色和心機，平時仗著朱瞻基的寵愛在後宮玩玩還行，真到了朝堂上，水準基本上等同於幼兒園等級，別說鎮場子，能把話說得俐落就不錯了。朱瞻基明白自家媳婦什麼德行，在遺詔裡特別說明：「凡國家重務，皆上白皇太后、皇后，然後施行。」等於把軍政大權交給母后張太后，皇后在旁邊聽聽就行。畢竟張皇后的資歷擺在那裡，沒人敢在這位歷經五朝的老太太面前造次。

這樣一來，張太后又被迫升級，成為大明歷史上第一位太皇太后。不過，張太后很懂規矩，知道後宮干政這例子不能開。老朱家的皇帝身體素質不過關，壽命整體偏短，導致大明朝盛產皇太后，從這個角度來說，張太后為晚輩們開了一個好頭。

朱瞻基一駕崩，張太后就帶著朱祁鎮在乾清宮開會，指著朱祁鎮對楊士奇他們說：「此新天子也。」然後，大家山呼萬歲，定年號為「正統」，就是後來的明英宗。

老楊他們也很上道，磕完頭馬上恭請太皇太后垂簾聽政，但張太后打死不同意，說事情不能這麼做，一切以祖宗的法度為準。我老太太在後邊替你們把關就可以，不重要的事可以先不辦。這話暗示的意思太明顯了，不重要的事先不辦，意思就是先挑重要的事解決。

當時什麼事最重要呢？毫無疑問是遷都。

貳

之前，朱瞻基由於孝道的原因，對重修「三大殿」和遷都北京城兩件事，一直不敢下手。朱瞻基當了十一年皇帝，北京一直是「行在」，無法升級。現在好不容易皇帝年幼，內閣輔政，後面還站著一個分量十足的太皇太后。再加上經歷過「仁宣之治」的十幾年，明朝的經濟實力比起永樂末年有很大的恢復。

有錢、有權，天時、地利、人和湊在一起了。「三楊」看年紀，當時自我感覺也沒幾年了，乾脆我們老哥幾個快刀斬亂麻，把這事辦了，別再讓未來皇帝親政以後為難。

但遷都不是說改個名字，把「行在」二字刪掉就行。當時北京城和紫禁城已經十幾年沒有大規模翻修，朱棣搬進來時就是一個大框架，先修理要緊的。後來，朱瞻基進來，針對紫禁城平時的日常運轉，又做了一些細節上的修補，但做為正經八百的京師來說，還是不夠看。

最關鍵的是，「三大殿」當時還是廢墟狀態，正式遷都有個儀式在裡面，這種載入史冊的大儀式必須在奉天殿舉行。乾清宮是皇上的臥室，搞「派對」這種事不能在臥室，真要是在乾清宮辦遷都儀式，「三楊」高機率會被後人噴死。

從正統二年（一四三七年）正月開始，朝廷先派工部尚書吳中（之前為朱瞻基造宣德爐的那位）去西直門、平則門和護城河附近祭祀，從外到內開始修，先從城門開始。

現在北京城很多城門的名字都是正統初年改的，《明會典》說：「更麗正為正陽，文明為崇文，順承為宣武，齊化為朝陽。」並替這四個門增加了防禦的甕城和城樓，以前的城門真的就是個門，現在開始有了完整的設施。

然後又整修護城河，以前城門外護城河上的橋都是木橋，既然準備定都，必須有一個長期居住的打算，就改成石橋，比較高級、有品味了。橋下還修建河閘，護城河的水從西北玉泉山的方向流下來，往東南方向流去，經過大通橋出城，其中要經過九道河閘。

到正統四年（一四三九年），基本上修建得差不多，《春明夢餘錄》說當時楊榮帶著一幫老頭顫顫巍巍地登上正陽門驗收工程，所有人放眼望去，只見「高山長川之環固，平原廣甸之衍迤，泰壇清廟之崇嚴，宮闕樓觀之壯麗，官府居民之鱗次，廛市衢道之棋布，朝覲會同之麇至，車騎往來之坌集」。太雄壯了，老臣們都給出「前所未有」這樣的評價，認為只有這樣的城市，才配得上「京師」的稱號。

這次重修「三大殿」，比起永樂時期建設紫禁城，優勢就大了很多。

首先是物資的積累，之前永樂時期剩下很多東西，可以直接拿來使用，例如神木廠裡儲存的木料、亭臺樓閣繪畫的顏料等，能節省一大部分成本。

其次就是城市本身的繁華，隨著十幾年的積累，北京城已經從元朝末年的殘破之都，變成當時最發達的城市之一。北京附近的人口比之前增加許多，徵調修建的徭役徵召也更為便捷。

最大的優勢來自北京城和紫禁城重修的總設計師，他的名字叫做阮安。

參

阮安是越南人，換成明朝的說法是安南人。朱棣上臺後熱衷於南征北戰，就派英國公張輔去鎮壓安南。張輔在歷史上算不上名將，但打安南確實是一把罩。有戰爭就有俘虜，張輔就從俘虜裡挑選一批機靈能幹且長相俊美的少年，送到宮裡當太監，阮安就是其中之一。

朱棣非常喜愛這些越南來的幼童，他們沒有本土勢力的瓜葛，能夠委以信任，因此就把這些小太監們打發到「二十四衙門」當差。而阮安則被分到「皇家工部」之稱的內官監，聰明伶俐的阮安很快就得到出頭的機會，不但接觸到這個國家頂級的工程建築，還學會統籌工程的能力。

在永樂年間，朱棣搞了一個太監讀書班，不過和後世的內書堂不一樣，只有臨時培訓性質，第一批四個學員，其中就有阮安。同班同學裡，例如王瑾，是朱瞻基的貼身太監；而范弘，後來則做了司禮監的大太監。這個「培訓班」相當於朱棣在培養未來的內廷領導，而阮安毫無疑問地接下內官監的組織。

等到阮安學成技藝，正趕上遷都北京和紫禁城初建，阮安做為內官監的年輕一代全程參與了這項工程，因此他對紫禁城的了解和規劃早已爛熟於胸。時隔近二十年後，站在前人的肩膀上，阮安對紫禁城有了更深入的思考。

搞建築工程是一門很大的學問，尤其是北京城和「三大殿」這種等級的工程，不光得考慮到建成的時間和效果，還必須對成本有所核算。本來這種工程應該是工部來辦，當時北京「行在」的工部尚書是蔡信，紫禁城最早的設計者之一，也是永樂時期遺留下來的老臣。蔡信大致做了一個預算報上去，直接把楊士奇他們幾個老哥嚇傻了。按照蔡信的意思是和當初的工程差不多，徵調大量的徭役和物資，反正替皇上修房子，怎麼豪華怎麼來。

老楊他們哆哆嗦嗦地否決了這個方案，感覺蔡信這個敗家子實在靠不住。這種等級的工程玩不好是要動「國本」的，「仁宣之治」十幾年累積這點底子，不是讓蔡信在這兒裝大爺。剛巧這時內官監也拿出一個方案，內閣一看感覺很可靠，就把工程委託給內官監的阮安。

阮安提出的方案很清晰，先城牆、後宮殿，等宮殿建好了直接遷都。而且，不用四處找人，反正是太平盛世，駐京軍隊平時閒著也是閒著，直接從北京的軍營裡拉一萬個人，每個人多補貼一些飯錢，再加上北京本地的徭役就足夠了。何況阮安還盤點北京建築用料的庫存，用的基本上都是當年剩下的材料，能省就省，怎麼節約怎麼來。

在阮安的手裡，「三大殿」有條不紊地建成了，而且雄偉程度更勝往昔。不僅如此，阮安還順便翻修乾清宮和坤寧宮，並為六部重新修整衙門，相當於紫禁城內外來了個煥然一新。

這項歷時數年的大工程也為阮安帶來了極高的聲譽，工程落成後，阮安修了一塊碑，紀念北京營造正式完成。朝廷重臣們紛

紛寫了相關的詩篇刻在石碑上，盛讚阮安的功績。

在太監這種體制內，阮安做為技術性人才已經差不多封無可封，所以明英宗常給他大量金銀做為賞賜，但阮安分文不取，都捐給宮中的內帑。他一生勤勤懇懇，最後七十多歲，在去山東治河的路上逝世。《明史》載阮安去世時「囊無十金」，身上加起來不到十兩銀子。這個來自越南的紫禁城建造者，用自己的清廉和無私，替明朝往後搞工程的人上了最後一課。

到正統六年（一四四一年），「三大殿」正式修整完畢。而這六年中，朱祁鎮也從懵懂兒童步入青年時代。萬事俱備，只欠東風，即將親政的朱祁鎮將接手的，是一個前所未有的宮殿建築群，以及一個承平數十年的龐大帝國。

正陽門，門外曾有正陽橋，為正統四年阮安所建，後多次重修，新中國成立後因道路改建填平

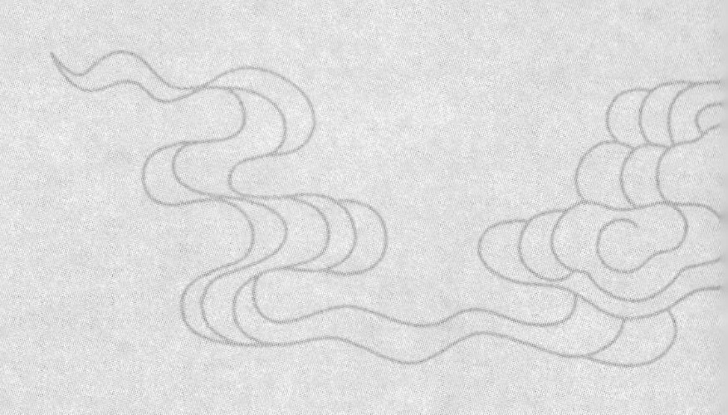

第五章 兵臨城下

司禮監裡王公公

正統六年十一月初，明英宗朱祁鎮在新建好的奉天殿裡舉行大朝會，召見群臣，頒布大赦天下的詔書，正式宣布定都北京，撤銷「行在」的說法，「南京」的稱呼也是從這時開始定名。從此之後，一個獨屬於紫禁城的時代正式開始。

壹

遷都後的正統七年（一四四二年），朱祁鎮已經是十四歲的少年，這時輔政的「三楊」內閣已然不復當年。最早撐不住的是楊榮，雖然當了三十八年大學士，但年輕時就跟著朱棣南征北戰，一身傷病，在遷都前夕的正統五年（一四四〇年）去世，享年七十歲。朱祁鎮雖然年紀小，也知道國失柱石，特意輟朝一日，追贈楊榮為太師。

楊士奇的年紀比楊榮大，但身體保養得比較好，見證了遷都的盛事。沒想到老楊一生謹慎，到頭來晚節不保，兒子天天在外頭惹是生非，甚至動手殺人。一開始，朝廷想冷處理，結果有人爆料，說殺的不是一、兩個，而是殺了十來個，快趕上一個排了。

這下朝廷無法裝聾作啞，楊士奇也被兒子的所作所為震驚了，把兒子下大獄。雖然朱祁鎮下詔書安慰，但古代人講究「修身、齊家」才能「治國、平天下」，兒子混成這樣，你還好意思領袖群臣嗎？楊士奇從此聲望大減，幾年後鬱鬱而終，享年八十歲。最後剩下楊溥，那時已經風燭殘年，加上一直當三把手，很難把朝局扛起來，所以需要朱祁鎮盡快成長。

根據古代人的思路，必須成家才能立業，雖然皇帝與常人不同，但總得先結婚才方便號令天下。遷完都，冊立皇后就勢在必行。正好這一年，明朝在雲南地區打贏了第二次麓川之役。朱祁鎮一看很高興，乾脆來個雙喜臨門，就在收到捷報的次年舉行大婚，冊封皇后錢氏。

朱祁鎮是第一個在紫禁城裡舉辦婚禮的皇帝，當然也是明朝第一個在位期間成婚的皇帝。之前幾位登基時都已經老夫老妻了，犯不著登基後再補辦。導致關於朱祁鎮的婚禮，司禮監和禮部沒什麼可以參照的例子，只能根據古代的典章制度，配合紫禁城的建築體系去設計，現在看《明會典》記載的迎娶皇后儀式，就是以朱祁鎮這次大婚為案例寫的。

結婚那天，首先司禮監得派內臣給皇后頒布冊封的詔書和皇后的寶印，樣式和一般的王爺等級一樣，印的上面用篆文寫著「皇后之寶」。皇后是後宮之主，有了這兩樣東西才算有合法性，就像現在的結婚證書一樣，得先結婚登記再辦婚禮，才算合法夫妻。

然後，宮裡派出車駕，經過大明門，把皇后接到皇城外面。鐘鼓齊鳴後，車隊從午門的中門，就是正門進去，這是皇帝獨尊的榮耀，這裡表示與皇后分享。接著再進入奉天門，從西邊進入內廷。

這時，皇上已經在東邊的臺階上等著，兩人一起進殿。當然不能直接拜天地、進洞房，這樣比較俗套。

坤寧宮內的婚房布置

要先換好禮服，去奉天殿行禮，相當於現在到戶政事務所的程序一樣，然後再由司禮監的人把皇后領到坤寧宮，讓皇后娘娘看看自己以後的臥室。

最後的婚禮也是在坤寧宮舉行，沒有一拜天地之類的活動，因為之前都拜過了；二拜高堂也用不著，明朝能以皇帝身分成婚的，老爹都躺在十三陵長眠，有點遠無法拜，太后也不能一個人坐在那裡，等著兒媳婦端茶。所以，通常都是皇帝和皇后東西相坐，敬完酒後再洞房。

現在來看這一段是最沒意思的，新婚之夜沒有你儂我儂，夫婦倆一邊一個坐著，中間無數太監和宮女忙活，誰都不敢走錯任何一個程序，一忙碌就是一整天。

到了第二天，新婚燕爾的兩人依然不能賴床，必須早早地爬起來穿好禮服，去拜見皇太后。當然，朱祁鎮這裡多了一道程序，必須去拜見太皇太后張氏。這道程序相當於後宮之主名分的交接，婆婆要對兒媳婦耳提面命一番。這還不算完，之後的幾天裡，朱祁鎮必須去華蓋殿接受文武百官的朝賀。新皇后也不能閒著，皇太后會帶著新皇后去與王妃和各路誥命夫人見見面，畢竟母儀天下嘛。為了防止外戚專政，明朝的大多數皇后都出自寒門，之前沒接觸過這個圈子，提前過來和大家碰碰面。

一直到了第五天，皇后還會有一個「盥饋禮」，尚膳監會送來食品和清水，皇后穿禮服去某個宮中進奉，表示自己不忘娘家的孝悌之道。到這為止，大婚才算正式完成。

成婚後，意味著朱祁鎮可以獨自處理朝政。也是在這一年（正統七年），太皇太后張氏完成一生中最後的任務，於十月溘然長逝。臨走前，她把楊士奇等人叫了過去，言辭懇切地囑託他們輔佐皇帝「惇行仁政」。

然而，楊士奇等人已經是古稀之年，有心而無力。張太后的逝世，象徵著一個名叫「仁宣之治」的時代即將過去。宣德皇帝朱瞻基生前竭力打造的政治平衡，將隨著文臣和太皇太后的老去逐漸走向崩潰。司禮監的力量開始走出紫禁城的宮牆，左右整個朝局，而明朝也將真正意義上出現第一個實權宦官。

他的名字叫王振。

貳

王振是司禮監的掌印太監，從小伺候朱祁鎮的貼身太監。

但王振和之前阮安那些年幼就進宮的越南宦官不同，他是土生土長的河北張家口人，據說從小在外面學過一些詩書，考過秀才，但沒考上。明朝的讀書人十二、三歲去考秀才很正常，但考不上也很正常。王振不知道怎麼想的，心一橫，居然自宮進了皇宮，可見確實是個狠人。

王振這種人在歷史上一般比較可怕，屬於科舉制度下的失敗者，想換個角度找成就感。前面有黃巢起義，後面有洪秀全太平天國起義，都是這種例子，自我感覺良好，但怎麼考都不中，就想方設法地開始尋找出路。但王振比黃巢和洪秀全更狠，直接替自己來一刀，順利進入帝國中樞。

現在王振的年齡已經不可考，有傳言說他在外面中過舉人，甚至結婚生子才進宮，這明顯不可能。王振進宮時應該不會很大，年紀大了自宮這種事有風險，估計皇宮不會收這種貨色。但太小也不可能，他是永樂末年進宮，朱祁鎮是宣德二年（一四二七年）出生，不可能讓一個孩子去伺候另一個孩子，所以王振進宮時頂多是十幾歲或二十歲左右。等朱祁鎮登基時，王振大約三十多歲，正是年富力強的時候。

做為太監，王振在讀書人眼裡不入流，但放到太監堆裡就顯得出類拔萃，當時太監們大多停留在能識字就高人一等的水準。王振這種通讀「四書五經」，還會背注釋的人，在裡面簡直就是「天神」下凡，很快被選到內書館，然後被派到東宮去伺候太子朱祁鎮。

這樣等於王振是跟著朱祁鎮一起長大，而且兼職私人保姆和家庭教師。在朱祁鎮的心目中，王振的地位非常高，登基後經常稱呼王振為「先生」。

明朝的皇帝都是在文華殿的經筵上學習，就是大臣湊在一起，輪流替皇上上課。一共兩門課，一門是儒家經典，一門是歷史，每天都講，隔十天有一次大講，不能斷。上課的老師絕對不會對你客氣，皇上哪怕坐姿不端正，講課的人都會停止授課，對皇上提出警告。而且，和皇上年紀的大小沒關係，活到老、學到老。我們看《明實錄》會發現明朝的皇帝經常得病，愈不可靠的得病愈多，那個多半不是真得病，是受不了經筵想蹺課。

朱祁鎮登基時才九歲，正是翹課的好年紀，在王振的教唆下，開始三天一小病，五天一大病，動不動就請病假。楊士奇他們也很無奈，要是朱瞻基還可以勸諫，但對朱祁鎮這種孩子就沒辦法了。打不得、罵不得，你要找家長？不好意思，人家爹在景陵裡躺著，奶奶太皇太后怎麼說年紀也大了，犯不著為了孫子蹺課天天在那裡囉嗦，這就給了王振很多可乘之機。

《明史》載王振「導帝用重典御下，防大臣欺蔽。於是大臣下獄者不絕，而振得因以市權」。就是說，王振天天教唆朱祁鎮，治理天下得用重刑，免得他們糊弄你，結果導致一大批大臣下獄。

當時，司禮監是有「批紅」權的，就是內閣上來的摺子，司禮監可以代替皇上用紅筆批改。這個制度在朱瞻基時代就有，但完全沒有問題，祕書代替老闆做個方案而已，大權還是在皇帝手裡。

但朱祁鎮年紀小，又信任王振，等於「批紅」權都在王振手裡，加上是掌印太監，具有最終解釋權，這下王振就開始弄權了。你的摺子上來好不好用？和你有關的摺子批不批？怎麼批？升官發財還是流放三千里？全憑王公公一個人說了算。

正統七年前，王振還被太皇太后和「三楊」的內閣壓制。那時，雖然太皇太后張氏不直接垂簾聽政，但隔三岔五就會派人到文淵閣問政。以太皇太后為首的後宮，以老臣為首的內閣和以王振為首的司禮監，在正統初年的政治版圖上形成一個微妙的平衡。但這種平衡註定不可能長久，因為這個平衡的軸心就是皇帝朱祁鎮。隨著朱祁鎮的日漸成長，太皇太后和內閣大學士們的老去，王振已然變得不可控了。

參

正統六年，「三大殿」建成，在宮裡面舉辦宴會，宴請文武百官。

按照以前的規矩，太監不能上桌，畢竟是國宴，是伺候人的。但那時太皇太后已老，內閣的影響力大不如前。王振開始囂張起來，看到自己不能進場，非常生氣，就在東華門吵，說：「周公輔成王，我獨不可一坐乎！」這話簡直令人瞠目結舌，大明開國這麼多文臣，從李善長到姚廣孝，再到楊士奇，沒有誰敢厚著臉皮說自己是周公。周公是什麼等級的人物？唐堯、虞舜往下，孔子、孟子往上，儒家排名靠前的聖人，你一個太監居然敢自比周公，這已經近乎謀反。

而朱祁鎮也是真奇葩，知道這件事後，第一反應居然是：王先生說得好像有道理。然後，他命令打開東華門的中門，把王振迎了進來。這下群臣明白了，一朝天子一朝臣，王振「挾天子以令諸侯」，不能和他對著幹。於是乎，王振很霸氣地進入宴席，剛到殿門外，群臣就望風而拜。王振很開心，知道從此之後沒什麼能擋住自己。

這件事是正統時期政治上一個很大的轉捩點，表面上是王振一個人跋扈，實際上是在朱祁鎮的專寵下，內廷的宦官勢力開始正式凌駕於群臣之上的分水嶺。

在此之前，王振已經在百官中拓展自己的影響力，於是錦衣衛指揮使馬順就當了王公公的忠實走狗，這

北京故宮太和殿上的鴟吻

下他的勢力就無限膨脹。以前，雖然錦衣衛被東廠制衡，但還沒到俯首聽命的程度，頂多算是合作關係。馬順一投靠王振，等於送給他一套完整的國家機器。而且，這套國家機器凌駕於司法之上，名義上唯一能控制司禮監和錦衣衛的只有皇上，但皇上見了王公公還一口一個「先生」地喊著。這樣一來，王振看誰不順眼就可以直接扔到「詔獄」，勢力自然快速擴張起來。

當時，有個工部侍郎叫王佑，直接管王振叫「翁父」，太監沒兒子，一般都會從小太監裡找一些人當乾兒子。王佑做為工部侍郎，副部級高官，竟然給王振當乾兒子。更絕的是，王佑長得很帥，且沒留鬍子。古代人講究「身體髮膚，受之父母」，過了二十八歲就必須留鬍子。有一天王振就問他為什麼不留鬍子。這哥兒們很會拍馬屁，來了一句：「老爺所無，兒安敢有。」爹你都沒有鬍子，我怎麼敢留？

這話一說出來，整個朝廷都被王佑的無恥震驚了，你爹沒有的東西可多了，你能全沒有嗎？你要是錦衣衛指揮使就算了，特務配太監，反正都不是什麼正經貨色。但王佑一個科舉出身的人來這麼一手，天地君親師都不要了，由此又不難看出王振當時膨脹成什麼樣子。

正統七年，太皇太后張氏逝世，最後一個能壓住王振的人也走了。而王公公做的第一件事，就是先移除宮門口朱元璋立的那塊「內臣不得干預政事」的鐵牌，這樣一來，做事基本上就肆無忌憚了。

比較典型的例子發生在正統八年（一四四三年）夏天，當時一道雷劈中剛建好不久的奉天殿的鴟吻，這在當時看來是不吉利的事情。「鴟吻」是龍的第九子，龍頭魚身，喜歡東張西望，所以被雕刻在宮殿的脊柱上，做張口吞咬狀。傳說鴟吻能夠呼風喚雨，有辟火的作用，結果好端端地被雷劈，放到儒家思想裡就是老天爺在示警，皇上得下詔書客氣一下，讓大臣們直言。

這種事朱棣也做過，意見提著提著就砍了一批人，後來這種事大家差不多客氣一下就好。沒想到朝廷上有個侍講叫劉球，就因為這道雷，直接上來就是十條意見。這下王振火了，心想雷劈的是奉天殿又不是你，你在這煽風點火幹嘛呢？一氣之下，直接把他下「詔獄」。

正好王振手下的錦衣衛裡有劉球的同鄉，以前可能有點不愉快，就跑到王振這裡說劉球的奏疏裡講了您老的壞話。王振是內書堂畢業，放到今天可能義務教育都沒學好，奏摺也沒看很仔細，直接囑咐馬順殺掉劉球。馬順很聽話，直接在監獄裡把劉球殺了。據說還是分屍，完全沒有經過任何司法程序。

大明朝的政局走到這個地步，基本上已經是脫韁野馬，不可控了。內閣大學士所有的權力都被卡得死死的。而從年紀來看，朱祁鎮和王振一個青年加一個壯年，大概至少能再折騰幾十年。

按理說，「仁宣之治」打的底子足夠厚，一個皇上加一個大太監在紫禁城裡再怎麼玩，天下還能照常運轉。但是，誰也沒想到，這兩人沒過幾年就玩了一把大的。

明朝歷史上最大的國恥——土木堡之變，就這麼發生了。

土木堡裡明英宗

明朝陷入宦官政治的動盪時，在遙遠的草原上，瓦剌的領袖綽羅斯・也先成為第二十八代蒙古大汗。從新疆的哈密一直到東北的兀良哈，一個遠比之前強勢的瓦剌和一個遠比之前有野心的領袖正在崛起，而此時的明朝則對他漠然無視。

壹

瓦剌在朱棣時期和明朝的關係還很好，畢竟那時蒙古的直系後裔是韃靼。但到了也先的父親脫歡這一代，瓦剌開始迅速崛起。之前，朱棣為了分裂蒙古內部，替蒙古草原上封了一堆王，反正蓋章不花錢，封的都是蒙古的地盤，也先這一支也是其中之一。

到了永樂十六年（一四一八年），脫歡繼承父親的爵位，被封為大明順寧王。但脫歡肯定不想當王爺，紫禁城裡發一份空頭文件就想讓我聽話，那不可能。最早的時候，脫歡給自己的定位是蒙古大汗，結果遭到大家一致反對，因為瓦剌不算「黃金家族」。從成吉思汗開始，蒙古大汗都必須出身「黃金家族」。

這下脫歡很鬱悶，到死都沒混個大汗當當，人生極限就是扶植一個大汗叫脫脫不花（不是明初朱棣打的那個，屬於重名）。但到了也先這裡就不客氣了，我爹把司馬昭的工作都做了，我該當司馬炎建國了，就甩開脫脫不花，單獨和明朝建立外交關係。

當時蒙古國和明朝的外交往來都是送兩份禮物，一份是脫脫不花給的，一份是也先給的。

明朝樂見其成，那時還是「三楊」內閣當家，老哥幾個都不傻，這種挑撥離間的關係肯定不能放過，就把也先叫做「瓦剌大汗」，賞賜也是分為兩份。反正脫脫不花和也先兩個人，一個在東邊，一個在西邊，路上也湊不到一起。此時，明朝的思想還停留在讓草原上的分裂勢力互打，自己相安無事的套路上，但沒想到綽羅斯·也先雖然不是「黃金家族」的後裔，卻是一頭道道地地的狼。

這頭狼在正統四年一上位，就把新疆的哈密咬下來，比吃哈密瓜都順口，這樣西域對也先就沒有威脅了。到了正統十一年（一四四六年），也先開始往東邊打，直接拿下兀良哈。等於也先的勢力橫跨蒙古草原的東、西兩端，變得非常龐大。《明實錄》說也先當時「漠北東西萬里，無敢與之抗者」，應該不是虛言。

地盤一大，也先的膽子也肥了，開始整天到明朝的邊關「打秋風」。過去外藩入朝，賞賜的數量是根據使者的數量決定，畢竟雨露均沾嘛，大老遠來一趟，不能空手回去。瓦剌最早的使團是五十人，人數不多，人手一包瓷器、茶葉外加金銀珠寶，怎麼名貴怎麼來。結果，也先嘗到甜頭，直接派二千多人過來，而且還不是真二千，裡面有虛報的人數。

這下王公公不高興了，我不識字還不識數嗎？當場翻臉。在對外關係上，王公公是明朝歷史上為數不多能做到心口合一的主戰派，且非常堅定，能動手的絕不還嘴。之前的麓川之役就很典型，一次不行就兩次，從正統四年打到正統十三年（一四四八年），反正錢是老朱家的，功勞是我家的，做就對了。

最後連吵帶鬧，很不情願地給也先五分之一的禮物，就是四百人的份額。這也是也先使團的實際人數，蒙古人湊二千多人相當不容易，都是瞎報的數字。但這樣一來也先不高興了，開始叫上小弟，準備和明朝幹上一票。

當時的明長城還沒完全修好，但基本體系已經搭建起來，對北方的防守主要依託於三座城市：西邊的大同，中間的宣府，還有北京本身，然後把戰線推到長城的位置。也先兵分三路，直接打過來。他親自率兵攻打大同，並在貓兒莊大敗明軍。對面都動手了，肯定得還手，否則不是明朝的風格，至少不是仁宣時期的風格。迎戰沒有問題。但問題在於，王振出了一個餿主意，鼓搗著二十多歲的朱祁鎮御駕親征。

貳

御駕親征不是一件特別值得大驚小怪的事，明朝早期都有這個的傳統。朱棣就不說了，不是在北征就是在北征的路上，巴不得在西伯利亞上朝。而朱瞻基在玩蟋蟀之餘也是箭法了得，碰到來「打秋風」的也喜歡御駕親征，時不時還能射幾個蒙古兵。而朱祁鎮從小在宮裡長大，對戰場一無所知，去了除了添亂什麼都做不了。

何況這次敵人不一樣，早在正統初年，負責軍事的英國公張輔就對瓦剌的日益興盛感到警惕：「瓦剌……日益強大。乞敕各邊廣儲積，以備不虞。」那時，瓦剌還是也先的老爹脫歡當家，到了也先時代更不用說了，兵強馬壯，達到瓦剌的頂峰。

正統年間老是打仗不假，問題是幾次麓川之役，打的都是雲南的少數民族土司，說穿了就是本地土著農民，平時往樹林子裡一鑽，和明軍打游擊戰。真要是放在正面戰場，明軍就是降維打擊*，很多時候，水土不服病死的明軍都比戰死沙場的多。

可如果要打瓦剌，就必須反過來，靠著長城打防守反擊還行，真要是用騎兵對衝，高機率無法和馬背上長大的蒙古人打。朱棣打韃靼，朱瞻基打兀良哈，打的都是蒙古的某一個部落，但現在也先基本上控制整個蒙古，很多部落都參與這次征戰。這種時候，明朝老老實實地守著就行。

那時已經農曆七月，從氣象史的角度說，明朝時正好趕上小冰河期，長江冬天都結冰，北方十月就開始飄雪。游牧民族和農耕民族不一樣，中原發展農業都是注重夏、秋兩季收穫，到了冬天基本上就是農閒時候，大家湊一起打打麻將、玩玩牌，準備過年。但游牧民族最看重冬天，一場大雪凍死一批牲畜，基本上就要家破人亡。

形勢很明確，這場仗拖著就行，用不著打。但王公公卻表示拒絕，非得拉上朱祁鎮親征。當然這是《明史》的說法，更大的可能是朱祁鎮也想出去溜達一圈。在一個月之前，南京的「三大殿」遭到雷擊，焚毀了。這件事的政治影響遠大於三大殿的那點經濟損失，朱祁鎮逼不得已，只能下了「罪己詔」。朱祁鎮被搞得灰頭土臉，急需做點什麼證明自己，才選擇御駕親征。

這下文武百官急了，文官以吏部尚書王直為首，武將裡英國公張輔帶頭，整整齊齊地跪了一排，求朱祁鎮別折騰，老老實實地回去吧。但朱祁鎮找的理由冠冕堂皇，說：「賊逆天悖恩，已犯邊境，殺掠軍民，邊

*編註：出自中國科幻作家劉慈欣的《三體》，指外星人使用「二向箔」將太陽系由三維空間降至二維空間的一種攻擊方式。攻擊目標本身所處的空間維度使其降低，讓目標無法在低維度空間中生存從而毀滅目標。

將累請兵救援，朕不得不親率大兵以剿之。」翻譯過來就是，不是我想去，但現在戰事危急，邊軍將領多次求援，我沒辦法才御駕親征。

這話明顯就是糊弄鬼，也先打過來才幾天，怎麼可能多次求援。但朱祁鎮不管這個，一意孤行地要御駕親征。問題是御駕親征需要籌備，京城一共三個大營，不說調集援軍，起碼得徵集糧草吧。朱祁鎮和王振兩人才，從說要走到動身一共幾天呢？兩天！

這場仗結果基本上不用看了，朱祁鎮要是能贏，就可以改寫中國軍事史了。做為防守方，拚的就是後勤和士氣。結果，朱祁鎮一不要糧草，二不聽大臣諫言，全都扔開了幹。

而且，這場仗選的時間還不好，正常明朝征戰，都是春天去打，水草富足，後勤壓力小。當時，王直就上諫言說：「秋暑尚盛，旱氣未回，青草不豐，水泉猶澀，人畜之用實有未充。」意思是，天這麼熱，草原上青黃不接，真要是打起來，人和馬連水都沒得喝。王直一個當吏部尚書的文臣都明白的道理，朱祁鎮無知者無畏，紫禁城長大的孩子沒這經驗，覺得沒什麼大不了，直接出征。

王公公倒是成竹在胸，準備得非常充分，準備了什麼呢？從金銀珠寶到鈔、絹、布衣服、紅氈帽，各種亂七八糟的應有盡有，預備著皇上在路上和得勝歸來後賞賜用，非常富有理想主義色彩。

當然，朱祁鎮走得不能這麼痛快，京城必須留個人監國。當時朱祁鎮的兒子朱見深才剛出生不久，當太子沒問題，監國肯定不行，就讓郕王朱祁鈺監國。朱祁鈺是朱瞻基的二兒子，比朱祁鎮晚一年出生，這樣等於皇叔監國，文武百官都跟著出征了。

參

到了居庸關，百官就跪下了，告訴朱祁鎮說您到這裡差不多了，別往前走。居庸關是防守內長城的關口，出了居庸關就算是一隻腳到了前線，兵荒馬亂的誰都說不準怎麼樣。但攔不住，朱祁鎮一路向北，開始「飆車」，沒幾天就到宣府。

那個時候，前線的形勢已經非常危急。當時，帶兵的是英國公張輔和成國公朱勇，這兩位都是「四朝元老」，太師級的人物，加起來一百三十多歲。當年這兩人都跟著朱棣北征蒙古，知道戰場無情。他倆直接跪在草地上，請求王振不要一意孤行。

這下旁邊的大臣看不過去了，「三楊」一走，張輔和朱勇就相當於臣子之首，因此都跟著跪在王振面前請求。王公公一看，你們喜歡跪著是吧？行，那就跪著，當鍛煉身體，自己轉身進帳篷喝茶去了，到了傍晚才把他們放走。而且，王振放話：「設若有此，亦天命也。」就是說，真要是有點什麼事，那也是運氣不好，反正我一個太監，該享受的都享受了，死了也不虧。

所有大臣聽完人都暈了，您王公公是拿著大明的江山社稷在玩德州撲克呢，趕緊表示：「臣下命不足惜，惟主上繫宗社安危，豈可輕進。」我們死就死了，大明朝什麼都缺就不缺臣子，但皇上要是有個三長兩短，國家社稷就危險了。但王振還是不聽，繼續向前進軍。

到了八月，大軍來到了大同。這時，前線已經相當慘烈，一路上走過來，看到的全是散落在野外的屍體，連個收屍的程序都沒有，可見危急到什麼程度。再加上當時是盛夏，天上時不時地有暴雨雷電，大軍士氣十分低沉。這樣一來，等於本來是防守方的明朝被瓦剌以逸待勞，也先帶人打個埋伏，直接吃掉屬於明軍前鋒的西寧侯朱瑛、武進伯朱冕和他們手下的部隊。

這時，原本駐守在前線的太監郭敬趕緊溜過來告訴王公公，這仗無法打了，已經玩完了。王振慌了，這才反應過來，本來守都不見得守住，現在還要去正面硬碰硬，那不是找死嗎？鑑於此，王公公趕緊告訴朱祁鎮，「夏令營」差不多了，趕緊打道回府吧，再瞎晃估計要耽誤「開學」了。朱祁鎮也不傻，本來就是準備出來避風頭，現在有危險了，不走等什麼，大軍開始後撤，沒幾天就回到宣府。但到了這一步，能不能走已經完全不是朱祁鎮說得算了。來的時候，你可以遊山玩水，但現在是跑路，想走得問也先的騎兵同不同意。

從宣府進內長城，最近的距離是走紫荊關。紫荊關與倒馬關、居庸關並列為長城的「內三關」，古人稱之為「南阻盤道之峻，北負拒馬之淵……一關雄距於中，群險疵於外」，屬於兵家必爭之地，只要進了紫荊關，基本上就安全了。

關鍵時刻，王公公又開始調皮了。紫荊關的位置剛好在王公公的老家，附近的田地全是王振的家產。太監沒有直系子孫，就指望收錢拿租金開心一下。王振走到一半，琢磨著大軍一過肯定要踐踏莊稼，就想讓大軍改道。

但那時已經走出去四十里，我們現在感覺四十里沒什麼，一腳油門半個小時就到了，可在過去，行軍起碼要一天以上。跑路最重要的是速度，結果這麼一折騰，也先的騎兵已經趕在朱祁鎮的前頭。

前有追兵，後有堵截，一個完美的包圍圈已經形成，就等著朱祁鎮這隻小白兔一頭撞上去。

肆

如果拋開正史的角度，純從軍事思維思考，這場戰役中，也先的表現無愧於一代梟雄的稱號。

八月十三日，尾隨在朱祁鎮後面的瓦剌騎兵追了上來，襲擊大部隊。成國公朱勇等人本來屬於先頭部隊，撤軍時就屬於殿後了。也先算好朱祁鎮在大軍之中，這一招屬於攻敵之不得不救。剩下的事情就很簡單，軍事史上最經典的戰術就是圍點打援，直接在鷂兒嶺設下埋伏。

鷂兒嶺屬於山區地形，朱勇帶著軍隊中了埋伏，自己也戰死了。結果就是這一仗打下來，四萬軍隊全軍覆沒。後來的華蓋殿大學士李賢當時也跟著朱祁鎮，在他的著作《天順日錄》說朱勇「有勇無謀」，這個有點冤枉人了。那時朱勇沒有選擇，皇帝在包圍圈裡，不去就是謀反，等著被誅九族，真的犧牲了，還能有個好名聲。但朱勇一死，朱祁鎮最後的指望也沒了，等於大軍陷入孤立無援的境地，被也先圍困在一個叫土木堡的地方。

土木堡離當時的懷來縣城就差二十里，是個方圓五百公尺的小堡壘，城牆高六公尺。長城都擋不住也先，土木堡對於朱祁鎮已經是必死之地了。也先很有耐心，怕朱祁鎮帶著大部隊困獸猶鬥，因此圍而不打。兩天不到，朱祁鎮就撐不住了。之前說了，當時是八月，大軍喝水是個大問題。有人想過打井取水，但往下打了二丈多，就是六公尺，還是打不到水。

這下大軍就亂了，也先趁亂殺過來，簡直就像砍瓜切菜一樣。《明史紀事本末》的說法是明軍將士的屍體「蔽野塞川」，情景非常慘烈，史稱「土木堡之變」。做為這場慘禍的始作俑者之一，王振也死在這場戰役中，反正土木堡離蔚州不遠，王公公魂歸故里也算方便。只不過對這個國家而言，送走王公公的代價大得有些無法承受。

這場「土木堡之變」中，近十萬士卒傷亡，二十萬以上的馬匹丟失或死亡，無數戰略輜重丟失。文武百官從英國公張輔往下，泰寧侯陳瀛、駙馬都尉井源、戶部尚書王佐、兵部鄺野、文淵閣大學士曹鼐等六十六人全部戰死。明朝最不可估量的損失，等於「仁宣之治」所有的人才積累毀於一旦，整個明朝高層幾乎被整盤端走了。

而令人無語的是，大臣們沒剩下幾個，朱祁鎮反而以一種奇葩的姿態活了下來。

當時有個太監叫喜寧，想護著朱祁鎮跑出來。但朱祁鎮感覺沒希望了，乾脆下馬，盤膝而坐，而且是面南背北，保持皇帝的氣度，這可能是他這輩子最像皇帝的一刻了。

當時戰場上的瓦剌兵都窮瘋了，有個士兵看見朱祁鎮衣服不錯，就想去搶。幸虧旁邊的戰友一把將他拉住，當時的場景比較詭異，周圍人仰馬翻，這個年輕人居然完全沒反應，還盤膝坐在這裡，不是精神錯亂了，就是大人物氣度沉穩。

戰友對這位瓦剌兵說先別急著動手，我看這哥兒們不是一般人，要是逮住了可是大功。搶衣服的這位一想也對，我搶他衣服幹嘛，說不定老大回頭一高興賞我幾件羊毛衫，就把朱祁鎮抓起來，送給也先的弟弟賽刊王。

之前瓦剌打兀良哈的就是賽刊王帶兵，朱祁鎮見到他，一開口就問：「子其也先乎？其伯顏帖木兒乎？賽刊王乎？大同王乎？」翻譯過來就是，你是也先，還是他的弟弟伯顏帖木兒，要嘛是賽刊王或大同王？這一串名字報完，直接把賽刊王嚇得小腿肚都在轉，他非常確定眼前的這位不是精神病患者，一般的精神病不可能這麼平淡地問出他們的名字和王號。普通的明朝士兵都不識字，能知道自己的對手是瓦剌就不錯了。賽刊王馬上去找也先，對也先說，哥，我可能把大明的皇帝給綁了。

也先聽完暈了，他打明朝是為了求財，不是為了入主中原，成吉思汗做起來都費勁的事，他哪有這種心思。想當年，忽必烈為了抓個南宋皇帝要追到海南，誰能想到朱祁鎮居然廢物到主動地送上門來，搞了也先一個措手不及。但名義上，也先還是大明朝的「順寧王」。況且也先知道朱祁鎮動不得，要是真把他殺掉，就是不死不休的國戰，大家和氣生財，沒必要。於是也先趕緊去見朱祁鎮，見面就行禮，非常恭敬，這可是財神爺，得小心伺候。

最早的時候，也先想讓朱祁鎮叫開宣府的城門，大軍長驅直入，進去搶劫。朱祁鎮人在屋簷下，不得不低頭，直接在宣府南城門下面開始吆喝，以諭旨的形式讓守城的人把門打開。

好在當時負責宣府守衛的兩個官員楊洪和紀廣，在大是大非面前很理智。一看皇上臉都不要了，本來是「天子守國門」，現在變成天子開國門，很委婉地拒絕朱祁鎮的「諭旨」，說「所守者皆皇上城池，天暮不敢開門」。意思就是，我們是為了皇上您守城，現在天色已晚，不太適合入城，要不您換個地方看看？

之後，瓦剌又帶著朱祁鎮到了大同城下。這種邊關重鎮一般囤積著很多糧草，騙開一個就夠瓦剌的軍隊吃半年。當時，大同城的守將是郭登，明朝有名的儒將，和皇室還有點親戚關係，但不管皇上怎麼說，死活不肯開城門。

最後朱祁鎮沒轍，就問郭登：「大同庫內錢物幾何？」意思是，你們手裡還有多少錢？郭登說有銀子十四萬兩。朱祁鎮覥著臉，讓郭登拿二萬兩出來，給了也先和他的弟弟伯顏帖木兒，先把命保住，別回頭再撕票。當皇帝當到這個份上，朱祁鎮真的是史上一絕。

徘徊一圈才到手二萬兩銀子，也先有點不耐煩，說你到底行不行呀，就想教訓一下朱祁鎮。但當時是夏天，天氣不太穩定，正好趕上風雨大作，也先以為是上天示警，不敢下手。朱祁鎮知道自己現在的處境，說你不就是要錢嘛，這個好辦。

正好當時朱祁鎮手底下有個錦衣校尉叫袁彬，之前為了保護朱祁鎮跟著來到也先的軍營。朱祁鎮問袁彬識字嗎？袁彬表示粗通文墨，然後就讓袁彬寫封書信（按規矩，皇上不能親自動筆），帶去京都。後來，朱祁鎮又派太監喜寧去北京要錢。

沒想到就是這個喜寧把明朝賣了，他對也先說，現在北京剩不到十來萬士兵，而且都是老弱病殘。也先聽到這個資訊，心思馬上活過來。以前想的是「打秋風」，現在開始琢磨幹一票大的。

於是，也先帶著朱祁鎮先回到長城以北，同時開始準備進攻北京。

德勝門上于少保

「土木堡之變」的兩個月後，也先率領大軍再次侵襲，兵鋒直指紫禁城。但與之前的戰爭不同的是，這一次也先手中多了一張絕世好牌——明英宗朱祁鎮。皇帝被擄，京城乏兵，大明朝建國近八十年後，迎來最危急的時刻。

壹

明英宗朱祁鎮被抓的消息，在「土木堡之變」的幾天後傳到北京，整個朝堂的所有留守官員全都亂成一鍋粥。當然他們慌亂很正常，文臣系統和武將勛貴系統的高層，全在土木堡被整盤端走，而司禮監的頭子王振也死了，等於大明朝從永樂時期開始搭建的政治體系全部癱瘓，沒有任何人帶領。

關鍵時刻，孫太后站了出來。畢竟在太皇太后張氏和明宣宗朱瞻基身邊薰陶多年，這個年輕時以美色著稱的女人做了一個決定。她果斷讓當時不足兩歲的朱見深擔任皇太子，同時讓郕王朱祁鈺繼續擔任監國，這樣表示天下有主。

當然詔書裡說得特別好聽：「皇帝率六軍親征……尚未班師……特命爾暫總百官，理其事。」大致意思就是，皇上帶著大軍出征，現在還沒回來，以前就讓你監國，現在你還是繼續做吧。

這時，孫太后還是抱有幻想，她不想讓朱祁鈺直接登基，畢竟不是親生的，打算讓他當CEO，拖到朱見深成年。當然朱祁鈺也不想當，倒楣哥哥朱祁鎮留下來的已經不能算爛攤子，當時的龍椅就是一個火藥桶，很容易把自己栽進去。做為CEO，首先就得處理內部矛盾，不然工作做不下去。朱祁鈺決定拿王振開刀，逐漸清理司禮監的勢力。

八月二十三日這天，朱祁鈺頒布詔書，說王振「罪惡滔天，擢髮難數，怨聲動地，粉骨莫償，雖三尺之童，恨不寢其皮，飲其血；六軍之眾，皆欲刳其心，剖其肝」。這話都不用翻譯，在不帶髒字的情況下，已經是罵人的巔峰水準。詔書上的文字一般以含蓄著稱，王振做為一個宦官能在聖旨中被駢體文罵成這樣，可見負責擬旨的翰林學士心情激動成什麼樣。當然這些話王公公受之無愧，大家一聽都覺得很解氣。

當時，頒布聖旨是在朝會上，就是奉天門（太和門）前，到了清朝才改為乾清宮門前，就是所謂的「御門聽政」。現在電視劇一拍都是在太和殿搞朝會，明顯不可能，因為空間不夠。一品級別的不僅是官員，還有功勛貴族，光是國公加侯爺可能就幾十個，奉天殿根本站不開。

過去都是四品以上的官員參加朝會，再往下只能在午門外站著，純粹形式主義，所以〈勸學詩〉裡稱「滿朝朱紫貴」。這不是廢話嗎？四品以上才能穿紅袍，皇上一眼看過去肯定是大明山河一片紅，其他顏色的都得在午門外面候著。

無論是門外的還是皇上眼前的，參加朝會的禮儀都是必須的。眾臣不能隨便喧嘩、耳語、咳嗽、吐痰等，否則負責巡查的錦衣衛就會以失禮將其問罪，嚴重的甚至有可能會被杖刑。但批判王公公的詔書一讀，

馬順的「錦衣衛指揮使」腰牌，材質為象牙，現藏於首都博物館

群臣直接沸騰，管他什麼規矩不規矩，先嗨起來再說。

這麼一鬧，負責維持秩序的錦衣衛指揮使馬順不開心了，他本來就是王公公的小弟，心想我大哥在的時候，你們哪敢這麼囂張。他準備行使權力，治這些文臣們殿前失儀的罪過。

王振以前幹的那些殘害大臣的事情，馬順基本上都有參與。文臣們本來還沒注意到他，沒想到他自己跳出來，這下大家不能忍了，直接動手。

第一個出手的是戶科給事中王竑，給事中是言官，這種人脾氣比較硬，直接帶頭衝鋒，開始揍馬順，一邊打一邊說：「馬順往時助振惡，今日至此，尚不知懼！」以前你就幫著王振做壞事，都到今天了，還在這裡裝大爺。群臣激憤，大家一股腦地全上了。一群文臣在午門門口，硬生生把錦衣衛指揮使馬順打死，史稱「明朝午門血案」。

朱祁鈺看到這裡都傻掉了，心想我哥這是留下來一群什麼人才，當著我的面，敢直接上演群毆事件，今天他們看馬順不順眼，明天也許就輪到我了。朱祁鈺當場就開始打哆嗦，準備開溜。

但朱祁鈺一走，這件事就不好定義了，大家打得很過癮，回頭要按規矩走，整件事就非常嚴重。關鍵時刻，英雄站了出來。兵部侍郎于謙一把拉住朱祁鈺的手，說：「殿下止。振罪首，不籍無以泄眾憤。且群臣心為社稷耳，無他。」這話非常關鍵，等於讓朱祁鈺現場表態，不然動手的文臣們回去後要是害怕，就無心做事了。他告訴朱祁鈺先別急著走，王振的罪過很大，現在大家發洩一下很正常，都是為了江山社稷，不會把您怎麼樣。朱祁鈺這才定住神，宣布大家無罪，說馬順罪有應得，死了活該，這才把群臣的心安定下來。

貳

于謙這一站出來，群臣頓時就有了主心骨。

當時六部尚書裡，戶部、兵部和工部的尚書都死在土木堡之變。百官以禮部尚書胡濙和吏部尚書王直為首，但都是老頭子了。特別是禮部尚書胡濙，那時八十多歲了，年輕時曾幫朱棣找過建文帝，那都什麼年代的事，和楊士奇相同等級。

朝會一散，所有人都向于謙表示感謝，吏部尚書王直則直接明說：「國家正賴公耳。今日雖百王直何能為！」現在國家都指望您了，今天這事換成一百個我都解決不了。這是個很高的評價，吏部尚書名義上是百官之首，而內閣大學士差不多都折在土木堡之變，王直的這句話，奠定了于謙在當時臣子中的地位。

于謙當時的官銜是兵部侍郎，但他站出來，沒什麼人不服氣。

一方面，他是朱瞻基和「三楊」共同培養的下一代文臣接班人之一。早在宣德初年，安樂城外，負責宣旨的于謙就憑藉「正詞嶄嶄，聲色震厲」把朱高煦罵得頭也抬不起來，從此簡在帝心。「三楊」很看重他，但凡于謙奏上來的摺子，早上遞上去，下午就批下來，這絕對是一般人沒有的待遇。

另一方面，雖然于謙是兵部侍郎，但和之前的鄺埜關係極好。當初朱祁鎮出征前，兩人一起極力勸諫，朱祁鎮沒聽。沒辦法，兩人都知道這一趟凶多吉少，鄺埜上了前線，把于謙留在京城主持兵部的日常工作。雖然于謙是二把手的位子，做的卻是一把手的工作。

最關鍵的是，那時北京城最缺什麼？缺的就是能打仗的人。王直說破大天就是一個管官帽的，平時當然是六部之首。但瓦剌真要打過來，腦袋都不見得能保住，你留著官帽有什麼用，追贈嗎？

毫無疑問，于謙做為北京城裡當時名義上最大的軍事長官，當仁不讓地站了出來，把明朝的家國社稷扛在自己的肩膀上。《明史》的說法是「上下皆倚重謙，謙亦毅然以社稷安危為己任」，這個評價非常了不起。

之前有人討論過北京要不要守的問題，比較突出的就是翰林院侍學徐珵（後來改名叫徐有貞），說我們要不南遷算了，再回南京不好嗎？

于謙當時就懟了回來，表示：「言南遷者，可斬也。京師天下根本，一動則大事去矣，獨不見宋南渡事乎！」再說南遷就砍了你，北京才是天下中心，真要是遷都，我們和南宋就是相同貨色了。而宣德時期的大太監金英也表示，祖宗的陵墓都在這裡，不能走。

朱祁鈺很認同這個觀點，被少數民族打到南遷的貨色，除了東晉就是南宋，去了就回不來了，所以堅定了守城的信心。這樣朝局就穩住了，名義是郕王監國，實際上是于謙幹活。孫太后透過詔書將于謙提拔為兵部尚書，負責主持大局。

這個大局主要是備戰，都知道也先狼子野心不死，必須加緊備戰。北京當時的戰備情況非常不樂觀，老弱病殘加起來不到十萬人，戰略物資被朱祁鎮掏空家底，現在更是國庫空虛。例如，盔甲和武器的製作都需要時間，愈精良的武器製造就愈需要時間。更要命的是原物料問題，《明英宗實錄》有這麼一個細節，當時要打造一批戰車，戰車要用牛皮包起來，不然沒有防禦力，一輛戰車大約要用四十張牛皮，而這四萬張牛皮，明朝一時湊不出來，只能用竹席代替。

這時，只能亡羊補牢，明朝從南京徵調約三分之二的武器，尤其是一批火器，順便還有一批工匠，磨刀不誤砍柴工，南京可以走大運河到北京。然後停止國內一切不必要的建造，籌集軍費，總之能多準備一分是一分。

參

這個準備過程連一個月都不到，也先就率軍打了過來。這回郕王朱祁鈺連監國王爺都幹不成，因為也先打的口號就是「奉上皇還」，就是把朱祁鎮送回來。這下仗無法打了，朱祁鎮再怎麼丟人現眼，也是明朝唯一的皇帝，你攔著皇上回宮等同造反；不攔著，他後面的十來萬瓦剌大軍就跟著一起進來，臣子們紛紛勸諫郕王登基，畢竟名不正則言不順。

朱祁鈺的第一反應就是你們做什麼，用到我才讓我登基，馬上表示不要，且多次推讓。這裡應該是真心的，這種事風險太大，要真是上位，萬一瓦剌破城，他加上朱祁鎮就是宋朝的徽、欽二帝，放到歷史上會遺臭萬年。這時，于謙代表群臣說：「臣等誠憂國家，非為私計。」就是說，現在國家需要你當皇帝，你將就點當吧。

一看躲不過去，九月，朱祁鈺正式登基，改明朝年號為「景泰」，並把哥哥朱祁鎮尊為「太上皇」。等於告訴也先，你手裡的那個只剩一個空名，別拿來糊弄人。不過，名字順過來後，也先的騎兵也到了。幾個月前，朱祁鎮沒走過的紫荊關，這次也先帶著他走了一遭。這一年十月，瓦剌從紫荊關入長城，大軍從西北方向直逼北京。

那時，阮安還活著，他應該很慶幸自己當初的設計，要不是之前把城門設計包磚，這一仗就不用打了。面對來勢洶洶的瓦剌軍，負責「提督各營軍馬」的于謙精打細算。北京當時手裡號稱二十二萬大軍，可能一半是後勤，分到九個城門，並安排主將負責，其中都督陶瑾負責安定門，廣寧伯劉安負責東直門，武進伯朱瑛負責朝陽門，都督劉聚負責西直門，鎮遠侯顧興祖負責阜成門，都指揮李端負責正陽門，都督劉得新負責崇文門，都指揮湯節負責宣武門。

而于謙則帶著「五軍都督府」的右將軍石亨親自坐鎮德勝門，這是北京城的北大門，相當於直面也先。德勝門這名字還是徐達取的，元朝叫「健德門」，是為了慶祝當初攻克元大都。推測徐達也沒想到，才過了八十年，草原上這群敗軍之將居然能故地重遊。

在守城的策略上，石亨的建議是九道城門玩死守，敵不動我不動，敵動了我還是不動。于謙說不，表示「奈何示弱，使敵益輕我」，就是說也先這種貨色欺軟怕硬，你不能示弱，必須打出大國的氣勢出來。

一開始，也先還想談一談，就派太監喜寧過去，漫天要價，以前二萬兩白銀太少了，這次怎麼說都要上億，然後讓于謙、王直和胡濙三個人出來談。

沒想到朱祁鈺不像哥哥，起碼不蠢，知道這三人要是出去就回不來，北京城也不用守了，因此看都不看也先，乾淨俐落地拒絕。這麼一來就得開打了，也先發兵一萬來打德勝門。沒想到于謙誘敵深入，直接在德勝門用火器炸得也先滿臉開花。雖然明朝的火器相對當時來說較為先進，但在遭遇戰中還是中看不中用，然而放到守城中威力就很大了。也先措手不及，吃了大虧，于謙趁亂帶兵打出去。

這次勉強算是一場局部勝利，非常能夠提升士氣。朱祁鈺特別高興，加封于謙為太子少保，這已經是當時文臣裡能給到最高的官銜，不算職位，屬於官方榮譽。再往上，太子太傅是禮部尚書胡濙，太子太保是吏部尚書王直，總不能讓這兩人下去吧。得按照輩分走，反正當時的官職不值錢，先把北京保住再說。

但于謙堅決地推辭這些不切實際的東西，擲地有聲地表示：「四郊多壘，卿大夫之恥也，敢邀功賞哉。」現在還在打仗，國家戰亂，是我們這些讀書人的恥辱。不過，這種東西于謙說了不算，朱祁鈺明白現在應該抱緊大腿，說不要你也得給我拿著。打這開始，于謙就被叫做「于少保」。

也先一看，德勝門這地太不吉利了，他「德勝」，我就完蛋，調轉馬頭，開始轉攻西直門。

肆

當時值守西直門的是都督劉聚，任錦衣衛千戶。這個職位放到平時完全不值一提，但他的另一個身分卻至關重要，他是御馬監掌印太監劉永誠的侄子。京城三大營折在土木堡之變的情況下，御馬監成為當時京城最精銳的部隊。這裡必須感謝朱瞻基，不聲不響地留給兒子們一手救命的政治遺產。

御馬監是內廷最早的「十二監」之一，朱元璋時期就有，主要負責養馬。明朝的馬屬於戰略物資，圍繞著御馬監，一支專業的軍事隊伍因此形成。到了宣德六年（一四三一年）整頓禁軍時，朱瞻基直接設置「羽林三千戶」的職位，分為騰驤左、右衛，武驤左、右衛四個衛所，都交給御馬監，手底下約有三千多人的正規軍。

如果說東廠和錦衣衛算是「皇家警察」，御馬監手下的這批人相當於皇家騎兵。朱祁鎮上戰場時沒帶上這些人，可能覺得人太少了，放到戰場上不夠看。結果，愚人千慮，必有一得，就是這個舉動，成為後來京師保衛戰的救命稻草。

就算把後勤算進去的二十二萬人，這些兵靠著城牆防守還能將就使用，但反擊就無法看了。這時，只有御馬監是唯一的機動性部隊。石亨等人憑藉御馬監的人馬，組建一隊後援軍，依靠各路支援，在西直門與也先大戰一場，還斬殺也先的兩個前鋒。

這件事讓御馬監很有面子，劉永誠是永樂時期的老人，從朱棣北征一直到平定朱高煦，再到這次北京保衛戰，各種功勞積累下來，劉永誠已到了封無可封的地步。宦官不能封侯，所以直接把他的侄子劉聚封為伯爵。從這之後，任何專權的太監都沒有封侯，很大原因就是劉永誠這位前輩的功績實在是太大，大到足以讓其他不要臉的晚輩們絕望，當然這是後話了。

一看西邊不行，也先又改攻南邊的彰義門，從盧溝橋一路打過來，結果記吃不記打，又被石亨等人用火器埋伏。而且，當時京城的老百姓眾志成城，拿著石頭、瓦塊和瓦剌軍對抗，把也先打得灰頭土臉。

與此同時，石亨對文官們表示：「宰臣不出計，莫能支矣。」等於告訴文臣們，爺在前線玩命，你們別在那裡袖手旁觀，回頭城破了，大家全玩完。

文臣們這才反應過來，馬上發消息給邊關，人家都打到首都了，你們不用在那當木樁，趕緊過來支援。

當時，最近的軍隊應該是居庸關，但離北京太近，已經被打爛了，連之前幾個皇帝的陵都沒守住，被瓦剌兵禍害得不輕，只能從遼東和宣府調兵。

那頭的宦官們開始正式出手，朱祁鈺身邊也有大太監，叫做興安。興安玩陰的很有前輩們的風範，就偽造一封書信，發給叛變的太監喜寧，說我們倆把也先引進來，幹一票大的。這封書信沒有直接送到，而是讓巡邏的瓦剌兵撿到。

事實證明，這兩手計策玩得相當漂亮，在文官武將和內廷的通力合作下，也先面臨著外戰不利、內部失和的困境。那時瓦剌兵都不想打了，本來就是聯軍，到了十一月，士兵們都惦記著家裡的牲口怎麼樣了，根本無心作戰。

也先無奈，老老實實地帶著朱祁鎮撤軍。如此一來，雙方又從純粹的戰爭狀態變成和談狀態。

東華門外太上皇

面對也先的攻勢，明朝迅速推出朱祁鈺登基，並在北京城上下一心的情況下，成功打贏京師保衛戰。而朱祁鈺憑藉這場戰爭，迅速穩定住自己的帝位。在也先身邊，被升級為「太上皇」的朱祁鎮，就顯得十分尷尬。

壹

京師保衛戰後，明英宗朱祁鎮等於跟著也先來長城以內度假，故地重遊，遊完後又回去了。明朝內部替朱祁鎮的這個行為起了個特別有感情的說法，號稱是「北狩」，意思是太上皇去北邊打獵，其實就和北宋末年的宋徽宗、宋欽宗相同水準。

不過，和前朝的宋徽宗、宋欽宗待遇不一樣，瓦剌沒有和大明全面開戰的底氣。眼看勒索不成，一手好牌爛在手裡，也先只能老老實實地伺候好明英宗。瓦剌不光替他安排翻譯和衛士，還隔三岔五地送牛、羊給他，牛奶和羊奶更是每天不間斷，反正這玩意草原上有的是，您要是願意，拿來洗澡都行。

說不定牛奶強健一個民族，喝著牛奶、烤著羊排的朱祁鎮終於智商上線，慢慢清醒過來。北京的新皇登基已成定局，形勢比人強，能安安穩穩地回去就不錯了。

這時，朱祁鈺還在猶豫要不要把奇葩哥哥迎回來，要是迎回來，顯得自己名不正言不順，畢竟天無二日、國無二主；但不迎回來，大明的太上皇老是「北狩」也不像話，有辱國體，難堵天下悠悠之口。

這時，于少保發話了，說：「天位已定，寧復有他，顧理當速奉迎耳。萬一彼果懷詐，我有辭矣。」意思是，現在您都登基了，哪還輪得著別人，趕緊把太上皇弄回來算了，別讓他在外頭丟人現眼，要是真有人圖謀不軌，胡說八道地拿這事做文章，我去和他們理論。

當時，于謙剛打贏京城保衛戰，風頭一時無兩。朱祁鈺一看于少保都發話了，還有什麼不放心，就派左都御史楊善去和瓦剌談判。估計于少保都沒想到這句話會替自己日後挖坑，不過也不怪他沒留後手，翻遍史書也沒有太上皇重新上臺的先例。

楊善是永樂時期的老臣，跟著朱祁鎮去過土木堡，僥倖逃出來，心心念念的就是把朱祁鎮迎回來。當時，京師保衛戰一打完，楊善就在朝房裡掉淚，別人問大喜的日子你哭什麼，他來了一句：「上皇在何所，而我曹自相賀乎！」周圍的人聽完全部沉默，可能沒想到這老頭這麼耿直，也可見他是堅定的「太上皇黨」。

楊善到了瓦剌，也先做為對手，也對朱祁鎮歸國後的待遇這個問題很感興趣，可能是生怕朱祁鎮回去記仇，就問楊善：「上皇歸將復得為天子乎？」意思就是，這哥兒們回去還能繼續當皇上嗎？楊善在宣德時代就是鴻臚寺卿，相當於今天的外交部部長，論嘴皮子能把也先說傻。楊善一聽也先這麼問，就開始往大明臉上貼金：「堯讓舜，今兄讓弟，正相同也。」這回答絕了，把朱祁鈺的臨危受命直接說成是朱祁鎮「禪讓」，和唐堯、虞舜相同等級。

楊善又去見了朱祁鎮。朱祁鎮受不了了，那時已經是景泰元年（一四五〇年），等於他在草原上過年，和幾個侍衛擠在帳篷裡。

之前朱祁鎮哪裡吃過這種苦頭，平時在紫禁城的暖閣裡都覺得冷，再繼續待下去說不定這條命就留在草原上。「太上皇」讓楊善帶話給弟弟：「朕得南還，就令朕守祖陵或為庶人，亦所甘心。」就是說，要是我能回去，要嘛去給祖宗守陵，要嘛當個平民老百姓，只要能讓我回去，怎麼樣我都願意。

貳

朱祁鈺一聽，覺得老哥還算可靠，起碼位置擺得很正，何況當時臣子們也給了不小的壓力。於是，景泰元年八月，朝廷就派人把朱祁鎮迎回來，這時距離土木堡之變，已經過了整整一年。

臨行之際，瓦剌給了朱祁鎮很高的禮遇，大汗的弟弟伯顏帖木兒之前一直陪著朱祁鎮，兩人關係非常好，按蒙古族的說法都快結為「安達（兄弟）」了。伯顏一聽說兄弟要走，帶著妻妾前來相送，並贈送良馬、銀鼠皮等禮品，而且陪朱祁鎮走了大半天的路程。最後，兩大老爺們在路邊灑淚而別，不知道是不是一起喝馬奶酒喝出來的感情。

告別了伯顏，朱祁鎮踏上歸途。這次的路線是從宣府進外長城，再從居庸關入內長城，最後進京入紫禁城。但是，這一路上怎麼迎接太上皇，用什麼禮儀，成了大問題。

禮部尚書胡濙活了八十多歲，腦子對這種事一片空白，這種事在中國歷史上八百年可能都沒出現過。最後，老爺子博聞強記，拿出當年唐肅宗迎接老爹李隆基回京的儀式做參考。而禮部尚書的建議很好地提醒朱祁鈺，天無二日、民無二主，禮儀的問題非常關鍵，必須擺正，以後才好說話。

正常來說，無論是皇上還是太上皇，都屬於「九五之尊」，回京城應該從安定門進來，然後一路往南進南門，也就要從承天門（後來的天安門）進紫禁城。現在天安門門口的華表上有兩隻面南而坐的石犼，就叫「望君歸」，寓意就是希望外出巡視的帝王能夠早日歸來處理政務，別天天瞎閒晃。

到了朱祁鎮「北狩」回來那天，這兩石犼左等右等就是見不著人。原來朱祁鈺為了讓朱祁鎮看清楚現實，直接安排到東安門進皇城。東安門就是現在的皇城牆遺址花園，相比起紫禁城，可是相當偏。意思很明白，就是告訴太上皇，您不用參觀承天門，老老實實地去皇城根遺址花園走一趟就好。

其中有一個非常明確的內涵，就是君臣之禮。之前說過，平常都是文武百官從東安門進來，再進午門。而君王則是走承天門，只差一個門，就是一個天一個地。

當然，表面文章還是要做，這天在東安門，朱祁鈺直接帶著文武百官在這等著迎接太上皇。兄弟倆一見面，彼此之間執手相看淚眼，那叫一個感天動地。

朱祁鎮明白過來了，東安門就東安門吧，三十年河東三十年河西，於是一見面直接對著朱祁鈺跪下來，行臣子禮。朱祁鈺一看老哥這麼懂事，趕緊扶了起來，把堯舜禪讓的戲分演足了。

不過，死罪可免，活罪難逃，見完群臣，朱祁鎮直接被關在南宮。南宮就是以前的「南內」，當年朱棣替大孫子朱瞻基建的皇太孫宮。但皇太孫這種東西在大明朝來說比太皇太后都少見，基本上沒人住。現在房主升級，直接從皇太孫變成太上皇。

但和老爹朱瞻基不一樣，朱瞻基是坐擁整個「南內」，而朱祁鎮只有一個房間，就是被囚禁在崇質殿。而且，朱祁鈺做得很絕，把大門直接用鎖鎖上，甚至還澆上鉛汁封死，然後砍斷附近的樹，防止有人在附近營救，更不許任何人探望，連吃飯都是從牆洞送進來。

更絕的是，幾乎沒人來「南內」，送飯都是斷斷續續，經常把太上皇餓得饑一頓飽一頓，比判無期徒刑還難受。以至於「太上皇后」錢氏不得不親自做一些針線活，從牆洞裡遞出去，請太監們代賣維持生計。

綜合來說，等於明英宗朱祁鎮從瓦剌「天字第一號戰犯」，變成大明朝「天字第一號政治犯」，剝奪政治權利終身。

參

按理說事情到了這一步，基本上已經成為定局，朱祁鈺還是朱祁鎮的弟弟，從年齡上講，「太上皇」應該活該在南宮待到死。但事情很快就出現問題，根源就在立儲上。

朱祁鎮正統時代統治十四年，雖然隨後朱祁鈺接任，但太子沒換，依舊是朱祁鎮的長子朱見深。而且，朱見深名義上當太子還比朱祁鈺登基更早，名正言順，你不能一上臺就廢太子，不然會寒了臣子們的心。

但朱見深總在太子位子上待著也不像話，當皇帝的是你叔叔，等回頭他兩腿一蹬、龍馭賓天，你肯定得報復。朱祁鈺不傻，很清楚這一點，景泰三年（一四五二年），朱祁鈺不顧一群老臣反對，把朱見深貶為沂王，想立自己的兒子朱見濟為太子。

這件事在當時阻力很大，《明史紀事本末》記載，朱祁鈺指使太監頭子興安警告群臣：「此事不可已，即以為不可者，勿署名，無得首鼠持兩端。」就是說你們別想著兩頭討好，這件事沒得商量，頂多允許你們不署名，省得後世說你們對先帝不忠。

當然這是不可能的，我們現在看史書，上疏的大臣們從官職到人名全部列得清清楚楚，從于謙、王直再到往下的六部侍郎，朝廷裡有頭有臉的全被逼著上疏換太子，奏摺上寫著：「陛下膺天明命，中興邦家，統緒之傳宜歸聖子。」到這一步，朱祁鈺才假惺惺地點頭同意，把自己的兒子扶上去。

沒想到第二年，這太子沒福氣，直接走在皇上前面。朱祁鈺白髮人送黑髮人，而且他就這一個兒子，到頭來大明朝等於沒有太子，給後續增加很多變數。

當時，大多數大臣提議，重新把廢太子朱見深再立為東宮。這件事搞得朱祁鈺相當不開心，自己還年輕，死了一個兒子可以再生嘛，你讓我侄子再上臺算什麼回事。這件事好幾年間朱祁鈺都在和臣子們糾纏，但兒子一直沒生出來。

一直糾纏到景泰八年（一四五七年），剛過完年，朱祁鈺突然病倒，病得還不輕，連上元節正常和文武百官的宴席都沒出席。這下所有大臣都坐不住了，太子相當於「國本」，皇上要是躺下起不來，大明朝可就亂了套。因此剛過完年，文武百官就聚集在右順門（後來的熙和門，百官奏事的地方，大家有事都在這裡集合）。

大太監興安出來後，把大家的摺子收好送進去，過了一會兒，出來告訴大臣們說：「候十七日御朝。」就是說等十七天後，皇上在朝會再說這件事。文武百官覺得反正都推諉好幾年了，不差這一會兒，就各回各家。

但石亨不這麼想。

石亨在京師保衛戰後，被封為武清伯。他當時負責在朱祁鈺身邊值班，知道他的身子不行了，很可能熬不過這一遭，必須早做打算。他覺得那些文臣們的建議太沒有創造性，要嘛讓朱見深回來，要嘛找一個藩王世子繼位，要幹乾脆就幹一票大的，愈冷門就愈容易獲得擁立之功。

毫無疑問，太上皇重新登基這事聽起來很刺激，而且絕對冷門。但這種事一個人比較難做，而且石亨是個武將，得找個文臣商量，就找到太常卿許彬。許彬表示自己年紀大了，心臟受不了這種刺激，又推薦徐有貞，就是當年建議遷都的徐珵，因為得罪于謙而被外放，後來靠著治河有功才重新回到北京城。眼看這輩子的官只能當到這樣，徐有貞決定賭一把，跟著石亨幹。

這樣透過聯絡，一個初步的政變班底搭建起來，武將石亨、張軏，文臣徐有貞、楊善，再加上一個宦官曹吉祥，著手準備行動。

肆

正月十七日凌晨，石亨、張軏和徐有貞帶著約千人，在夜色中來到長安門前。

長安門就是科舉考試裡「鯉魚躍龍門」的「龍門」，過去的殿試名額一出來，都是從這裡送出來，而這裡也是進皇城的第一道門。張軏做為將領，對守門的將士說邊關告急，帶著一群士兵混了進去。

進去後，石亨等人開始打哆嗦，而徐有貞的確是個狠人，直接把門反鎖，將城門鑰匙扔到井裡，告訴石亨：「時至矣，勿退！」都到這一步了，開弓沒有回頭箭，放手做吧。

入了皇城，再往後就太容易了。參與這場政變的還有一個司設監的太監，叫曹吉祥。司設監屬於清水衙門，加上曹吉祥後來造反，正史就不怎麼提他。但當時的皇宮裡，太監比什麼都好使，因為他認得路。

就這樣，一群人順順利利地來到南宮，一看門被鐵水焊死，直接使出攻城手段，硬生生把門砸開。朱祁

普渡寺，在明朝時為「南內」，清朝時改為睿親王府

鎮一聽砸門的聲音就醒過來了，在眾人的勸告下，哆哆嗦嗦地上了轎子，趁著夜色開始往奉天殿（太和殿）走。

到了東華門卡住了，當時故宮有宵禁，一幫人在夜晚抬著一頂轎子，當然會被查問。但必須搶時間，因為正月十七日就是朝會。這是掉腦袋的買賣，必須得把太上皇送到朝會上才算名正言順，卡在門外頭還是屬於圖謀不軌。

這時，廢了七年的太上皇終於王霸之氣一震，開口對守門的侍衛喊道：「朕太上皇也。」這句話比什麼都好用，侍衛直接聽傻了，皇宮裡的人都有條件反射，聽見「朕」就是皇上來了，後面的聽都沒聽清楚，直接把門打開。就這樣，朱祁鎮在眾人的擁護下，來到奉天殿，比朝會的時間早了幾個小時。就是這幾個小時，直接改變了歷史。當時天都是黑的，奉天殿裡也好久沒人來了，椅子都是歪的，徐有貞帶著幾個人費了半天勁，才把儀仗擺好。

到了朝會時，徐有貞指揮著在午門上敲起鐘鼓，午門大開。大臣們不走長安門，都不知道昨天晚上發生什麼事，結果進來一看，太上皇已經坐在龍椅上，所有人都傻眼。好在才過去七、八年，朱祁鎮的餘威猶在，何況木已成舟，除了他也沒別人了。於是，「文武群臣入行五拜三叩頭禮」、「皆呼萬歲」。明英宗朱祁鎮就這麼正式復位，改景泰八年為天順元年（一四五七年），意思是這皇位是老天爺賞的，復位是順天命而為。

上臺後，朱祁鎮做的第一件事就是封賞這些把他放出來的「功臣」。功勞排第一的就是徐有貞，這個政治賭徒靠著「梭哈」，直接進入內閣，同時兼職兵部尚書和翰林學士。連推薦他的太常寺卿許彬都被封為禮部右侍郎，且進入內閣。其他就更不用說了，石亨被加封為忠國公。大明朝的國公相當值錢，開國和「靖難」各自封一批，于少保帶頭打贏京師保衛戰都沒混到國公，石亨開個門就到手了。

伍

這次介乎於傳奇和鬧劇的政變，史稱「奪門之變」，是中國歷史上為數不多幾乎沒死人的政變，連景泰帝朱祁鈺都沒被處死，只是被重新廢為郕王，然後關在西苑。相當於當年你怎麼對付我，我怎麼還回來，多出來的也不收利息。

不過，朱祁鈺當時的身體本來就不好，沒多久就一命嗚呼了。當時給的謚號是「戾」，到了南明朱由崧時才追加廟號，為明代宗，謚號是「符天建道恭仁康定隆文布武顯德崇孝景皇帝」。

現在看《明實錄》，這段歷史的開頭都是「廢帝郕戾王附錄」，相當於順便寫進去。到了清朝修的《明史》，就改成「恭仁康定景皇帝，諱祁鈺，宣宗次子也」，正式當作明朝皇帝載入史冊。

當然，完全不死人也不可能，死得比較慘的就是于謙。朱祁鎮連表面功夫都不做，直接把于謙送進錦衣衛的「詔獄」，沒過幾天就下命令，將他抄家，處以極刑。

朱祁鎮一開始沒打算直接殺掉于謙，但徐有貞太缺德，來了一句：「不殺于謙，此舉為無名。」這夥人都是被于謙在朝堂上壓制，必須挪開他騰位置。朱祁鎮一想似乎是這個道理，就直接動手，給的罪名是謀反，因此沒等到秋後問斬，直接殺了。于少保也很清楚，懶得搭理他們，笑著說：「亨等意耳，辯何益。」知道他們想讓自己死，沒必要多費口舌辯解，之後坦然赴死。《明史》的描述是「陰霾四合，天下冤之」。

于謙一死，六部尚書集體辭職，最後一批永樂、宣德時期的文官們徹底退出朝堂。等於朱祁鎮靠著「土木堡之變」加「奪門之變」，直接把明朝的底子敗了個乾乾淨淨，朝堂上又開始變得烏煙瘴氣。

第六章 依稀中興年

狀元走過承天門

對於紫禁城來說，天順元年可謂是天災人禍，躲都躲不過。先是正月裡「奪門之變」，朱祁鎮出來禍害；緊跟著就是到了七月，承天門被雷擊焚毀，無數的朝臣雨打風吹去。而七年之後，對於繼承者朱見深而言，比起重建承天門，如何重建政治秩序，將成為這個年輕人必須深思的主題。

壹

朱祁鎮重回帝位後，於政治方面都是報復，而且以喜怒無常著稱。「奪門之變」的功臣們沒過幾年都被收拾了，當然這些人裡面本來就沒幾個正常人。不光是在政治上，朱祁鎮在建設上也堪稱奇葩。

承天門好歹是皇城的正門，自打天順元年七月焚毀後，就晾在那裡，一直沒修。按理說，承天門和大明門、端門、午門、奉天門（太和門）一樣，都是「三朝五門」等級，別的不修就算了，承天門不能爛在那裡。

但朱祁鎮不管這個，反正當年我回來沒從那裡走，大臣們上朝不走承天門，無所謂。轉頭在北京的智化寺，朱祁鎮為王公公修了祠堂，還親自題寫匾額，叫做「旌忠祠」。現在智化寺還能找到碑文，是非常珍貴的文物，上面刻著王公的畫像，等同於歷史的見證。

更令人目瞪口呆的是，朱祁鎮還替也先修建紀念堂。是的，你沒聽錯，就是那個帶著朱祁鎮「北狩」的也先。後來，清朝人寫了一本《道咸以來朝野雜記》，記載：「西四牌樓北，當年在甬中間有一廟宇……廟供額森（也先）牌位。據聞明英宗北狩，後為額森放還朝，感其義，為之立廟。」這座廟到了民國還有，就叫做當街廟，後來建馬路擋道才拆除。

從這兩個工程上不難看出，朱祁鎮在「天順時代」都做了些什麼。不過，他量歸量，用人還是比較穩當，復位後重用吏部尚書兼大學士李賢，朝政還能維持下去。

《明史》對李賢的評價是「三楊以來，得君無如賢者」，這是很高的評價。但拜朱祁鎮所賜，加上晚年有點貪汙受賄的說法，常規史書不怎麼提這一位。但李賢的確是個很有原則的首輔，在位期間有效地限制宦官和錦衣衛的勢力，不然朱祁鎮的耳朵比較軟，說不定還會做出什麼事來。

李賢對文淵閣來說，是一個比較有紀念意義的首輔，這裡有一個小故事。

最早的時候，皇上一般不會去文淵閣，包括後來也是，首輔一般是坐南朝北，坐在正座上。但到了宣德年間，朱瞻基沒事喜歡瞎閒晃，就晃到文淵閣，坐了一次主位。在這以後，這位子就沒人敢碰，楊士奇等人都不敢逾越規矩，首輔只能坐在右首第一位。

等李賢掌權後，打算改改規矩，就對周圍的人說，反正這麼多年皇上都沒來，沒必要留著，不如我坐算了。這下子朱祁鎮急了，我爹坐過的位置，你坐上來算怎麼回事？不過朱祁鎮不好直接處罰李賢，因為首輔坐在這裡確實符合規則，只不過不合禮數。

這裡朱祁鎮秀了一手管理學的藝術，直接送一尊孔子像給文淵閣。大學士都是讀書人，總不能讓孔聖人擺在一邊，必須供奉在中央，首輔只能往邊上坐。從此，內閣大學士不能坐南朝北的規矩才算定了下來。從這兒不難看出來，朱祁鎮對李賢處在既防備又尊敬的態度。

天順八年（一四六四年），朱祁鎮病危，躺在文華殿，臨終之際又開始瞎琢磨，思考要不要換太子。話說皇太子朱見深的命是真的苦，小的時候被叔叔折騰，長大了老爹留下一堆爛攤子不說，這個爛攤子居然還不太想給他。

這時，李賢站出來，義正辭嚴地質問朱祁鎮：「此大事，請陛下三思！」朱祁鎮馬上膽怯，試探性問了一句：「然則必傳位太子乎？」這次李賢都不想理他，太浪費智商，冷冷地說了一句：「社稷幸甚。」就不說話了。

朱祁鎮覺得自己不像話，哪有這個時候換太子的道理，就把朱見深叫了過來。朱見深一見面，二話不說抱著他爹的大腿就開始哭。他知道和朱祁鎮這種人無法講理智，只能拚感情。一嗓子哭下去，朱祁鎮心軟了，好吧，不換了，就是你了。

臨終之際，朱祁鎮其言也善，頒布遺詔，首先說：「殉葬非古禮，仁者所不忍，眾妃不要殉葬。」廢除了明朝開國以來慘無人道的後宮殉葬制度。這點非常不容易，算是明朝皇帝遺詔裡很難得的創舉，在這之前，沒生育的妃子們都得陪葬。

再來就是明確讓患難夫妻錢皇后將來與自己合葬，朱見深不是錢皇后所生，是妃子周氏生的，之前明朝皇子都是皇后嫡出，到了朱見深這裡比較麻煩。這點直接在遺詔裡說明白，將來和錢氏合葬。

辦完最後兩件大事，朱祁鎮溘然長逝。長子朱見深毫無爭議地登基為帝，年號「成化」。新人新氣象，朱見深剛一繼位，就開始著手重修承天門。

貳

我們很難想像雄偉的承天門之前是如何被雷擊焚毀，其實這個很正常，那時的承天門和「雄偉」二字壓根沾不上邊。最早的承天門與皇城的其他三個門：東安門、西安門和地安門完全一樣，是仿照南京故宮建造，用的是牌坊式，上面寫著「承天之門」四個字，象徵著皇權「承天啟運」。

現在南京的承天門已經蕩然無存，大概的位置應該是在現在的秦淮區瑞金路一帶，金水河的位置可以確定，大致能推測出來。當時的「中都」鳳陽也有那麼一道承天門，相對之後的紫禁城來說非常簡陋。也就是說，最早的承天門真的就只是一個門，其他什麼都沒有，重新修建起來理論上不是很麻煩，但設計師蒯祥不這麼看。

最早的承天門，就是永樂十八年遷都的承天門，由蒯祥親自設計。當時蒯祥還是個小夥子，不到二十歲，但技藝精湛，甚至被朱棣稱為「蒯魯班」。如今幾十年過去了，蒯祥從永樂、洪熙、宣德一路走過來，如果朱祁鎮的正統、天順兩年號都各自算一朝，蒯祥堪稱絕無僅有的「七朝元老」，非常難得，等於親自見證紫禁城最初的半個世紀。

工匠做到蒯祥這個地步，基本上都算藝術家了。蒯祥老驥伏櫪，志在千里，決定把承天門做天翻地覆的改變，也算是這輩子最後一件嘔心瀝血的作品。之前的承天門是與其他三個宮門一脈相承的木牌坊，五門三層，上面有琉璃瓦。蒯祥決定換個思路，將承天門建造成一座宮殿，或者說，成為真正意義上的「國門」。

新的承天門採用磚石結構，由城臺和城樓兩部分組成。從一開始的東西寬五間、南北進深三間，擴大為東西寬九間、進深五間，象徵著「九五之尊」。宮殿中繪有九百餘條龍紋，雕梁畫棟，彰顯這扇皇城第一門的威嚴。

修成後的承天門，高達三十三．八七公尺（新中國成立後經過修整略有增高），是整個北京城裡最高的建築。在之後的數百年裡，儘管承天門名字有所改變（清朝改為天安門，沿用至今），但基本形制幾乎沒有任何改變。

成化三年（一四六七年）春天，就在蒯祥如火如荼地重修承天門的時候，有一位年過半百的老翁，時隔七年，再次從紫禁城前走過。望著已然不復昨日的承天門，他的心中無限感慨。二十二年前，他曾從這個門裡走出來，進而聲震天下。那時，他是這個王朝最風光的年輕人。他的名字叫商輅，明朝唯一一個「三元及第」之人，堪稱「天下文宗」。

參

承天門平時沒什麼人走，一般情況下，皇帝不會從承天門進出，平時都是走西華門，畢竟沿著西苑，走起來方便。只有祭祀或大婚，再來就是御駕親征時，才會從承天門出去。

但還有一種情況，從承天門裡走出來的不一定是皇上，而是科舉考試中的「一等甲」（狀元、榜眼與探花），就是所謂的「金殿傳臚」。

在明朝，想出人頭地一般就兩條路。第一條是造反，把皇上拉下來自己上，只不過風險係數和難度係數不是一般的高，整個大明朝也就朱棣和李自成成功，其中朱棣還是叔叔打侄子。第二條就是讀書科舉，農民讀書，考上進士，就能當地主，甚至位及人臣，無數讀書人為此趨之若鶩。

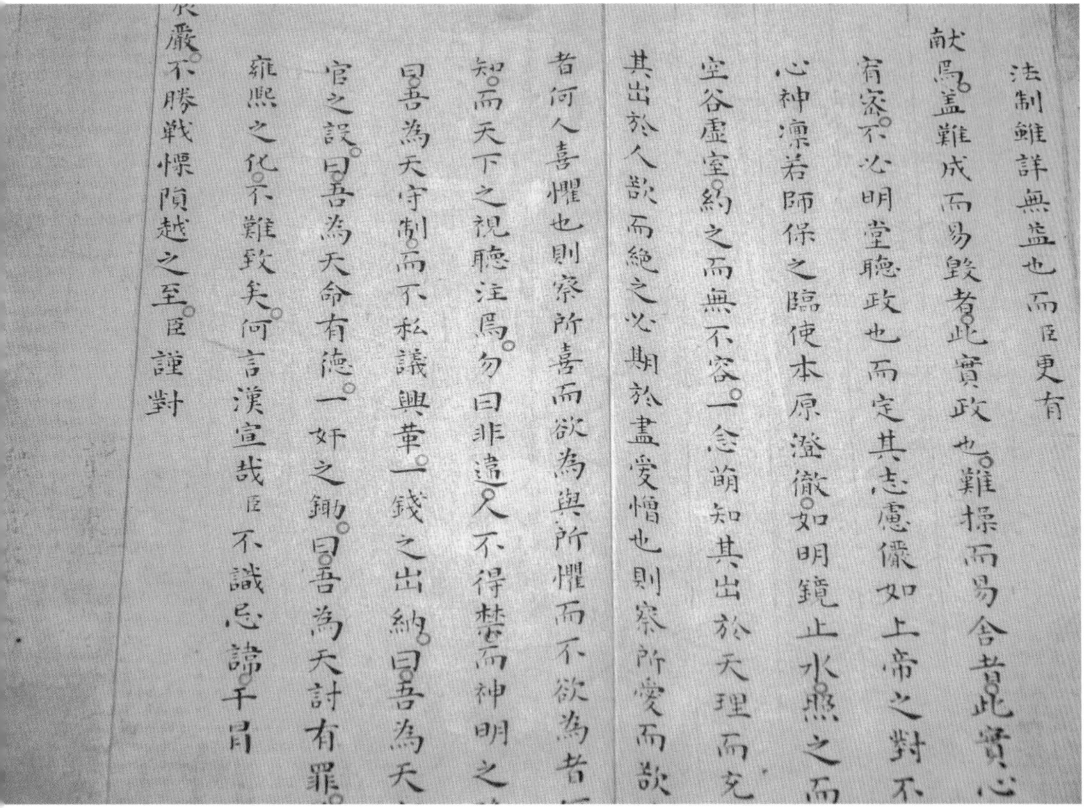

明代狀元卷，其中的「臣」字要靠右縮小一半，以表示對皇帝的尊敬

不過科舉沒有那麼簡單，正經八百的科舉是四輪，從最早的童子試，再到省裡主持的鄉試，禮部主持的會試，最後才是在皇極門前的殿試。

童子試還分為「縣試」、「府試」及「院試」，算來大約六次大考。有些考試，如「會試」等，可能一考就是數天，對考試者的身心是極大的折磨。明朝的皇帝大多短命，內閣大學士反而大多高壽。例如「三楊」全都活到古稀之年，很大程度是能熬過科舉的身體都不差。

而每一輪考試的第一名，則被稱為「元」。「元」有「首」的意思，例如明朝內閣大學士中的「首輔」，就被人敬稱為「元輔」。科舉考試中，每一輪的「元」說法不同。鄉試第一名叫做「解元」；會試第一名叫做「會元」；到了殿試，皇上御筆親點，才能稱為「狀元」。

這裡為了展現難度，再說一下「殿試」和其他幾場的區別。

其他幾輪都是「淘汰制」選拔人才，而殿試則是「排名制」。一般考上會試的人，殿試問題也不大，都能當進士，但第幾等就不好說了。況且「殿試」不考「四書五經」，考的是策論（時政議論文），主觀性非常大。之前是會試前三名的，但寫的文章不符合皇上心意，被扔到五十名外也是有可能的。

考上「解元」，基本上是憑實力；考上「會元」，堪稱當世才子；但能考上狀元，除了運氣好、學問好，還有很多其他因素，例如字跡和相貌等，稍微讓皇上有一點不順眼都不行。

根據《明會典》記載，當時的殿試是在皇極殿前的廣場舉行，如果遇到風雨天氣，就改為兩邊的廡房內。就考一天，考完後，皇上和「點卷官」們連夜到文華殿閱卷。閱完卷，過兩天發「金榜」，逐個點名，從高到低。

點完名，執事官會拿著皇榜，從皇極門的左門出來，進士們會隨之一起，到皇城外等宣布排名。「臚」有「陳列」的意思，這個過程被稱為「金殿傳臚」。

而排行「一等甲」的三位，走的路和其他進士不同。他們會身披紅綢，頭簪金花，從午門走出來，一直到承天門以外，走的全部是中門。說明這三人是天子門生，老師把自己的待遇賞給你。

走出承天門後，還有一個更「拉風」的步驟，俗稱「御街誇官」。即由禮部的官員帶著，騎著馬在城裡遊行，接受全城的歡呼和跪拜。這個跪拜不是跪狀元，而是跪御賜狀元的聖旨。現在有人說所有進士都會參加「御街誇官」，這個可能性不大，因為進士一批約有三百人，從禮節上來說很難操作。「金殿傳臚」和

「御街誇官」是「一等甲」進士，尤其狀元是最大的榮耀，堪稱「春風得意馬蹄疾」。

而明朝最風光的狀元正是商輅，他是整個大明絕無僅有的「三元及第」。《明史》記載：「終明之世，三試第一者，輅一人而已。」他在宣德十年鄉試第一，拿到「解元」名號。中間隔了十年，到了正統十年（一四四五年），一舉拿下「會元」和「狀元」，可以想像當時的商輅是何等意氣風發。

這麼說吧，「商三元」要是在學問上謙虛一下，說自己粗通文墨，唯讀過「四書五經」，那麼整個翰林院只能跪在那裡，沒人好意思承認自己識字。這位連中「三元」的商輅，前途自然是一片光明。

肆

商輅是正統十年的狀元，那時朱祁鎮已經開始全面執掌朝政。對皇帝來說，一個「三元及第」本質上和天降祥瑞相同等級，是老天安排文曲星來輔佐，必須予以重用。何況商輅長得「豐姿瑰偉」，特別帥，看上去賞心悅目，因此簡在帝心。正統十四年（一四四九年），商輅就當到翰林院侍講（正六品），且入職內閣。

翰林院不能看品級，得看官名。在明朝，翰林院是相當可怕的衙門，到後期，不是翰林院出身，甚至沒有資格進內閣。

翰林院的最高級別是正五品的翰林學士，就是所謂的內閣大學士，都是兼職。侍講學士基本任職出來就是三品，商輅做為侍講入內閣毫無問題，只不過這個速度確實可怕，可以想像朱祁鎮對他的喜愛。

商輅更厲害的是，他在正統、景泰兩朝都得到重用。景泰元年，也是他做為內閣學士，去長城把朱祁鎮迎接回來。此後七年，朱祁鈺一直替他增加工作量，從兵部左侍郎一直到太常寺卿，等於他成為大明朝的一塊磚，哪裡需要往哪搬。

朱祁鈺病危時，商輅也是帶頭上疏立太子的人之一。沒想到過了幾天，上朝一看，太上皇又跳出來了。重出江湖的朱祁鎮對商輅這個學生還是相當公道，對于少保等人，那是能分屍的絕不砍頭，一分鐘都不等。但唯獨沒有清算商輅，還把他叫到偏殿，讓他起草詔書，等於是把擁立之功親手送到商輅手裡。

當時朝堂上大換血，你把詔書寫了，哪還有李賢的事。商輅當翰林學士時，李賢還在吏部當郎中，官場上講的就是論資排輩。沒想到商輅對朱祁鈺比較有感情，面對這種不要臉的詔書下不了筆。石亨當時在旁邊，不陰不陽地警告他，被商輅回了一句：「舊制也，不敢易。」祖宗怎麼樣我怎麼樣，你別在這裡齜牙咧嘴。這下子朱祁鎮傷心了，心想：為師對你這麼好，讓你寫個詔書，還在這裡拖拖拉拉。於是，朱祁鎮把他貶為平民。

晚年的朱祁鎮有點後悔，比較心疼學生，說：「輅，朕所取士。」意思是，這是我的學生，念念不忘。但朝堂上一個蘿蔔一個坑，再加上朱祁鎮拉不下臉，就一直沒把商輅叫回來。

到了成化三年（一四六七年），前一年李賢剛逝世，朱見深就把商輅招回來，直接入內閣。當時首輔高穀已經垂垂老矣，讓商輅回來就是做頂梁柱。一見面，朱見深就把話說開：「先帝已知卿枉，其勿辭。」就是說，我爹知道他錯了，先生您別介意，接著做吧。

此時距離商輅離開紫禁城已然過了整整十年，一切已經滄海桑田，承天門從牌坊變成城樓，商輅也從青年步入老年。從承天門的「金殿傳臚」，到東華門外的領袖群臣，這條路，「三元及第」的商輅足足走了二十二年。

重回內閣的「商三元」出手即不凡，上來就提出「勤學、納諫、儲將、防邊、省冗官、設社倉、崇先聖號、廣造士法」八項意見給朱見深，朱見深一一予以採納。其中，最引人矚目的莫過於恢復先帝郕王朱祁鈺的名號，帝號肯定不能恢復，但好歹恢復王爺的名號，也算是當年的君臣善始善終。

商輅的回歸，相當於在李賢之後，重新扛起內閣乃至整個文臣群體的大旗。在成化時期的頭十年裡，政治上出現一片清明的景象，大有中興開始的跡象。新建的承天門彷彿一個好兆頭，帶給紫禁城無限的新希望。

而與此同時，一個微妙的政治平衡也在重新形成。

貴妃坐鎮昭德宮

以商輅為首的文臣集團輔佐下，新生的成化時代正如陽光下的承天門一樣，擁有無限朝氣。而承天門雖高，也難以攬盡紫禁城的所有風光。

成化帝朱見深也許是明朝歷史上最難以評價的一位皇帝，他性情仁厚，卻出手果決；他開創中興，卻因皇莊和西廠而飽受詬病；他馭下有方，卻崇信後宮和道士。假如我們撥開歷史的煙霧，看到生活在紫禁城的朱見深，也許沒有一張波詭雲譎的面孔。

壹

和老爹朱祁鎮的囂張跋扈、不可靠，外加間歇性多動症不同，朱見深絕對算得上是一個老實孩子，這和他近乎奇葩的成長歷程有很大關係。

讓我們從之前講過的歷史裡回溯朱見深的人生吧。他在正統十二年（一四四七年）出生，到了正統十四年，兩歲的小朋友朱見深就成了皇太子。沒辦法，老爹趕著去土木堡送人頭，紫禁城裡不能沒人坐著，這個叫「國本」。

沒想到老爹「北狩」的時間太長，朱見深還沒開始記事，朱祁鎮就被尊為「太上皇」了。這麼一來就比較難辦，皇太子他爹是太上皇，你讓皇帝朱祁鈺往哪裡擺。朱祁鈺那時年紀不小了，也不是沒有後代。沒過幾年，就把侄子拉下來，改為「沂王」，將其打入冷宮。

這個冷宮的待遇估計和太上皇待的「南內」一樣，那幾年朱見深不光是住得差，還時時刻刻要面臨生命危險。尤其是他的堂弟，朱祁鈺唯一的兒子夭折後，他就更危險了。一群大臣整天在那裡嘮叨，要把他重新立為太子。萬一哪天他叔叔被嘮叨煩了，他怎麼死的都不知道。

在這種極端的環境下，朱見深別說健康快樂地成長，能不精神崩潰已經是天賦異稟。因此當朱見深很小的時候，就落下口吃的毛病，這件事對後來的明朝政局影響很大。

這時，一個女人走進朱見深幼小的心靈，就是被後世津津樂道的萬貴妃。傳言萬貴妃叫萬貞兒，這個名字應該是以訛傳訛，明朝包括皇后在內，很少有后妃能留下名字。萬氏當時做為宮女一直陪著朱見深，年紀比朱見深大了約十九歲，當然這個數字不好考證，但十幾歲是肯定有的。

在朝不保夕的童年時光裡，朱見深對萬氏的依戀可想而知。從心理學的角度上說，我們可以將朱見深的這種感情，歸結為某種母愛缺乏。

兩個人相依為命，這樣的日子熬了幾年，好不容易，朱見深終於時來運轉。老爹朱祁鎮彷彿天神下凡，一嗓子吼開了宮門，重新登上皇位，而十歲的朱見深再次成為皇太子，並度過安安穩穩的七年。在這期間，他和萬氏產生明確的男女感情。等到朱見深登基時，萬氏已經三十五歲，這時就面臨著名分的問題。

萬氏肯定想當皇后，但這件事的阻力不是一般大。不說朱見深怎麼樣，他老娘周太后也不能同意。但萬氏很有心計，明白只要朱見深的寵愛依舊，她就能在後宮橫著走。萬氏也很拚，同時做了兩個準備。

一方面是固寵。當時朱見深剛登基不久，得參加各種祭祀儀式，而萬貴妃拖著三十五歲的「高齡」（過去這年紀能當祖母了），穿著一身戎裝（軍裝），陪著朱見深到處閒晃，很得朱見深喜愛。另一方面就是求子。雖然朱祁鎮廢除不生育就殉葬的皇室陋習，但對紫禁城的後宮而言，有個孩子才是安身立命的根本。

好在皇天不負有心人，在萬氏的努力下，終於在成化二年（一四六六年）生下一子。朱見深很高興，這個是皇長子，母憑子貴，萬氏因此被封為皇貴妃，萬貴妃的說法就是打這開始的。而且，不光加贈封號，還搬了家，遷到昭德宮居住（後來於成化十二年遷居安喜宮）。

現在這兩個宮殿的位置已然不可考，這件事有點不科學，萬貴妃是寵妃，但不是皇后，她居住的宮殿必然是東、西六宮所屬，不應該無資料查證。唯一的解釋就是在嘉靖之後紫禁城有一批重建工程，很可能是從那時開始不可考。

這下萬貴妃算是犯了眾怒，邀寵也得有章法，而其中最看她不順眼的莫過於皇太后周氏。周太后絕對不是什麼好對付的人，敢頂著朱祁鎮的遺詔安排和錢皇后搶安葬的位置，對於自己兒子的婚姻問題，那是一百八十個頭疼。

有個很有意思的冷知識：萬貴妃在成化元年（一四六五年）是三十五歲，折合起來就是宣德五年生；好巧不巧，《明史》講周太后高壽七十五歲，卒於弘治十七年（一五〇四年），按虛歲來講，也是宣德五年出生，等於婆婆與兒媳婦同歲。

這下我們很好理解周太后的心理，十幾歲的兒子被和自己一樣大的「老姊妹」迷得暈頭轉向，要是換成一般當娘的估計連想死的心都有了。她忍不住質問朱見深：「彼有何美，而承恩多？」這老娘們到底哪裡好，你這麼寵愛她？

朱見深的回答很真實：「彼撫摸，吾安之，不在貌也。」意思是，我在她面前就像小貓一樣，她一摸我就老實了，不是臉有多好看。周太后傻眼，原來這孩子從小缺愛，真找了一個「娘」，沒辦法，由他去吧。

貳

朱見深對萬貴妃的寵愛，基本上到了無分寸的地步，比較典型的例子就是和皇后的衝突。

早在朱祁鎮去世時就留下遺詔，希望能看到兒子成婚。於是剛登基，朱見深就冊封皇后吳氏。他肯定想冊封萬貴妃，但沒辦法，當時三個皇后的人選都由朱祁鎮定下，萬貴妃這種人肯定入不了朱祁鎮的法眼。

剛結婚，吳皇后就開始看萬貴妃這個老阿姨不順眼，非常不滿她天天圍著皇帝徘徊，畢竟新婚燕爾。吳皇后沒忍住，行使自己的合法權利，讓太監們拿著棍子把萬貴妃教訓一頓。

這下朱見深忍不了了，動我可以，動我愛妃不行，當即下詔書，說吳皇后「舉動輕佻，禮度率略，德不稱位……請命太后，廢吳氏別宮。」大致意思就是，這個皇后品德不太好，朕要換一個，「售後服務」還是得有吧。

於是，大婚後沒兩個月，就把吳皇后從坤寧宮踢到西苑的冷宮，連紫禁城都不給住了。從此以後，萬貴妃在後宮裡的地位可想而知。

萬貴妃受寵的另一個方面，從她家人所受到的封賞就可以看出來。他的父親萬貴，在萬氏被封為貴妃的當年，就被賜封為「正五品錦衣衛千戶」。

從宣德時期開始，錦衣衛開始慢慢變成一個很複雜的單位。皇上要是想賞一個人，但又不想讓他實際負責什麼事，就拿著錦衣衛的官銜去賞賜。當然錦衣衛是軍職，賞賜文臣一般不走這個套路，都是掛「尚寶司」，兩者性質差不多。相當於皇上看你順眼，允許你家有一個人吃空餉*。

按理說，吃空餉也得有限度，但對萬貴妃來說，寵愛沒有限度。他的父親靠著女兒，一路青雲直上，到成化七年（一四七一年），就做到正三品的錦衣衛指揮使。

而明朝軍職最特別的地方，在於很多軍官都是世襲制。例如，後世的戚繼光就是世襲登州衛指揮僉事，正四品。但戚繼光的官職和萬貴妃她爹這個無法比，登州比較偏僻，在海邊。而明朝有海禁政策，平時沒什麼事，可能兵部都想不起來戚繼光這號人。

等到成化十一年（一四七五年）萬貴去世，錦衣衛指揮使這個官職直接父傳子，給了萬貴妃的弟弟萬喜。接著萬喜做了約十年，做到五軍都督府的都督同知，級別是從一品，工資比尚書多。這還沒結束，萬貴妃的另一個弟弟萬達，升官速度比哥哥快，只花十年就把老爹和哥哥二十年的路走完，和萬喜差不多同時間做到從一品的都督同知。

從這看得出來，朱見深對老丈人一家相當優厚。

如果按照這個趨勢下去，萬貴妃在後宮應該很快就能爬到皇后的地位，畢竟誕下了皇長子，而且又「三千寵愛在一身」。

可惜好景不長，成化二年，皇長子就一命嗚呼夭折了。這孩子可能都沒留下名字，因為沒有滿周歲。那時萬貴妃都快四十歲，屬於高齡產婦，再也沒能懷上孩子，這也成為萬貴妃的心中之痛。

參

儘管沒有皇子，但萬貴妃的寵愛卻依然穩固。只不過朱見深沒有想到，在後宮這個複雜的環境裡，萬貴妃永遠不是一個人在戰鬥，在昭德宮的內外，形成一個龐大的利益群體。諸葛亮說：「宮中府中，俱為一體。」後宮裡的一家獨大，很容易影響到朝局。

那時，朱見深對萬貴妃的稱呼不是「愛妃」，而是「萬侍長」。什麼是「侍長」呢？侍長是金、元時期奴僕對主人的稱呼，例如《西廂記》裡女僕紅娘對小姐崔鶯鶯的稱呼就是侍長。

換句話說，私下裡相處，萬貴妃坐著，朱見深只能站著，後者還得早請示、晚彙報。而皇上都得叫「侍長」的萬貴妃，放到後宮裡說話比太后都好使，很自然就有一群太監圍著這位祖宗徘徊，裡面最典型的就是太監汪直和梁芳。

汪直的身分很值得注意，他不是司禮監的大太監，而是御馬監的大太監。御馬監在京師保衛戰時開始崛起，畢竟手裡有槍桿子。但當時的御馬監老大劉永誠已經太老了，何況之後都是太平盛世，槍桿子無用武之地。到了汪直，背靠大樹好乘涼，開始崛起了。

汪直的出身和之前說過的阮安有點像，都是從小被俘虜，然後進入宮裡當太監。而他的運氣非常好，被分配到昭德宮去伺候萬貴妃。這下就給了他發家的資本，沒做幾年就升官，成為御馬監的大太監。

當時司禮監的大太監是懷恩，《明史》評價他「性忠鯁無所撓，諸閹咸敬憚之」。這個評價很高，一是

＊編註：起源於明朝，指從軍隊中冒領「餉銀」的行為，後來延伸到政府和事業單位。

明代銀鎏金御馬監太監腰牌，北京市海淀區博物館藏

敢言，二是能鎮住場子。但這些都沒用，做為一個太監，在皇宮裡得知道主子是誰。懷恩只知道伺候朱見深，而汪直卻明白萬貴妃才是真正的大腿。一來二去，汪直就成為說一不二的權監。

萬貴妃用這些人不是沒有理由，畢竟掌控太監就等於控制大半個紫禁城。當然，這個屬於朱見深默認的範疇。朱見深也想扶持一批內官去限制內閣的文臣勢力，而且另一方面，他得指望這些人發財。

於是乎，在朱見深的默許下，後宮和太監們捆綁到一起，成為一股龐大的勢力。而且，後宮裡還招攬一批裝神弄鬼的妖人，在皇宮裡跳大神*，這些人成為太監們的代言人，搞得整個朝廷烏煙瘴氣。

當然這個「亂象」只停留在上層建築，還沒有禍害到民間，整體上成化朝還是呈現欣欣向榮的景象。但確實為很多事情開了不好的頭，導致之後的很多亂政都能在成化朝找到藍本。

*編註：滿族薩滿教的一種儀式，「大神」即「野薩滿」。

太子生在安樂堂

成化時期，在朱見深的協調下，以商輅為首的內閣文臣勢力與以萬貴妃為首的宮廷勢力，在紫禁城內外形成極其微妙的政治平衡。儘管西廠在文臣的堅持要求下被裁撤，但另一場涉及「國本」的大戰才剛拉開帷幕。

壹

這裡有一個問題，萬貴妃似乎天生就應該和外臣合不來，其實不是。俗話說，位置決定想法，對待朝廷重臣的態度上，坐在昭德宮裡的萬貴妃和坐在御馬監裡的汪直，有著本質的區別。

最早的時候，其實萬貴妃想和商輅和平相處。當時，萬貴妃的老爹萬貴剛去世沒多久。萬貴妃替老爹畫了幅畫像，本質上和現在的遺照差不多，想讓商輅幫忙題字。

先不說商輅治國什麼水準，做學問那是絕對的大人物，等同於文曲星下凡，讓這種人物題字，是相當有面子的一件事。而且，萬貴妃很會做人，給了商輅一筆很豐厚的潤筆費。

沒承想商大學士真的兩袖清風，十指不沾黃白物，乾淨俐落地拒絕萬貴妃的要求。無論萬貴妃怎麼要求，商輅都明確表示：「非上命，不敢承也。」皇上不放話，我絕對不寫。這件事搞得萬貴妃灰頭土臉，成為商輅保持氣節的一個例證。

在這件事上，商輅做為內閣大學士，看得遠比萬貴妃清楚，這是一個政治平衡問題，和多少錢無關。他做為首輔，是替皇帝擬旨的，要是真的幫萬貴妃他爹題字，就有內外勾結架空朱見深的嫌疑，兩邊肯定得廢一個。商輅不用想都知道，在朱見深心裡，他無法和「萬侍長」比，所以絕對不去碰這條紅線。

這讓萬貴妃咬牙切齒，但沒辦法。到了商輅這個地位，想動他必須經過朱見深，西廠都不好辦，萬貴妃只能作罷，但商輅不上當，不代表沒有其他臣子願意跟著萬貴妃混。

當時有個官員叫萬安，正統十三年的進士，比商輅小一屆，非常寡廉鮮恥，仗著自己姓萬，非得和萬家攀親戚，自稱是萬貴妃的侄子。萬貴妃都傻了，這又不是打麻將，怎麼好端端地出來這麼多姓「萬」的人。不過，當時萬貴妃正愁朝中無人，就認下這個「大侄子」。

之前的萬安最多混到吏部左侍郎，沒想到這一門親戚認下來，直接混到內閣大學士，可以想像這股枕邊風吹得有多厲害。當然，不難想像，這種靠裙帶關係上位的閣老，辦事能力大致是什麼水準。

《明史》記載一個故事：成化七年，正好有顆彗星劃過天空。這種事放在以前屬於「異象」，於是朱見深就把幾個大學士叫過來，商量該怎麼辦。

其實，這種事在明朝已經有ＳＯＰ了，不是什麼大事。之前有人說要減百官的工資，大學士彭時說，不行我就不減了吧，相當於拿彗星做為一個推諉的理由。那時屬於中興之年，國家比較富有，大臣們的工資沒幾個錢，朱見深沒什麼意見，於是就點了頭。

按理說，目的達到了，大學士就該老老實實地告退。沒想到做為新人的萬安，突然給朱見深跪下，高呼一聲「萬歲」。商輅和彭時兩人傻眼，明朝到了內閣這個級別，沒什麼事一般不會跪，混得好了說不定還能給張凳子坐著說話。沒想到萬安這廝為了拍馬屁，居然真的跪下來，而且還不要臉地喊「萬歲」。

這下商輅他倆沒轍了，都是大學士，人家跪下你不跪，屬於「大不敬」，兩人硬著頭皮跪下來磕頭出去了。當然「萬歲」肯定喊不出口，不然就是一世英名毀於一旦。

紙包不住火，這件事傳出去後，文武百官幫萬安取一個外號，叫做「萬歲宰相」，嘲諷他該說話的時候一句話沒有，跪下來喊「萬歲」倒是比誰都快。

但無論萬安多麼不要臉，只要他還是文官立場，有一件事，他就必須站在萬貴妃的對立面。這也是成化年間文臣和萬貴妃最主要的矛盾，就是「國本」的問題。

貳

朱見深在嚴格意義上講不能算少年天子，過去帝王之家很多十六歲就行冠禮了。因此，朱見深登基時，完全沒有所謂的「內閣輔政」階段，他是被做為一個成年男子看待。

而對成年男子來說，最重要的莫過於子嗣問題。而天子無家事，明朝皇帝自朱高熾之後，就沒幾個安安穩穩活到老的。因此太子問題，也就是「國本」問題非常被朝堂重視，畢竟穩定壓倒一切。

朱見深理論上也是深受「國本」之苦，在太子位子上被老爹和叔叔來回折騰很多年，所以早立太子，才能穩定朝政。

沒承想皇長子，就是萬貴妃的第一胎，剛出生沒幾天就夭折。說來邪門，此後好幾年，後宮都沒有再誕下子嗣。文武百官為了這件事非常擔心，天天上疏勸皇上「溥恩澤以廣繼嗣」，意思就是勸皇上沒什麼事多生孩子，為大明留後。

朱見深心想皇上不急，急死太監，我才二十來歲，你們急什麼，不耐煩地來了一句：「內事也，朕自主之。」生孩子是我的事，你們少在這裡別人吃麵幫喊燙。

好不容易，側妃柏氏於成化五年（一四六九年）誕下一個皇子，取名朱祐極。按理說，這是皇次子，在夭折的那個不算的情況下，他是當時真正意義上的皇長子。但朱見深卻顯得興趣缺缺，打算冷處理。《萬曆野獲編》的說法是「大臣請告之天下，上不許，蓋慮傷萬妃之心也」。意思就是，當時大臣們都高興壞了，想大張旗鼓昭告天下，但被朱見深拒絕。當時萬貴妃剛喪子沒幾年，朱見深考慮得很細，怕傷了她的心。

到了成化七年，朱見深覺得要是再不立太子，文武百官估計直接暈頭轉向，於是在這一年冊立朱祐極為皇太子，表示「國本」已定。沒想到樂極生悲，文武百官還沒得意幾天，到了第二年，就是成化八年（一四七二年），年僅三歲的皇太子朱祐極卻因病去世，諡號為悼恭太子。

關於朱祐極的去世，歷史上一直有爭議，很多人認為是萬貴妃下的手，說這老阿姨心理變態，看不得別人生兒子，就下了黑手。但從實際操作面來說，可能性確實非常小，畢竟就算真下手，也不可能等到三歲。

不過，《明史》說萬貴妃「掖廷御幸有身，飲藥傷墜者無數」，整天拿著藥給其他妃子墮胎，是完全有可能的。畢竟朱祐極出生前後，確實沒幾個妃子生育，裡面絕對很有問題。

但謀殺皇太子和給妃子下藥不是相同等級的行為，萬貴妃不應該為這事背鍋，因為她背不起。

不過無論如何，朱祐極的去世給了大明朝很大打擊，連朱見深都懷疑自己是不是有問題，不然連著兩個兒子都這樣。那時朱見深也二十四歲了，放到古代不算很年輕，子嗣的事情搞得他壓力很大。

然而，就在朱祐極去世後的幾年裡，宮中慢慢流傳一個消息。就是朱見深其實有一個兒子，一直藏在西苑的冷宮，這個兒子已經六歲，他的母親姓紀。

參

皇上有子，還已經六歲（等於過了最容易夭折的階段），而且還是住在冷宮。這麼狗血的消息迅速在沉悶的紫禁城裡洗版，被無數人討論，自然瞞不過紫禁城的主人朱見深。

《明史》的說法是成化十一年時，當時有個太監叫張敏，替朱見深梳頭。那時，朱見深照著鏡子，可能發現自己脫髮比較厲害，就感慨說：「老將至而無子。」我一把年紀了，居然還沒有兒子。張敏一聽這話，立刻跪在那裡，說您其實有一個兒子。

朱見深一聽傻住，沒反應過來就喜當爹了，連忙問到底怎麼回事。

原來在成化五年的某一天，當時朱見深閒著沒事，就去內務府找書畫看。正好當時管理內藏的女官裡有個女子姓紀，是之前朝廷平定廣西俘虜的土司之女，識文斷字。

朱見深有點像爺爺朱瞻基，是一個很有藝術細胞的皇帝，不然不會跑到倉庫裡看書畫。當時正好左右無事，就和這位女官聊起藝術，聊著聊著沒把持住，就聊成「一夜情」。當時，皇帝都要有起居注，就是會有人記錄被臨幸的女子。

後來，萬貴妃一查起居注，氣壞了，心想狐狸精真是防不勝防，就派宮女送藥讓紀氏墮胎。宮女當時同情心發作，謊稱紀氏是肚子疼，不是真的懷孕。所以，萬貴妃僅把她打發到冷宮，就是西苑的安樂堂裡。在這裡，紀氏生下一個男孩，就是後來的明孝宗朱祐樘，當然那時還沒有名字。

一個宮女生了孩子，這種事在紫禁城範圍內，能瞞住的可能性基本為零。何況這個孩子還有可能是皇家血脈，萬貴妃人不在西苑，但也有所耳聞，就派張敏去把這個孩子掐死。張敏見到孩子的第一反應是：「上未有子，奈何棄之。」他不想害這個孩子，就將萬貴妃騙了過去，偷偷幫紀氏養這個孩子。當然，張敏除了忠心之外，也有點長線投資的意思。養孩子是一門學問，特別是紀氏當時的身分還是宮女，完全不存在私人空間。哪怕是張敏幫忙，這個孩子也很難養活。

不得不說，歷史有時真的比小說精彩。關鍵時刻，西苑裡的另一尊「大神」出手了，就是之前得罪萬貴妃的吳皇后。理論上，吳皇后都不是皇后了，在紫禁城裡沒什麼話語權，但放到冷宮裡，就是天神等級的存在。

吳皇后得知這件事後，立即決定出手保護這個孩子。一方面，出於對萬貴妃的報復心理，在冷宮這麼多年，吳皇后明白在女性角度來說她已經一敗塗地，只有孩子能夠撼動萬貴妃的地位。

另一方面，也是為自己之後的生活著想，和張敏一樣，希望押一張潛力股。而事實上，這個孩子之後也確實以對待母親的態度照顧吳皇后，讓她得以安享晚年。

在吳皇后和張敏的雙重照料下，這個孩子一直隱祕而健康地在安樂堂成長著，雖然體質不是很好，但熬過新生兒最危險的頭幾年，安安穩穩地長到六歲。

這段史料記載於《明史·后妃列傳》，按理說應該沒有問題，但張敏的這句話問題比較大，涉及一個技術性問題。朱祐極的出生時間比較確定，根據《明憲宗實錄》記載，朱祐極生於成化五年四月底。這個日期絕對沒有問題，出生當天，禮部就有人上摺子鼓搗著立皇子，奏摺的內容都可以查到。而根據《明史》，朱祐樘生在成化六年（一四七〇年）七月，到成化十一年剛好是虛歲六歲，張敏無論如何都不能說出「上未有子」之類的話，這段歷史相對有點站不住腳。

真實的情況可能是，朱見深在皇太子朱祐極去世後的幾年裡，有意和無意得知自己有一個兒子生活在西苑，當然可能暗中地給予一些照顧。

只是這個孩子的母親紀氏實在上不了檯面，而且有點私生子性質，再加上出於對萬貴妃心理的保護，這件事一直祕密進行，不為人知。很可能當時朱見深還是希望自己冊封的妃子，包括萬貴妃能夠給他生一個名正言順的皇子，安樂堂的這個孩子只是做為備胎來定位。

但到了成化十一年，朝臣們給的壓力實在太大，那時朱見深已經快三十歲。為了「國本」，商輅這群文臣們都快把棺材抬到太和殿勸諫了。

忍無可忍的朱見深決定讓這個孩子站出來，告訴這些文臣們，你們有太子，而且都能做家務了。

肆

當然，皇帝也要面子，這事不能直接說。但消息在朱見深的示意下，很快就傳到外朝。內閣大學士們一聽眼都很紅了，我們終於有太子爺，想讓皇上趕緊冊封。

但這事無法遞摺子，總不能說，皇上，我聽說您有一個私生子，別藏著了，叫出來吧，這絕對不行。關鍵時刻，大明朝神奇的政治體制發揮作用。

那時，汪直這種貨色在太監裡屬於少數派，正常維持政務的還是懷恩手下的司禮監加內閣大學士，內閣裡的人和太監們的關係相當不錯，就把這件事透過太監，報告給朱見深。

朱見深表示我好像聽說有這麼一個兒子，容我打聽一下。到了這一步，大家都心照不宣了。緊接著，就是讓孩子認祖歸宗，必須演一齣父慈子孝的戲。

朱見深讓手下的太監安排好，輕車簡從，來到西苑看自己的孩子。在這之前，太監肯定打點過，紀氏熬了數年，終於有重見天日的一天。她告訴小皇子，如果有一個穿著黃衣服的男人來看你，別猶豫，馬上叫爹。

西苑是個獨立的宮殿體系，朱見深肯定不能直接去安樂堂。第一那是冷宮，不吉利；第二不可能父親去見兒子，得是後者過來拜見。於是，一群太監就替孩子穿上紅袍，用小轎子抬著來見朱見深。

一見面，朱見深把孩子抱在自己的膝蓋上，悲喜交加地哭了出來，說：「我子也，類我。」說這絕對是我兒子，太像了。當時孩子都六歲了，因為沒有舉行過滿月或周歲之類的儀式，從來沒理過髮，保留著「胎毛」。雖然朱見深之前可能知道有這個兒子，但見面確實是頭一回，因此朱見深哭出來，應該是真情流露。

萬貴妃知道這件事後，立刻心生不滿，《明史》說她憤怒地說張敏等太監「群小紿我」，就是罵這群太監不是東西，糊弄老娘。

不過，這裡比較存疑，萬貴妃即使真的不爽，理論上應該不可能說得這麼直白。當時的內閣大學士、兵部尚書尹直寫了一本回憶錄《謇齋瑣綴錄》，可信度比較高。他是當事人之一，透過太監替皇上報告皇子這件事，就是這位兵部尚書。當然，之前這位老大人還編了另一本更有名的書《明英宗實錄》，算是明朝數得出的文史學家。

根據《謇齋瑣綴錄》記載，萬貴妃沒有表現絲毫不滿，而是「具服進賀，厚賜紀氏母子，擇吉日請入宮」，表面功夫起碼做得很好，姊姊妹妹叫得很親熱。但光面子功夫沒用，臣子們需要的是盡快定下皇太子的名分，而首先要面臨的就是孩子的名字問題。

過去對於皇家的族譜有個單獨的稱呼，叫做「玉牒」，由宗人府負責修訂。這個東西既不是玉做的，也不是牒形，而是一套檔案，皇子只有進入檔案，才能算是朱家的人，進而獲得繼承皇位的資格。

不過，這裡出了一點小問題，紀貴妃沒有經過冊封。過去冊封貴妃，群臣要替皇上上賀表，因此對於後宮裡有哪幾位貴妃，大學士都清清楚楚。

朱見深感到有點不好意思，總得找個理由，才能把這件事引出來，不然做為皇上突然拉來一個六歲的孩子，很容易背上「不守禮制」的鍋。恰巧在這個時候，就是成化十一年四月，一天晚上，紫禁城的乾清門突然起火，成為這件事的轉機。

伍

乾清門火災這種事，理論上和地震差不多，都屬於天災人禍，誰都躲不過。古代修宮殿主要用木頭，照明主要用火，燒起來太正常了。但真要是燒起來就很麻煩，說明老天爺示警，臣子得上疏督促皇上有無失德的行為。簡而言之，大臣表示我知道這事不是皇上做的，但你能出來道個歉嗎？

當時朱見深有什麼「失德」的行為呢？俗話說「不孝有三，無後為大」，朱見深都快三十歲，太子還沒個動靜，那不就是最大的「失德」嗎？於是，到了下個月，就是五月，朱見深發了條子給內閣，告訴他們自己有一個孩子，讓他們擬名字。明朝皇室取名字頂多有半個字的自主權，朱見深是「水」，下一代就得是「木」，然後第二個字是「祐」字輩。

好在第一代朱家人（就是朱棣那一輩），用的字不多，取名還比較容易。當時，內閣擬了「福、楷、棨、橥」四個字，都帶「木」（「福」字古字也算「木」字旁），結果都被朱見深退回，很不滿意。看來當爹的還是很在意自家孩子的名字，心想這些大學士取的都是什麼東西。

最後，還是當爹的親自操刀，替孩子取名叫「朱祐樘」，並於五月十九日在文華殿召集群臣，宣布這件事，且把「朱祐樘」這個名字加入玉牒之中。群臣們可是熱淚盈眶，盼了這麼多年，大明終於有繼承人了。再往後就順理成章了，臣子們開始準備上疏，讓皇上冊封太子。

但必須得面對的一個問題，就是萬貴妃的態度。萬貴妃之前看起來比較老實，而誰都明白她在朱見深心中的地位。如果萬貴妃折騰一下，皇太子的冊封拖上幾年都有可能。而且，萬貴妃不是吃素的，在皇子定名前，就放話說紀妃身體不好，要把朱祐樘接到自己身邊撫養。等於攥住朝臣們的命根子，「挾太子以令諸侯」。

人在屋簷下，不得不低頭，關鍵時刻商輅等人服軟了。商輅帶著禮部和吏部的人開會，大家一起遞了一個摺子，名字很響亮，叫做《國本疏》。

直接把皇太子放養給萬貴妃是絕對不可能，文臣們也不傻，等於讓一隻餓了三天的藏獒去照看一隻北京烤鴨，說不定哪天朱祐樘就「意外夭折」。商輅在奏摺後面表示，外面都在傳，皇子的親娘和他不在一起住，不符合人之常情，希望皇上能讓孩子的娘住得離皇子近一點。

朱見深沒什麼意見，畢竟合情合理，就讓紀妃從安樂堂搬西六宮之一的永壽宮，並給予貴妃的待遇。

北京故宮永壽宮

這個地方就很有說法了，永壽宮離後來的養心殿非常近，屬於很靠中心的位置，和東邊的景仁宮名字相對，取自於《論語》的「仁者壽」，差不多是後宮中地位比較高的一個宮殿。

當然，也能推斷出萬貴妃所居住的昭德宮，距離乾清宮應該不會太遠。商輅的奏摺裡講的是「就近居住」，應該是緊貼著永壽宮，很可能是後來翊坤宮或儲秀宮的位置。

一切似乎都按照商輅等人的安排，有條不紊地往前走著。只不過商學士做為首輔，能夠稱量天下，卻看不透紫禁城的深淺。沒過幾天，就是成化十一年六月，剛住進永壽宮不久的紀妃，離奇暴斃。

紀妃的一生，堪稱悲劇。這個廣西女子從小就面臨著家破人亡的兵禍，千里迢迢地被抓到北京，生子前後又備受折磨，最終也因為這個孩子丟掉性命。對於她而言，可能人生最幸福的一刻，就是和「渣男」朱見深的一夕之歡。只可惜，紫禁城裡有時不適合戀愛。

陸

紀妃一死，大臣們的汗都流下來了。雖然沒有任何證據表明她是被人害死的，但大家都不傻，五月住進來，六月人就沒了，後宮是萬貴妃的地盤，妳說沒問題誰信呀！《明史．后妃列傳》的說法就是「或曰貴妃致之死，或曰自縊也」。有人說萬貴妃出手，有人說是紀貴妃自殺，反正都是非正常死亡。

這個說法在當時的臣子裡就很有市場，《謇齋瑣綴錄》說：「一時城中傳言病卒之故，紛紜不一，蓋不能無疑。」但這事臣子們確實無法說話，之前《國本疏》都快把萬貴妃誇成觀音菩薩，現在總不能對皇上說，您這妃子不可靠，是否給孩子換個後娘。

這麼一來就左右為難了，皇上能答應給名字就不錯了，總不能真插手帝王的家事吧。「莫須有」的罪名在中國歷史上出現過很多次，但真要拿這種事去潑萬貴妃髒水，很可能會被朱見深千刀萬剮。

這個時候，仁壽宮裡的周太后忍不住了，老朱家就這一棵苗，真要折在萬貴妃手裡，她都沒有臉去見列祖列宗。周太后打著疼孫子的名義，很霸氣地對朱見深說：「以兒付我。」光明正大地把朱祐樘接到仁壽宮，親自撫養，等於朱祐樘從小是跟著奶奶長大。反正周太后和萬貴妃年紀差不多，真要站在一起還說不準誰更像隔代親呢。

從此之後，周太后就像防賊一樣防著萬貴妃對孫子下手。有一次，萬貴妃叫朱祐樘去吃飯，這種事朱祐樘無法推辭，否則會被人說「目無尊長」，只能去。臨走前，周老太后特別叮囑孫子「無食也」，沒事別吃後娘給的東西。

朱祐樘去了萬貴妃那裡，菜一端上來，就說自己吃飽了；不吃菜，喝口湯總行吧，不喝，說裡面有毒。萬貴妃一肚子氣，等朱祐樘出去以後說，這小子現在就和我搞這個，以後還不拿我當魚肉一樣收拾（是兒數歲即如是，他日魚肉我矣）。

萬貴妃有點杞人憂天，您比皇上大了快二十歲，被「魚肉」的可能性非常低。雖然這個史料是正史，但也不是很符合邏輯，朱祐樘就是再不懂事，從小在安樂堂那種環境下成長，又經歷母親去世，不太可能說出這種話。真正有危機感的是萬貴妃身邊的那些太監，一朝天子一朝臣，真要是改朝換代，這些平時給萬貴妃辦事的人很可能會被清算，必須得早做準備。

成化十一年十一月，朱見深以英國公張懋和大學士商輅為正副使者，赴文華殿行冊封禮，昭告天下。到這一步，朱祐樘的太子之位才算穩定下來。

父子藝術家

朱祐樘的身世命運，恰如成化後期的政局，跌宕中有序發展。而回顧歷史，我們不難發現，看似迥異的父子倆，有著頗多相似之處。而對朱祐樘而言，能否對成化年間的政局撥亂反正，將中興之年的勢頭保持下去，將成為這個少年從小就要背負的歷史任務。

壹

歷史上的朱見深，形象不怎麼好。晚年重用宦官，任憑後宮干政，崇信道士和妖術，把歷史上皇上能做的狗屁倒灶事做了個七、八成。

不過透過之前所說的內容，我們也許可以慢慢搭建出一個不同於史書的朱見深：有點敏感，但很有底線，對文臣採取用人不疑的態度；很有浪漫主義色彩，但也不乏帝王家的狠辣無情；他對母親極孝順，對萬貴妃也是鍾情一生，無論做人還是為君，朱見深可以被挑剔的地方並不多。

即使拋開政治和家庭，紫禁城裡的朱見深也是一個很有藝術細胞的人。這應該是老朱家一貫的基因，即便是乞丐出身的明太祖朱元璋，也能寫出「夜間不敢長伸腳，恐踏山河社稷穿」這樣的詩句。

從朱瞻基開始，加上朱祁鎮和朱見深祖孫三代，基本上都接受穩定的傳統宮廷教育，琴棋書畫不說無一不通，起碼也是略知一二。朱見深的性格和爺爺很像，對書畫一類的事物非常感興趣，而且很捨得為藝術花錢。

當時，朱見深手底下有一批人叫「傳奉官」，就是不經過吏部，直接由宮裡提拔的官員。主要是一些工匠和文人，當然之前說的裝神弄鬼的道士、和尚們也在裡面，隊伍非常龐大，成化末年到了四千多人，比京城六部衙門裡的官員都多。而「傳奉官」裡有至少數百人是專門負責書畫，很得朱見深寵信。

明朝的畫院藝術到了朱見深時期就達到頂峰，而且，朱見深的書畫造詣相當厲害。現在北京故宮博物院裡藏有一幅《歲朝佳兆圖》，是很難得的佳作，就是朱見深親手繪製，上面還有御筆題詞，堪稱書畫雙絕。

當然，不只是書畫，宮廷日用的瓷器也是如此。我們特別講過宣德的青花瓷，堪稱中國陶瓷史的巔峰，而朱見深自然不能讓爺爺專美於前，得玩出自己的特色。宣德時期發展出很完善的瓷器藝術，到了正統、景泰、天順三朝時，瓷器不大如前。畢竟這個取決於皇家給的經費，那時承天門都懶得修，更別說砸錢給景德鎮，因此當時燒出來的瓷器格外粗糙。

考古學界對這個時期的官窯瓷器有個單獨的名字，叫「空白期」。就是說，這個時期燒出來的官窯瓷器，很多都沒有底款，可見多麼粗糙。但到了成化時期，託朱見深的福，景德鎮御窯廠的腰包又重新鼓起來，不僅全面恢復宣德時期的水準，還推陳出新，將以前冷門的「鬥彩」瓷器發揚光大。

「鬥彩」的「鬥」，現在很多人都解釋為爭奇鬥豔的意思。其實，這是景德鎮人方言裡的話，是添加的意思。「鬥彩」就是添加彩色的意思。等於「鬥彩」不是一個形容詞，而是技術詞彙，意思是瓷器上釉燒成

成化「鬥彩」雞缸杯，北京故宮博物院藏

後，再加上彩繪低溫燒製，必須進兩回爐。

這種瓷器的造價比純粹的青花瓷高很多，《明憲宗實錄》說：「江西浮梁縣景德鎮，有內官監造瓷器，其買辦供給夫役之費，歲用銀數千餘兩……計其所費已敵銀器之價。」可見這種瓷器相當燒錢。《明史・食貨志》也說：「成化間，遣中官之浮梁景德鎮，燒造御用瓷器，最多且久，費不貲。」不難想像成化朝燒造瓷器的規模。

成化最出名的「鬥彩」瓷器，莫過於「鬥彩雞缸杯」。這種杯子是酒杯，和宣德爐一樣，在明代就被追捧。《萬曆野獲編》稱雞缸杯「每對至博銀百金」，比好多官員一年的俸祿都多。現存的雞缸杯數量不到二十個，近幾年在拍賣中拍出二・八億元的天價，轟動一時。

雞缸杯上面繪有雄雞打鳴、雌雞和小雞啄食，這個紋飾的來源，據說是朱見深看到宋朝人畫的《子母雞圖》得來的靈感。從這也能看出來，朱見深從小缺愛，很嚮往家庭生活。

貳

藝術雖然高於生活，但有時還是得來源於生活。對皇帝來說，政治生活才是最高的藝術。只不過當朱見深把藝術細胞放到朝堂上時，可能就無法隨意揮毫了。

現在北京故宮博物院藏有一幅《一團和氣圖》，為朱見深在登基之初的成化元年所作，畫中很有深意。這幅畫畫的是著名的「虎溪三笑」的故事，相傳當年晉朝僧人慧遠有個規矩，送客絕不越過門口的溪水。結果，有一天儒士陶淵明和道士陸靜修連袂來訪，三人聊嗨了，不知不覺就走過溪水，直到叢林裡傳來一聲虎嘯，三個人才反應過來。故事說明了「三教合一」的精髓。

朱見深在這幅畫上親自題字，上面寫著：「合三人以為一，達一心之無二。忘彼此之是非，藹一團之和氣。」意思很明顯，就是希望朝臣們包括內廷盡可能做到和衷共濟，「一團和氣」地把事情做好。

實際上，這可能是朱見深一輩子追求的東西，就是政治上的平衡。他希望能夠透過這樣近乎藝術的政治平衡，把握住底線，從而達到垂拱而天下治，而自己又能有錢有閒地逍遙快活。

不得不說，這樣的理想來自他的爺爺朱瞻基，只不過，成化時期與宣德時期不一樣。宣德時期的「三楊」，對於朱高熾和朱瞻基父子二人的定位，很難用純粹的「食君之祿」來界定，更像是「家臣」或亦師亦友。況且「三楊」都是開國初期的老臣，允文允武，可以直接經過六部，把事情安排得明明白白。

因此在朝政上，朱瞻基完全可以採用「承包制」，反正「三楊」的年紀就在那裡，不存在把持權柄的問題。我們看朱瞻基這皇帝當得很清閒，玩著蟋蟀就把「仁宣之治」辦妥了。

但到了朱見深，就沒這種待遇。土木堡之變後，文臣體系的傳承斷了。因此從天順年間之後，文臣開始以科舉排名做為晉升內閣的主要標準。

當然，「商三元」這種大明朝第一人就不用說了，再除去萬安這種萬貴妃「大侄子」之外，以天順時期和成化早期的內閣大學士為例，我們可以稍微列舉一下。

彭時，之前陪著萬安跪下的那位，正統十三年狀元，和商輅同一批進內閣，真要算起來，升遷速度比商大學士更快。岳正，正統十三年會試第一，是彭時的同年考生，殿試差了點，探花郎，也是「一等甲」。劉定之，正統元年（一四三六年）的會試第一，不幸也是探花郎，成化二年入文淵閣。

從這不難看出來，科舉考得愈好，愈容易簡在帝心，提拔得愈快。

還可以舉出一個反例，就是之前寫《謇齋瑣綴錄》的尹直大人，考了「二等甲」的第九十九名，就差比較多了，所以在成化二十二年（一四八六年）才混成內閣大學士，距離他考科舉都過去三十多年。

這種價值觀發展到後來，甚至有了「非翰林不得入內閣」的說法。表面來看似乎沒什麼大不了，但實質性的問題就是，文臣的權力不再完全來自皇上，而是來自自己的十年寒窗苦讀，以及一種朝堂上下約定俗成的慣例。

最終導致的結果是，「科舉－翰林院－內閣」形成一個穩固的體系，不讓其他人插手。很不幸，皇帝也屬於「其他人」的範疇。

參

閣老和翰林們捆綁是一種制度問題，並非一種結黨行為，這一點，從上朝前的禮儀就能看出來。

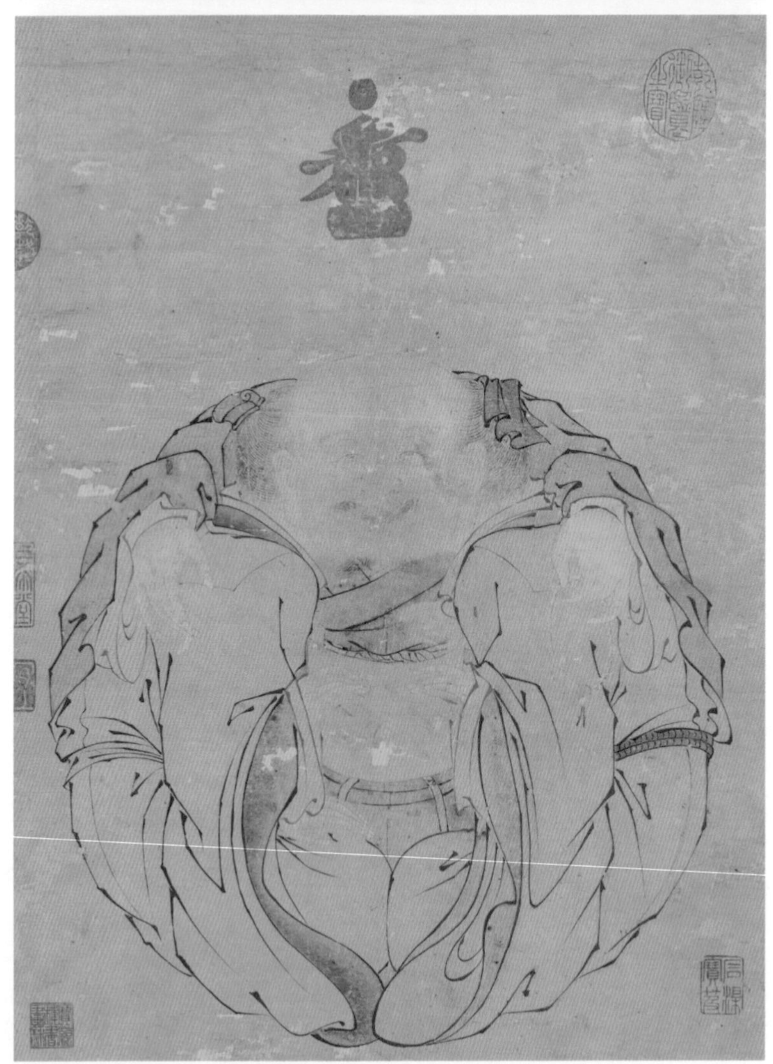

《一團和氣圖》，朱見深繪，北京故宮博物院藏

明代上朝時，有個地方叫值房，位置在午門的右闕門邊。上朝前，臣子們得在這裡候著，等門吏擂鼓通傳時，一起去左掖門，就是午門的偏門，候著入宮。

值房一般有很多間，誰和誰一間很有講究。要是把兵部和禮部扔到同一間，很容易打起來。好在午門兩闕前的廣場，加起來接近一萬平方公尺，除去午門正前方那一帶，光是右闕門一帶也很寬敞，足夠大家分值房。而其中，內閣大學士往往不單獨設立值房，通常和翰林們擠在一起。

這當然是名正言順的，他們本來就是翰林院名義上的最高長官。

翰林院的值房也有規矩，中間的椅子，閣老們肯定當仁不讓，他們身前站的都是翰林學士，剩下的人往南邊站，就是往外站。要嘛說翰林院見官大三級，平時上朝都是和閣老們一起說說笑笑，其他六部主事的影響力，可能不如某個翰林學士的隨口一句話。

朱見深就比較難受了，這幫文臣上朝前，先湊在一起嘟嘟囔囔，還不知道有什麼事瞞著我。因此朱見深別出心裁，把內閣值房刻意安排在錦衣衛值房的隔壁。這招特別狠，等於提醒這群文官說話小心點，隔牆有耳。這也能體現出朱見深的政治思想，透過內廷特務機構的制衡，讓文官們老老實實地做好分內之事，就解釋了為什麼西廠會出現。

藝術家治國的思路很不錯，但很容易出現的問題之一，就是過於理想化。我們知道，明朝的文淵閣是個彈性很大的權力機關。這個機構背後，以「師生」、「同年」和「同鄉」為線索，串連起北京城六部九卿大大小小上百個衙門，甚至包括大明朝兩京一十三省數百個行政區域。

需要解釋這三層明朝官場上很特殊的關係，明白這三層關係，明朝的官場就明白一大半了。

首先是「師生」。這個是最關鍵的，明朝以「程朱理學」治國，「天地君親師」這五項絕對不能違背。

但這個老師一般不是指傳道、授業、解惑的那個，而是指「師」，就是會試上點你試卷的那個人，相當於「錄取恩師」。

這種關係對官場新人來說，簡直就是天然的大腿，不抱白不抱。而閣老們對這些「學生」用起來也非常放心，畢竟「天地君親師」，你背叛了，等於自絕於人類。透過這種關係，閣老們牢牢控制著帝國未來的人才們。

第二項是「同年」。這個更好理解，你和我同一批考中進士，「座師」都是同一人，大家等於師兄弟，肯定要互通有無，其中很可能誕生未來大明官場的中流砥柱。

最後就是「同鄉」。美不美，故鄉水，親不親，故鄉人。那時北京城有一個地方叫做會館，有點像現在的駐京辦事處。但真要論起來，它比「駐京辦」親民許多，他們會提供食宿給進京趕考的貧困學子。自然而然，考上後當官的學生，對家鄉的感情就特別深。何況就算某個學生不缺錢，沒吃過會館的飯，最起碼父母、家人還在家鄉，將來也要歸鄉，總得留幾分面子。

如此一來，家鄉就有很強的向心力。本來是同鄉的考官，共同語言也會比較多，進而形成一種官場力量。

講到這裡，我們已經可以為朱見深的天真默哀了。他要平衡的不是簡單的文淵閣或六部，是要用在短時間內搭建的宦官系統，去和整個明朝的官僚系統對抗。對抗本身不難，難的是平衡。

而宦官系統本身就殘缺，沒有任何典章制度可以遵循，從王振到汪直，加起來沒多少年。當朱見深試圖賦予宦官力量時，這個力量就很容易出格，西廠就是這麼沒的。

成化朝晚年，朱見深一直沒有解決這個平衡問題，由此延伸出一大堆政治黑暗問題。宦官開始和大臣們相互勾結，整個文官系統已經無法獨善其身。

藝術家的苦惱正是來源於此，阿基米德（Archimedes）可以用一個支點舉起整個地球，但朱見深無法把整個明朝官場舉起來。這個艱難而偉大的任務，很可能要留給他的兒子，就是年輕的朱祐樘去做了。

肆

朱祐樘的皇太子之位沒有人們想像中那麼穩當，就在成化朝末年，萬貴妃手底下的一群太監讓她勸說朱見深換太子。朱見深晚年（其實就是三十多歲），可能是萬貴妃放鬆對後宮的約束，朱見深陸陸續續又生了幾個孩子。如果用馬後炮來看，簡直是神一般的操作，要不是有這幾個備選，後世就出大問題了。

當時萬貴妃想選其他妃子所生的皇子去替代朱祐樘，畢竟殺母之仇擺在那裡，再加上周太后在一邊挑唆，這孩子將來非得讓她死後都不得安穩。於是一來二去，萬貴妃就把朱見深說動心了，打算換個太子。

幸虧這時候，大太監懷恩站了出來，冒死諫言，才保住朱祐樘的太子之位。代價比較慘重，懷恩直接被打發到「中都」鳳陽，替朱元璋守陵，等於司禮監沒能逃開亂政的圈子。成化朝的最後幾年，內廷鬧得愈發混亂，和懷恩的離去有直接關係。

成化二十三年（一四八七年）正月，年還沒過完，內廷突然傳來消息，年近六十歲的萬貴妃因病逝世。這件事給朱見深很大的打擊，當時宣布輟朝七天，紀念萬貴妃，這在之前是絕對不能想像的。說白了，他爹朱祁鎮的葬禮估計就忙一、兩個月，一般皇后都沒這種待遇。

萬貴妃的死，讓朱見深的身體垮了下來，說了一句：「萬侍長去了，我亦將去矣。」朱見深就此一病不起。五月時，朱見深還能在午門處賜宴群臣，到八月就有點撐不住，宣布讓皇太子朱祐樘監國理政。

朱見深不愧是藝術家出身的皇帝，臨終之際，很明白自己應該為兒子做點什麼。讓朱祐樘監國前，他強撐著做了三手布局，為自己的兒子鋪好路。

第一手布局就是為周太后上徽號，徽號是一種美稱，屬於花花轎子人人抬的那種。但朱見深給的理由是：「撫育皇太子，進學成身，克諧室家，國本益固。」就是說，皇太子的奶奶撫養他不容易，把他從小養大，就衝著太子爺，替我母親加個徽號，等於名正言順地將太子和太后捆綁在一起，樹大根深，誰都動不了。

第二手就是冊封皇子。之前說了，可能是萬貴妃後期鬆懈，朱見深陸陸續續有了十一個皇子（之前明顯就有問題）。但這些皇子相對年幼，畢竟朱祐樘做為皇長子才不到二十歲。現在朱見深把他們能冊封的全部冊封，等於消除朱祐樘繼位的隱患。

最後一招就是冊封太子妃。朱見深的老爹朱祁鎮很大的遺憾就是沒看見兒子大婚。當然，朱祁鎮沒想到兒子幾個月之內，就有完成「再婚」的成就。朱見深可能也是怕孩子走自己的路，替朱祐樘選好太子妃，並看著他完婚。畢竟在過去，成家才能立業。

這三手布局走下來，朱祐樘的皇位基本上固若金湯。朱見深也算完成歷史使命，沒留下一個爛攤子給兒子。而之後怎麼去完成老爹沒有完成的政治平衡，就是朱祐樘的任務了。

成化二十三年八月底，成化皇帝朱見深駕崩，享年四十一歲。九月，朱祐樘正式繼位，年號弘治，中興的時代還在繼續。

第七章

修修補補三十年

孝治天下

透過老爹朱見深的臨終布局，整個大明朝廷以一種近乎平穩的姿態進入弘治時代。拜老朱家神奇的基因所賜，這是大明朝的第四個少年天子，之前半路「出家」的景泰帝，也是二十歲出頭就榮登「九五」。

朝堂上下每次換皇帝都提心吊膽，生怕年輕人嘴上沒毛，辦事不牢。但很快，人們就意識到，這個從安樂堂裡走出來的孩子，絕對不是簡單的角色。

壹

如果準確地評價朱見深的政治遺產，其實說不是爛攤子也很勉強。只不過，朱見深臨死前神來之筆，操作一翻，把這個爛攤子變得可以收拾。而具體怎麼收拾，就得看朱祐樘的手段。

首先必須處理的就是把老爹留下來的爛攤子，變成自己的爛攤子。「攘外必先安內」，「安內」就得找幫手。於是，朱祐樘先把懷恩從「中都」鳳陽調回來，做為整頓內廷的幫手。

那時懷恩已經風燭殘年，身體很差，但就在生命的最後時刻，他幫年輕的朱祐樘站好了最後一班崗。第一個開刀的，就是遣散那些妖僧和道士。

朱祐樘一直非常厭惡這些裝神弄鬼的人，小時候，內廷的忠誠宦官們也在這方面時不時地勸諫他。當時，他住在周太后的仁壽宮裡，這個氛圍很可能是周太后所打造的。

朱祐樘身邊有個老太監叫覃吉，經常提醒他，被年幼的朱祐樘稱為「老伴」（明朝皇帝稱呼身邊的太監為「伴當」）。有一回，朱祐樘在看一本佛經，突然聽到有人說覃吉進來了，驚呼一聲：「老伴來矣。」馬上把書扔到一邊，換成《孝經》。這場面非常有喜感，就好像現在班導一過來，學生把課外小說換成課本一樣。

但覃吉的眼睛可不是一般「班導」能比的，朱祐樘身邊全是這位「老伴」的人。一見面，覃吉就跪下了，刻意問朱祐樘讀佛經了嗎？很明顯就是收到情報。朱祐樘揣著明白裝糊塗，說在讀《孝經》。然後，覃吉意有所指地說：「甚善。佛書誕，不可信也。」佛經都是瞎扯，太子爺您別信這個。

這件事應該給了年少的朱祐樘一個很深的教訓，覃吉這位老太監在當時並不顯貴，但顯然對朱祐樘的成長發揮很大的作用。導致朱祐樘對佛、道有一種天然的反感，進而在道德標準上更接近儒家所講的「仁孝」。

處理了妖僧，接著就是重頭戲，解決內閣和內廷的問題。

內廷最好解決，畢竟懷恩的輩分擺在那裡。何況太監這種存在，原本就是皇權大樹上的一根藤，沒什麼反抗力。再加上朱祐樘對萬貴妃身邊這些人刻骨銘心的仇恨，手底下對他們壓根沒有留情，兩個月，就讓原本跟著汪直混的那些太監捲舖蓋走人。

但對待文官，尤其是內閣，無法這麼做。明朝大體上還算是和士大夫共治天下，內閣不能動不動換人，如果換人，得有個理由。

當時的內閣商輅已經辭官在家，首輔就是萬貴妃的大侄子萬安，天天就知道喊「萬歲」。內閣上下都是萬安這號人物，例如之前說過的尹直，一把年紀上位，除了拍馬屁什麼都不會，連帶著六部也是烏煙瘴氣。當時有「紙糊三閣老，泥塑六尚書」的說法，大家全都不做正事，內廷怎麼吆喝就怎麼做。要是不換這幫人，朱祐樘這皇上就不用當了。好在萬安這種人，永遠不缺少讓別人收拾他的理由。

第一個理由，就是皇上的登基詔書。一般都是內閣首輔幫皇上擬旨，萬安不學無術，在裡面亂寫，禁止官員們提意見。這下把所有官員氣瘋了，大家都知道這是萬安的意思，好人都是你，壞事讓皇帝背鍋，於是說：「過歸於君，無人臣禮。」開始彈劾萬安。過去彈劾官員的奏摺，內閣不能批，必須替皇上送過去，表示「恩威皆出自主上」，等於朱祐樘手裡攢了一堆關於萬安的官司。

第二個理由就比較巧合了。這時候，朱祐樘正好沒事在宮裡閒晃，無意中發現一筐書，打開一看全都是「房中術」，就是小黃書。書的後面寫著「臣安進」，說明是以前萬安拿來給朱見深看的，教唆先皇不學好。朱祐樘就讓懷恩拿著這些小黃書去問萬安：「此大臣所為耶？」意思就是，你一個內閣首輔，天天遞小黃書給先帝爺，合適嗎？萬安一下子跪在那裡，知道自己理虧，這種事往小處說，可以說他有傷風化，不務正業；往大處說，就是進獻讒言，穢亂宮廷，下「詔獄」也不是不可能。但即使是這樣，萬安也只是請罪，還是不想走。

朱祐樘真是好脾氣，要是換成朱元璋或朱棣，光憑萬安當過萬貴妃「侄子」這一條，就夠「瓜蔓抄」誅九族。但朱祐樘比較溫和，就讓懷恩把那些彈劾萬安的摺子，一本一本念給他聽。

在朱祐樘的認知中，一般人早就羞愧地自殺了，畢竟他從小接受的都是「仁義禮智信」這一套，確實沒有遇過萬安這種奇葩。想當年萬大人可是抱著萬貴妃的大腿上位，什麼大風大浪沒見過，只是認罪，死活不走。最後，懷恩忍不了了，直接把萬安的「牙牌」拿過來，讓他走人。

「牙牌」就是入皇城的通行證，京官到了一定級別，都會由吏部給出「牙牌」，一般是象牙製成，方便出入紫禁城。也就是說，「牙牌」是京官身分的象徵，門口的錦衣衛只認「牙牌」不認人。

大明的官場上有這麼一個笑話，說一個京官碰到地方官，地方官講：「我愛京官有牙牌。」就是羨慕京官可以出入皇城，天子門前好做官。京官反手來了一句：「我愛縣官有排衙。」意思就是，你們這些地方官出門有儀仗隊，我們在京城可不敢搞這個，大家誰也別羨慕誰。

懷恩剝奪萬安的「牙牌」，潛臺詞就是讓萬安滾出京城，別說「牙牌」，「排衙」也沒有，老老實實地回去種田吧。萬安一走，樹倒猢猻散，朝廷文官的上層開始煥然一新。這時，朱祐樘需要一批人來領取新的「牙牌」，幫他收拾這個爛攤子。

貳

這時，我們就能看出，經過培訓和沒有經過培訓的太子的差距有多大了。在明朝，一般來說，只要這個太子經過系統培訓，登基後都不太會為人手的問題頭疼，很大程度上得益於一個特殊的機構，叫做詹事府。

正常來說，輔佐太子爺讀書的應該是「三師三少」。「三師」就是太子太師、太傅、太保，「三少」就是太子少師、少傅、少保。這六個職位早在周朝就有，最早肯定是正經八百的差事，例如當年商鞅變法，把太子老師的鼻子割了，那個人的官職就是太子太傅。

但隨著時間的流逝，這些職位慢慢變成虛職，相當於朝廷給的一個榮譽。能當這幾個職位的都是內閣大學士，最起碼也是六部尚書，例如于謙，就是于少保；商輅辭官時，也被追加了太子少保。

既然是榮譽，就必須另外有人教導太子。眾所周知，天底下最有學問的部門就是翰林院，連皇上平時都得聽他們講課。翰林院教導太子肯定沒什麼問題，於是設立一個部門，叫做詹事府，專門負責教導太子。這是個常設部門，位置就在現在的北京東交民巷附近，和當時的翰林院斜對面。那時還有玉河，隔河相望。詹事府的人都是翰林院選出來的，下面設有左、右春坊，以及司經局、主簿廳等幾個部門。

翰林院是個清貴衙門，最高的大學士就是正五品，無法再高了，但直接從五、六品往上提，總覺得有點怪。一般情況下，翰林院的人會經過詹事府過渡，詹事府最高是正三品，和侍郎們相同等級，再往下的左、右春坊大學士也是正五品，大小也能算個中層。

假如沒有太子，詹事府就是一個單純的衙門，替各位翰林老爺們過渡。如果有太子就不一樣了，詹事府的人就會抱團，形成一股從龍之臣的勢力。朱祐樘所借助的，正是這股勢力。

弘治朝的政壇上，非常著名的一句話就是「李公謀，劉公斷，謝公尤侃侃」，說的是當時的三個大學士，劉健、謝遷和李東陽，此外還有一個徐溥。

這幾個人中，徐溥資歷最老，最早是詹事府的左庶子，成化後期做到侍郎。朱祐樘一登基，就把他提升為吏部尚書，負責官帽子，然後進入內閣，等同於首輔，因為很快萬安他們就走人了。

劉健和徐溥是同一批入閣，但他的人生比較順風順水。我們可以把劉健做為典型，去看看明朝高層順風順水的升遷之路。

劉健是天順四年（一四六〇年）的進士，進了翰林院當庶吉士，沒多久，就調到尹直的手底下修書，編寫《明英宗實錄》，那時修書是一件大功勞。等這本書修好了，劉健直接升級為翰林院修撰，被調到詹事府，擔任少詹事，混到正四品，擔任東宮的講官，就是替朱祐樘上課。

到了弘治初年，劉健已經在詹事府打磨許多年頭，一出山，就是內閣大學士兼禮部右侍郎。接著順風順水地做到了弘治十二年（一四九九年），接任徐溥，成為文淵閣大學士，任首輔，位極人臣，加封少傅兼太子太傅。

從這個角度上說，皇帝是太平皇帝，臣子也是太平臣子，劉健的官場生涯簡直太舒適了。前面有老大哥徐溥鋪路，後面有皇帝學生撐腰，自己也是一步一腳印走出來的路，沒有人可以指指點點，這可能是明朝讀書人最夢寐以求的人生。

劉健後面的謝遷和李東陽的人生也差不多，只不過後二者稍微晚一點，到了弘治八年（一四九五年）才進入內閣。謝遷是成化十年（一四七四年）的「解元」加「狀元」，在詹事府一直待到弘治八年。那時候，朱祐樘的孩子朱厚照已經出生，相當於當了兩朝帝師。

而李東陽更強，四歲就被稱為「神童」，被景泰帝朱祁鈺抱在膝蓋上玩。天順八年，比謝遷早了十年，考中進士，年僅十八歲，和現在高中畢業差不多，然後就是翰林院庶吉士，再到詹事府左庶子加侍講學士，要不是太過年輕，三十歲出頭就能進內閣。

某種角度上來說，從「三楊」往下，這可能是明朝歷史上最可靠的內閣班底，而且老中青三代層次分明，彼此絕對不會打起來。詹事府班底的強力接檔，迅速頂替原來的「紙糊閣老，泥塑尚書」，形成一股堅定而開明的政治力量。這股力量對朱祐樘而言，既是一種幫助，也是一種監督。

明朝皇帝的勤政程度，除去朱元璋和朱棣這些「開國一代」以外，基本上可以透過經筵的頻率來判斷。弘治後期，讓朱祐樘可以騰出手來，打理紫禁城的宮廷生活。

參

朱祐樘的廟號是孝宗，很大程度上可以反映他的施政方針。明朝打出的口號就是「以孝治天下」，孔子當年說「孝乎惟孝，友於兄弟，施於有政」不是一句空談。朱元璋建國時，把社會穩定看成第一重要的事情，同時明確把老朱家的「家天下」和國家維繫到一起，因此這個「孝」字，體現的是社會運行的規律問題。

在這個基礎上，皇帝就得是儒家思想的言行代表，最起碼不能做得太離譜，皇帝把「孝」做好了，下面的人自然有樣學樣，進而對所有百姓產生模範作用。而朱祐樘在這方面做的堪稱標竿。

朱祐樘剛登基，思念生母紀貴妃，追封紀貴妃為孝穆皇太后，同時派人到廣西尋訪母親的親人。當然沒找到，紀太后當年是做為俘虜進宮，家人早就死的死，逃的逃，沒有音信。為了表示紀念，朱祐樘特意在廣西桂林設置祠堂，用以紀念。

朱祐樘不僅對逝去的人盡孝，對健在的長輩也是關懷備至。朱祐樘和奶奶周太后的感情非常深。對於朱祐樘來說，奶奶所在的仁壽宮，絕對比自己住的乾清宮更有感情。但等到朱祐樘登基後，周太后就不能再住仁壽宮，她老人家升級了，成為太皇太后。

歷朝歷代的皇室宮殿格局中，絕對沒有把太皇太后居住的宮殿列為定制，畢竟歷史上的太皇太后不多，多少年不見得能碰到一個。再說了，當年朱棣替孫子朱瞻基建「南內」做為皇太孫宮，還能勉強算是一個好盼頭，希望代代皇帝能看見三代同堂。但建太皇太后宮就太離譜了，皇上能天天看見自己奶奶在那裡閒晃。老太太光是白髮人送黑髮人就送兩組，換誰心裡都不舒服。

明代清寧宮，即現在北京故宮博物院慈寧公所在，圖為慈寧宮花園

沒承想到了明朝，不僅盛產少年天子，順便盛產太皇太后。從宣德皇帝朱瞻基後，幾乎每一朝，太皇太后和太后都同時健在。這樣一來就相當尷尬，紫禁城是個框架的規劃，不可能隨隨便便增添建築，而最初修建時，連太后的宮殿都沒有準備，太皇太后更不知道住在哪裡。繼續住仁壽宮，那不太行。仁壽宮本來就屬於六宮序列，太皇太后要是住仁壽宮，皇太后就很難辦了。

雖然朱祐樘的親娘紀貴妃在他幼年時就去世，但成化朝名義上的皇后王氏還在。只不過，當年萬貴妃在後宮太耀眼，以至於不到正經八百的儀式上，大家都想不起還有這麼一號人物。

這位王皇后的人生簡直就是一場悲劇，要是按照一般規矩，估計早在後宮裡鬱鬱而終。沒承想，王皇后非常「佛系」，用《明史》的話叫：「處之淡如。」天天除了打坐就是參禪，靠著這種佛系思想，硬生生熬死了朱見深，把自己升級為皇太后。

既然是皇太后，就得住在仁壽宮，要是連仁壽宮都沒得住，說明皇太后住的連一般妃子都不如。所以，周老太后必須搬出去，替兒媳婦騰出地方。騰完地方以後搬哪裡呢？這是一個問題。

紫禁城就這麼大的地方，往外搬肯定不行。「西內」是冷宮加花園，真要是讓老太太住在「西內」，朱祐樘會活生生被內閣罵死。

「南內」更不行，朱祁鎮一個人把一片宮殿廢了，從景泰朝以後，「南內」再也沒有好好地住過人，囚犯才過去住。何況太皇太后本來就是朱祁鎮的妃子，犯不著過去憶苦思甜。

思來想去，朱祐樘琢磨出一個方法，就是把以前做太子時的東宮讓出來給奶奶住。畢竟都是少年天子，一時半刻沒有太子，就算真有，孩子還小，可以讓他母親先帶著。明朝的皇子都是加冠後才和母親分開，皇家的冠禮再早，也得十二歲以後，太子暫時住不到東宮，房子先給奶奶住沒什麼問題。

這樣一來，規格和禮制上都沒問題，畢竟太皇太后再尊貴，在古代也不能和儲君相比。於是乎，東宮改名為清寧宮，正式掛牌，做為給周太皇太后頤養天年的地方。

肆

周太皇太后在清寧宮一待就是十幾年，在當時絕對是長壽，可能和老太太有點宗教習慣有關係。雖然周太皇太后很反對那些邪教妖僧，但對正統的道教並不排斥，可能從裡面得出一些養生心得。

時間一晃，到了弘治十一年（一四九八年）十月，北京正好入秋，天乾物燥，清寧宮夜裡著火。關於火災的原因，史書沒有記載，這種事可能當時也不好判斷。房子燒了，這不是追責問題，而是經濟問題。除了太皇太后，清寧宮上上下下加起來不如這座宮殿值錢。當然，萬幸的是，老太太沒什麼事。

這件事嚇了朱祐樘一跳，平時他是勤政的皇帝，沒什麼事都會上朝，但這一天派太監到左順門向百官請假，說：「昨夜清寧宮失火，朕奉侍聖祖母，徹旦不寐，今尚不敢離左右，欲暫免朝參，可乎？」翻譯過來就是，昨晚清寧宮著火，我伺候奶奶一宿沒睡，現在不敢離開她老人家，今天的朝會能免了嗎？

從這道口諭上能看出朱祐樘謙和的性格，這麼大的事不上朝，用的還是請求的語氣。別說是皇上，現在學生向老師請假，這話說完老師也得馬上准假，不批就太沒人性了。

劉健、謝遷馬上表示：「宮闈大變，太皇太后聖心震驚，皇上問安視膳，誠孝方切，事在從宜。」您老人家太孝順了，宮裡出這麼大事，怎麼方便怎麼做吧。

當時，清寧宮燒了，沒辦法，就讓太皇太后暫時住到仁壽宮，和王太后擠擠，反正仁壽宮裡不只一個院子。另一邊加緊重修清寧宮，總不能讓婆婆一直蹭兒媳婦的房子吧。

清寧宮的火災到底燒得多麼嚴重，現在已經不可考證。當時，劉健的奏摺提起這場火災，用的說法是「清寧宮之災，為異尤大，臣等目擊，實為寒心」。說這次火災燒得很厲害，可能當時劉健等人在值房裡輪值，親眼看到了，感覺非常害怕。

但事實上是，僅過了一年，清寧宮就修好了。有兩個可能，第一就是火災不是特別嚴重，劉健他們只是看著黑煙滾滾、火光沖天，實際上沒有全部燒掉。第二種可能是清寧宮不是很大，加上朱祐樘特別孝順，不惜一切代價替奶奶修房子，才有如此神奇的施工速度。當然，也可能二者都有。

無論怎麼說，時隔一年，太皇太后又重新搬回自家院子，舒舒服服地安度晚年。一直到弘治十七年（一五〇四年）才去世，享年七十五歲。

周太皇太后逝世後，以孝著稱的朱祐樘開始為安葬祖母的事情煩惱了。這件事不好解決的原因，來自於成化時期。

朱祁鎮遺詔特別注明要和共患難的錢皇后一起下葬。那時周太皇太后還是妃子，母憑子貴而已，朱祁鎮讓她哪涼快哪待著去。但俗話說「縣官不如現管」，朱祁鎮有遺詔，架不住周太皇太后有兒子。到了成化四年（一四六八年）六月，錢太后逝世，周太后女人的嫉妒心發作，死活不想執行朱祁鎮的遺詔，不打算讓錢太后與朱祁鎮合葬在裕陵。朱見深是個孝順孩子，就點了頭。沒想到消息傳到紫禁城之外，臣子們全氣炸了，因為這不合禮數。

首先和錢太后合葬，屬於先皇遺詔，當時朱祁鎮離開沒幾年，你做兒子的就公然違反遺詔，不符合孝道。此外，你父親的正妻，從家族關係上講，你也得叫母后，就好比後來雖然朱祐樘的生母紀太后早逝，但對老爹的正牌皇后王氏一直以太后禮節對待。朱見深不讓「母后」和父皇合葬，這是雙重不孝。

明朝以「孝」治天下，這種例子絕對不能開，大臣們在文華門外跪成一片，而且痛哭流涕表示：「禮之所合，孝之所歸也。」內閣也說得很堅決：「孝從義，不從命。」孝是一種態度，不能老太太說什麼是什麼。

朱見深沒轍了，雖然他做事果決，但也得分什麼事，明目張膽地反對老爹的遺詔，確實不合理，可要是真服軟，母親那邊又確實不好交代。最後折衷一下，在老爹的裕陵兩邊各挖一個墓穴，一個埋葬錢太后，一個為以後的周太后合葬做準備。

即使是二者平等，周太后也不太能接受，就動了點小心思。按理說夫妻合葬墓穴，墓室應該相連，雖然錢太后的墓穴與朱祁鎮的「玄堂（主墓室）」隔得很近，隧道卻堵住了，等於兩人咫尺天涯，不在一個房間裡。

而另一邊周太后的墓室，則早早地打通隧道。不用說都能猜到，這麼斤斤計較的主意，除了周太后本人，沒有第二個人能想出來。

等到周太后下葬時，做孫子的朱祐樘比較厚道，想把另一邊錢太后的隧道開通。這件事看上去比較合理，但朱祐樘心裡彆扭，就去問劉健、謝遷和李東陽等人。臣子們表示，堵上隧道這件事，前朝確實辦得不妥。不過沒辦法，裕陵這種風水寶地講究「地脈」，真要為了這個破壞風水，就得不償失了，朱祐樘這才作罷。

無論是重修清寧宮還是糾結於合葬，都體現出明朝的「以孝治國」在朱祐樘身上絕對不是一句空話，而是對孝道的身體力行。這種孝道在紫禁城中帝王之家的一言一行中體現，並影響到這個國家的每一個角落。儒家的思想在這個時代形成穩定的軸心，帶動著這個國家向前發展。

西邊有「豹房」

弘治帝朱祐樘在紫禁城裡勤勤懇懇地幹了接近二十年，弘治十八年（一五〇五年）五月，駕崩於乾清宮。歷史彷彿又和大明朝開了一個玩笑，一代中興之君，三十五歲就去世了，與其曾祖朱瞻基頗有相似之處。而他的繼承人是否會走上明英宗的老路，則成為大明朝堂上上下下的擔憂。

壹

《明史》對朱祐樘這位老實人的評價是「明有天下，傳世十六，太祖、成祖而外，可稱者仁宗、宣宗、孝宗而已」，這個評價相當高。

除了朱祐樘，其他四個，朱元璋和朱棣父子屬於「開國一代」，肯定可以放開來吹噓。而朱高熾和朱瞻基父子，從小耳濡目染，加上祖輩留下的班底，平穩過渡也不難。只有朱祐樘面對內憂外患，從容地處理局面，造就中興之局。

臨終之際，朱祐樘在乾清宮召見「三駕馬車」：劉健、謝遷和李東陽，以這三人為顧命大臣，留下遺詔，傳位於皇太子朱厚照，並囑託後者「進學修德，任賢使能，節用愛人，毋驕毋怠」。朱厚照當時虛歲才十五，屬於青春期，嘴上沒毛，辦事不牢，所以必須叮囑多讀書。

除去開國那位把太子府當成小朝廷的朱標之外，朱厚照是明朝歷史上位子最穩的太子。他爹朱祐樘就這一根獨苗，連競爭壓力都沒有，從小就知道自己以後肯定是皇帝。何況周太皇太后一直關注皇太子的成長，對這個「隔兩代親」的寶貝，老太太是含在嘴裡怕化了，放在手裡怕摔了。

更絕的是，朱祐樘是個「五好」男人，不光寵兒子，還崇尚一夫一妻制。張皇后（明朝姓張的皇后很多）和朱祐樘是絕對的模範夫妻，相互扶持，很大程度要歸功於朱祐樘幼年時期的心理創傷。

這樣一來，就給了皇太子朱厚照非常良好的生態家庭，往小處說是一家三口其樂融融；往大處說就是四世同堂母慈子孝。如果把弘治皇帝的家庭比做《紅樓夢》的賈府，朱厚照就是比「寶二爺」更得寵的存在。

在這種環境生長的太子爺，不用想也知道是什麼性格，人品肯定很好，畢竟老爹是「孝宗」，幾個老師都是內閣大學士，想學壞也比較難。但是，紈褲子弟大大咧咧的習氣和少年人的衝動必然少不了。

《明史》在涉及朱厚照的這一章，一開始就說這孩子「性聰穎，好騎射」。一聽就非常不科學，明朝從朱棣以後，就沒有喜歡打仗的皇太子。明英宗朱祁鎮不能叫喜歡「騎射」，頂多算是太傻、太年輕，不知天高地厚。

我們看朱厚照之前的幾位，基本上都是藝術家，例如朱瞻基玩爐子，朱見深玩瓷器，哪怕是最艱苦樸素的朱祐樘，也有書畫作品傳世。只能說有些基因確實是隔代遺傳，如果朱元璋和朱棣泉下有知，一定特別喜歡這個「好騎射」的後人。

搞得他的老師們，就是劉健、謝遷、李東陽等內閣大學士非常頭大，一把年紀了，還要當青春期孩子的保姆。以前朱祐樘在的時候問題還不大，真要是有點事，直接找家長；現在他當皇上了，他坐著你得站著，就很難管教了。

一五〇五年五月，朱厚照正式登基，改次年年號為「正德」，正式開啟和老師們鬥智鬥勇的生活。有一個小故事可以看出青春期的朱厚照是什麼性格。

皇上登基，除了大赦天下之外，還有一件重要的事情，就是替先帝下葬，籌備葬禮。但誰也沒想到，就這麼一件流程之內的事情，朱厚照就和大臣們鬧翻了。

正常來說，皇上肯定記不住各種禮節，特別是大婚和下葬這種，禮部尚書都不見得能說清楚。但沒關係，禮部做的就是這一行。正式舉行儀式前，禮部會單獨弄一個奏摺，叫《梓宮發引儀注》，「梓宮」就是先帝的靈柩。這個奏摺很厚，約和一本書差不多，會詳細解釋儀式的各種流程，包含各種注解。

平時皇上都不看這玩意，畢竟字太多了，到時有司禮監和禮部的人帶著做就可以了。朱厚照不光看了，還對其中的章程提出異議。

一般來說，先皇的「梓宮」旁會有一個人捧著「神帛」，就是老百姓所謂的「招魂旛」。禮部在《梓宮發引儀注》的建議是找個駙馬送出去就行，因為「梓宮」要從「三大殿」一直送到承天門外，太遠了。皇上您和後宮們祭拜完後，目送一下就行，歷朝歷代都是這樣。

但朱厚照乾淨俐落地拒絕，表示我要送老爹一程。他要親自拿著「神帛」，從內廷一直出端門、午門。而且是一路走，一路哭，一直送到承天門外，可見朱厚照對老爹是真的有感情。

皇上都到皇城外，百官肯定不好意思馬上走，一幫老臣咬著牙陪著先皇走到德勝門，眼看老胳膊、老腿都快斷了，這才回去。只不過他們都沒想到，這種在皇帝身邊身心俱疲的感覺才剛開始。

貳

朱厚照當皇帝後，馬上開始耍小聰明，天天琢磨著蹺課的事情，就是所謂的「經筵」，能不去就不去。在他爺爺朱見深的時候，皇家的日常功課「經筵」就停滯得很厲害。到了孝宗，重新把這個慣例恢復，皇帝和內閣與翰林院保持一種亦師亦友的關係，溝通起來沒什麼障礙。

但朱厚照還小，體會不到這種師生關係在政治體制中的巨大作用，從小陪著他玩的是一群太監，當皇帝後又和錦衣衛混在一起，這些人伺候他肯定是皇帝想怎樣就怎樣。於是乎，正德皇帝朱厚照開始以各種理由頻繁請假。今天身體不舒服，請假；明天頭疼，不上課了。再到後面愈來愈離譜，直接說天氣太熱，我們放個暑假吧，等天不熱時再開學。

學生不上課，劉健他們的心態亂了。以前先帝爺連奶奶的房子燒了都才請一天假，您這也太隨意了，動不動上奏摺、提意見給朱厚照。

看到這堆摺子，年輕的朱厚照一個頭、兩個大，心想不就是不上課加不上朝嘛，一群老傢伙像天塌了一樣。但明面上還不能得罪這些叔叔、伯伯，怎麼辦呢？惹不起，我躲得起。

朱厚照身邊有一個太監班底，一共八個大太監，號稱「八虎」。這些人就出主意給朱厚照，說我們不在紫禁城住不就行了嗎？另修一處宮殿，想怎麼做就怎麼做，別說不上課，您想上天都可以。

朱厚照一想，覺得沒什麼問題，就在西苑的位置修建一組建築，叫做「豹房」，專門供自己享樂玩耍。

明朝歷史上對「豹房」一直諱莫如深，因為非常不光彩。天子應該住在紫禁城，天天在外面住別墅算怎麼回事，現在能找到關於「豹房」的資料很少。

《明史》的資料是「秋八月丙戌，作豹房」，但對應到《明實錄》壓根沒這件事，顯然被明朝的文臣們刪了。《明會要》倒是講得稍微詳細一點：「正德二年，帝為群閹蠱惑，乃於西華門別構院籞，築宮殿……謂之豹房。」我們大致可以了解，「豹房」應該是在太液池周邊，但再具體就很難說清楚，畢竟後來都拆了。

關於「豹房」這個名字，歷史上一直很有爭議。按這個名字看，總覺得像動物園。《萬曆野獲編》講「西苑豹房畜土豹一隻」，應該是可靠的。但到底是不是「豹房」這個名字的來源就不好說了，這片被稱為「豹房」的建築大約有二百多間，養個豹子能用多少地方。何況朱厚照養的東西太多了，他還養太監，照這麼算，這房子應該改名叫司禮監。

現在有一種新的說法，可能相對更可靠一點，說豹房是阿拉伯語「Ba-Fen」的發音，翻譯過來是「技藝學術研究中心」，聽起來相當有質感。能和這個相佐證的是，明朝正德年間，有許多繪有阿拉伯文字的瓷器，僅北京故宮博物院就藏有二十餘件。景德鎮御窯廠遺址出土的殘片上也有所發現，說明在當時的明朝宮廷裡，確實流行著阿拉伯文字。從這個角度來說，朱厚照被後世不懂外語的文人們狠狠地黑了一把。

參

至於朱厚照為什麼喜歡阿拉伯文，很大程度來自於他對「騎射」的喜愛。

朱厚照對「騎射」的定義可不是武藝高強，而是希望自己能像軍事家一樣掌控千軍萬馬，在草原上把明朝的威風打出來。那時草原上的民族很多都接觸阿拉伯語，朱厚照很有可能提前學習。

只不過，朱厚照的這個習慣在所處的時代基本上不可能實現。明宣宗朱瞻基的時代，皇上還有可能御駕親征，和草原上的人比劃一番，例如朱瞻基就平定過兀良哈。但自從大明朝出了朱祁鎮這個堪稱千古奇葩的「叫門天子」後，明朝文臣們就有了一條絕對不能觸碰的底線，便是皇上不能御駕親征。在紫禁城裡面，您怎麼玩都行，玩過頭了，我們上奏摺提意見，可要是御駕親征，不好意思，得先從我們身上踏過去才行。

那時朱厚照上臺不久，肯定不能直接和大臣們硬碰硬，但過過癮還是可以的。朱厚照從御馬監調集一批軍隊，私下操練，號稱「外四家兵」，還收了很多錦衣衛做為「義子」，賜予「朱」姓。

乍聽感覺皇上收將領做「義子」似乎很荒唐，但在古代軍伍中的確是一件很常見的事情。朱元璋當年在軍隊裡就有許多義子，例如，「靖難之役」的奇葩李景隆，他的父親李文忠就是朱元璋的義子，明朝建國後，才讓他恢復原本的姓氏。

如果沉下心來看朱厚照的很多舉動，雖然看上去不正經，但起碼對軍事絕對不能說一無所知，至少不是朱祁鎮那種大夏天出征的貨色能比的，「紙上談兵」的水準還是有。

有了理論知識，朱厚照就有點不滿足於御馬監的這些小打小鬧。俗話說「姑娘愛花，小子放炮」，天天玩馬多沒意思，有時間把神機營*調出來玩玩火槍才是真的帥。

內閣和兵部壓根不給朱厚照這個機會，連朱厚照養在「豹房」一帶的幾百人都是他用內帑自掏腰包發的軍餉，神機營連想都不用想，絕對不能碰。

這時手下的人就建議了，不就是玩火嘛，玩不了火槍，我們放個鞭炮，點個花燈，不也行嗎？那時北京城不查環保，過年時到處張燈結綵，就屬朱厚照的紫禁城裡的煙火動靜最響，花燈的火光最亮。

---

*編註：明朝京城禁衛軍三大營之一（另外兩營為五軍營及三千營），是專門掌管火器的特殊部隊。

明正德青花阿拉伯文燭臺，北京故宮博物院藏

大臣們一看沒辦法，玩煙火和花燈又不犯法，孩子也不容易，由他去吧。然而沒料到，朱厚照的想像力和敗家程度，完全超乎這些翰林學士們的認知範疇。文臣們覺得你玩個花燈，總不可能把房子燒了吧。

朱厚照則表示，一切皆有可能。《明實錄》記載，朱厚照「自即位以來，每歲張燈為樂，所費以數萬計」，看起來他就是個資深的花燈愛好者，不但會玩，也捨得砸錢。

正德九年（一五一四年）正月，雖然朱厚照平時住在豹房，但過年還是得回紫禁城。皇家過年有著一系列流程，例

北京故宮乾清宮

如在奉天殿大宴群臣，這些都必須在紫禁城才能完成，豹房辦不了這些事。因此朱厚照的新年，包括上元節（元宵節）都是在皇宮裡過。當時在南昌的寧王朱宸濠投其所好，送了一批特別精巧的花燈，朱厚照很高興，就把這些花燈到處懸掛。

這已經是很找死的行為，紫禁城都是木質建築，雖然上百年下來有一套完整的防火設施，但木材怕火是自然規律，燈火通明的背後很容易隱藏著火光沖天。

但朱厚照還覺得不過癮，於是「復於宮廷中，依簷設氊幙，而貯火藥於中」。朱厚照是真有軍人風範，在宮殿的屋簷下弄了一個帳篷，把自己不知道從哪裡搞到的火藥放在裡面。

但凡有點腦袋的都知道後面會發生什麼事，火藥加花燈，旁邊還堆著一堆木頭，這要是不引起火災就有鬼了。這天晚上，乾清宮突發大火，從夜裡一直燒到天明。

著火時，朱厚照正往豹房走，回頭一看，乾清宮著火了。這熊孩子的第一反應居然是很興奮，乾清宮燒了，以後就可以名正言順地住在豹房。他笑著對旁邊的人說：「好一棚大煙火也。」這話要是讓他老爹朱祐樘知道，估計能心絞痛再死一次。當爹的修個清寧宮都心疼得打哆嗦，你放個煙火就把乾清宮給燒了。

那時劉健、謝遷和李東陽等人已經退休，畢竟實在玩不過這位小祖宗。當時的內閣首輔叫楊廷和，知道這個消息後整個人都暈了。乾清宮是皇帝居住的正殿，不修還不行，修的話就得花錢，讓楊廷和相當為難。

楊廷和那時還不知道，和之後發生的事相比，乾清宮的火災頂多算是「開胃菜」，「主菜」還在後面等著呢。

一個名叫楊廷和的男人

正德皇帝朱厚照在歷史上向來以聲名狼藉著稱，很大一部分原因在於，他和文臣階層格格不入的價值觀。在內閣大學士楊廷和等人的期許中，皇帝應該待在紫禁城垂拱而天下治，而朱厚照覺得皇城太小裝不下他，整天琢磨著出去轉轉，讓他和文臣之間產生對抗。

壹

正德九年（一五一四年）把乾清宮燒了以後，朱厚照開始愈發不滿足於豹房，畢竟豹房再好，也比不上戰場上的遼闊天地。他開始頻繁微服出行，在北京城裡閒晃。那時楊廷和忙著籌款重修乾清宮，沒功夫搭理他，反正北京城裡也沒誰能欺負這位爺，逛逛街總比把房子燒了強。

不料到了正德十年（一五一五年），意外發生了。楊廷和的老父親去世，按照明朝的制度，他應該「丁憂」，就是回去為老爹守孝二十七個月。

以前這種情況也出現過，如果是重要的臣子，一般來說皇帝會「奪情」，就是下命令，不許你回家守孝。朱厚照明白，自己能天天在豹房裡不上朝，全指望楊廷和這些人維持朝廷運轉，於是很痛快地下旨挽留楊廷和。

按理來說，這些都是慣例。但誰都沒想到，楊廷和居然被人彈劾，而且彈劾他的人非常剛強，叫「給事中」。「給事中」的官不大，最高的就正七品，但膽子很大，因為這些人是朱元璋特批、可以提意見的人。當年朱元璋怕後世子孫胡鬧，就在午門之外設置「六科廊」。

所謂「六科」，就是對應朝廷的六部。也就是說，「六科」平時上朝的值房和辦公室緊緊相連，而每一科的長官就叫「給事中」。當然，「給事中」不是每科一個人，正職、副職加起來約有三、五十人。

這些給事中平時的權力非常大，不光能對各級官員進行考核，而且不受吏部管轄，以免遭到打擊報復，手裡還有所謂的「封駁權」，連聖旨都可以退回去重寫，屬於「奉祖制罵街」。如此一來，這些人自然養成天不怕、地不怕的性格。景泰初年，在午門打死錦衣衛指揮使馬順，就是給事中先動的手。

這些本來就是專門給人挑刺的官，一看見首輔要「奪情」，不高興了，奏摺像不要錢一樣地送到豹房，瘋狂彈劾楊廷和。他們說這種事不符合孝道，甚至上升到「國家綱常之所繫，天下政教之所關」的高度。

楊廷和受不了這群人，何況這件事從理論上說確實是德行有虧。以前可以這麼做，但從正德朝開始，大臣們教育皇帝，動不動就是你爹怎麼樣，靠的就是一個「孝」字。首輔如果德行有虧，肯定不能服眾。

沒辦法，楊廷和自己上疏，說：「今乞歸守制，不過二十七月之期，況父子之情，幽明無間……伏望陛下俯從禮制。」意思就是，我回去就二十七個月，您不用著急，何況我和我爹確實有感情，回去也是應該的，您還是按規矩走，放我回去待著吧。

朱厚照一看沒辦法，又補了幾個臣子進內閣，放楊廷和回去守孝。內閣是皇上的老師，楊廷和基本上等於班導，他一回家，朱厚照等於放假了，開始不滿足於北京城，打算去蒙古草原上，和自己的假想敵比劃一下。

朱厚照的假想敵叫做「小王子」，這種名字一聽就是代號，屬於代代相傳。那一代的小王子叫做巴圖蒙克，從弘治時期就天天在邊境劫掠。早在朱厚照剛繼位時，小王子就來邊境「打秋風」。畢竟自從土木堡之變後，明朝在草原上碰到少數民族軍隊只有挨打的分，能守住就不錯了，完全沒有還手之力。

朱厚照一直心心念念，打算和這位小王子幹一架。

貳

正德十二年（一五一七年）八月，朱厚照帶著他在豹房裡練出來的隊伍，微服出行，溜出北京，準備從居庸關出長城，和草原上的敵人較量。光從這個時間上來說，朱厚照就比他的曾祖朱祁鎮有腦子，八月是秋高氣爽的時候，正好動兵，不像朱祁鎮六月出去，連口水都找不到。

但朱厚照不是出去玩，幾百人從京城出去，只要不是傻子都反應過來了。當時的大學士梁儲、蔣冕和毛紀等人腦溢血都快犯了，皇上要是有個三長兩短，他們輕則自裁以謝天下，重則被太后誅九族都沒人給他們申冤。

朱厚照和朱祁鎮一樣，張口就讓居庸關的巡關御史張欽把門打開。而御史做的就是罵人的工作，碰上這些人馬，張欽當場就把朱厚照罵了回來，表示「欲親征虜寇，宜先下詔大廷共議」，就是皇上您想和蒙古人打，應該先和群臣商議。然後，又加了一句「必不得已而出，亦宜戒期清道，百官扈從」，就算萬不得已一定需要您御駕親征，也應該找好日子，規劃好路程，讓百官陪您一起出發。

雖然朱厚照不守規矩，但基本的道理還是要講，人家忠於職守，做為皇上也不能說什麼，老老實實地跟著尾隨而來的內閣回去。回去之後的朱厚照表現非常良好，還去奉天殿上朝，表現出一副痛改前非的樣子。只是內閣這幾位打死都想不到，朱厚照「賊心」不死，上朝什麼的全都是拿來做樣子。沒過幾天，他又找機會跑出去了。

這次朱厚照學乖了，張欽是巡關御史，必須沿著長城徘徊，不可能整天在居庸關待著。朱厚照不愧是搞兵法出身，算準張欽巡視的時間，直接溜出去。更絕的是，他連內閣追的路程都算好了，派太監谷大用接管居庸關的城防，把後面的大臣攔住。自己則衝到前線接管軍隊，還給自己封了一個特別霸氣的稱號，叫「總督軍務威武大將軍總兵官」。並且，替自己取了化名，叫做「朱壽」，直接把朱元璋取名的規矩改了。

從上朝麻痺大臣到順利出關，朱厚照充分展示出不為人熟知的軍事指揮才能。換成明朝其他幾位太平皇帝，很可能連宮門都沒出去就被內閣堵回來了。

梁儲、蔣冕等人終於明白，十年寒窗讀的「四書五經」，碰到朱厚照的「瞞天過海」、「暗渡陳倉」這些三十六計壓根不好使，都被後者的智商擊潰。大家想一想，快去西天請如來佛祖，不對，請楊大學士回來，只有「班導」能把這小子治好。

那時，楊廷和剛把二十七個月的守孝期過完。正常來說，想恢復原職，皇上下了旨意，大臣要推辭一番，搞得像劉備三顧茅廬一樣。一方面，表示皇上禮賢下士；另一方面，顯得大臣的高風亮節，大家都是有頭有臉的人，別整天急急忙忙地做官。

本來楊廷和還在琢磨著怎麼推辭，內閣一封八百里加急發過來，說您的學生熱愛祖國，跑到前線打仗。

楊廷和聽到高血壓都要犯了，哪還顧得上禮儀，一把年紀快馬加鞭，跑到前線的宣府。

參

到了十二月，已經能在《明實錄》看到楊廷和抵達宣府的紀錄。一見面，朱厚照就送禮給老師，烤羊腿加銀幣，全都是草原上的東西。讓楊廷和氣到不行，開始上疏「教育」朱厚照。

楊廷和勸的理由非常藝術，那時馬上就過年。按照慣例，皇帝要到南郊祭祀，這是非常重要的禮節。皇上可以不上朝，把政務扔給內閣，但祭祀這種事情，只要皇帝還能動，就必須親自前往。

即使是當年「樂不思蜀」的劉禪，也明確說過「政由葛氏，祭則寡人」。諸葛亮可以操持國家，但祭祀必須是我，可見祭祀這種事情對皇家有多重要。而楊廷和就是用這個理由，勸朱厚照回京。

但這時的朱厚照已經玩瘋了，就在楊廷和來之前，正德十二年十月，朱厚照心心念念的小王子終於出現，並和朱厚照來了一次短兵相接。

當時還是九月底，朱厚照在陽和狩獵，前線突然傳來小王子入侵的消息。朱厚照當機立斷，進駐大同，指揮著士兵和他手底下的宦官與錦衣衛，開始圍剿小王子。

戰術的安排上，朱厚照稱得上遊刃有餘，能群毆絕不單挑，逐漸聚集兵力應敵。最終十月初五，雙方在應州城南打了一仗。這一仗中，朱厚照親自上陣，並取得勝利。

只不過，按照《明實錄》記載，戰果有點不好意思拿出來講：「是役也，斬虜首十六級。」一共斬首了十六個。這個結果肯定有待商榷，畢竟《明武宗實錄》就是楊廷和編的。這個數字一看就很可疑，幾萬人光是踩踏事件都不只死這麼幾個。

何況即使是真實的，這個結果也很了不起，明朝的「斬首」和「殺敵」不是相同概念，而人頭需要辨認，一場仗打完，能夠完整的人頭並不多。

這個戰績和他先祖朱棣甚至朱瞻基等人都無法比，但當時的明朝已經衰落，邊關守軍見到少數民族軍隊都開始打哆嗦，別說斬首，敢出來打的都很少。從這個角度看，朱厚照已經足以自傲了。

有功就得賞，朱厚照一高興，開始替自己升官，加封自己為「總督軍務、威武大將軍、總兵官朱壽」，緊接著又替自己封了一個「鎮國公」的頭銜。

軍功在手，朱厚照的腰桿子就硬了，天天在塞外磨蹭，一直到新年都沒有回去，是在宣府過年。這下等於朱厚照又開闢一個先河，自打正統朝遷都北京城，明朝還沒有哪個皇帝在紫禁城外過新年。即使是當年土木堡之變，朱祁鎮在塞外過年時已經是太上皇了，再往上得追溯到朱棣時期。

但過完年，朱厚照不得不打道回府，宮裡的太皇太后，就是之前被萬貴妃欺負的佛系皇后王氏，於二月駕崩了。朱厚照就是再不可靠，也得回去奔喪，於是在三月回到北京，為太皇太后操辦喪事。

楊廷和鬆了一口氣，本以為這位學生以後能老老實實地在豹房玩耍，別再出去了。但沒想到，這只是楊廷和三年噩夢的開始。

為太皇太后辦完葬禮，朱厚照繼續開始在北方打轉，誰都勸不住，今天去宣府，明天去太原，連著一年多不在北京待著。各路臣子勸諫的奏摺，堆起來都快比太和殿高。但朱厚照不管這個，該怎麼玩還是怎麼玩。以前我爹一輩子沒出過京城，到我這一代，全給補回來了。

關鍵時刻，還是宿敵小王子助攻一把。正德十二年，當了三十三年大汗的小王子，被朱厚照擊敗後英年早逝，年僅四十四歲。次年，消息傳到明朝，無論他的死和朱厚照有無直接關係（高機率是有），但從此之後，蒙古人「是後歲犯邊，然不敢大入」。就是說，從這以後，蒙古族頂多三三兩兩地「打秋風」，再也不敢大舉入侵。

朱厚照很鬱悶，北邊一太平，他這個「總督軍務、威武大將軍、總兵官、後軍都督府、太師、鎮國公朱壽」就沒有用武之地，獨孤求敗，一覽眾山小。再這麼發展下去，他這個「鎮國公」就該解甲歸田，回豹房「養老」了。

然而，就在朱厚照準備「頤養天年」時，南方突然傳來消息，寧王朱宸濠在南昌造反了。

肆

寧王朱宸濠造反，很長一段時間裡就有預兆。只不過在明朝，自打漢王朱高煦以後，藩王造反的成功率就無限接近於零。那時朱厚照在北邊打轉，楊廷和又在四川休假，因此大家都沒在意。

朱宸濠人在南邊，不知道天高地厚，沒把侄子當回事，開始愈發放肆，不但瘋狂地招攬亡命徒和混混組織軍隊，還打劫商隊籌集資金。動靜鬧大了，朱厚照再也不能忍，就在正德十四年（一五一九年）派人訓斥朱宸濠一番，並下令削減他手底下的衛隊。朱宸濠本來手底下的正規軍隊就沒幾個，這一削，狗急跳牆，直接造反。

正常來說，王爺造反這種事對一個王朝來說應該屬於噩耗，但朱厚照一聽馬上就有精神了，心想終於輪到我「大將軍朱壽」登場。

寧王朱宸濠，從老朱家「金木水火土」的名字上來看，他比朱厚照大兩輩，當年他曾祖父和朱棣一起「靖難」。從輩分上講，這場造反屬於爺爺輩打孫子輩。但要是真打起來，就反過來了，朱厚照好歹是和小王子動過刀槍的人，打寧王比打自己的孫子容易。朱厚照一副唯恐天下不亂的樣子，開始籌集糧草，且緊急加封自己為「威武大將軍朱壽」，準備御駕親征。

這時候，南方突然發來八百里加急，一瓢冷水潑在朱厚照頭上。名叫王守仁的官員淡定地表示，已經把寧王擺平了，您繼續在豹房樂呵呵吧。

王守仁這個名字，我們在高中歷史課本學過，號「陽明」，世稱「王陽明」，「心學」的集大成者，被稱為儒家的「聖人」之一。但很少有人知道，儒家聖人的標準是「立德、立言、立功」三不朽，能被稱為「立功」的，一般都很能打。

王陽明是標準的「官二代」出身，老爹做過禮部侍郎和南京的吏部尚書，算半個帝師。王陽明於弘治十二年就中了進士，朝堂上除了叔叔就是伯伯，關係很硬。

和朱厚照很像的是，王陽明打小就是個「軍迷」，喜歡打仗。但他的條件比朱厚照強多了，畢竟沒有紫禁城擋著。十幾歲時，王陽明就跑到關外勘察過地形。

到了正德朝，王家開始走霉運。正德的頭幾年，當時朱厚照忙著在豹房練兵，朝政被「八虎」之一的劉瑾劉公公把持。內閣的奏摺送到宮裡，朱厚照一般不看，全交由劉瑾的司禮監處理批紅，於是劉瑾成為當朝第一號紅人。

其中自然也有朱厚照放任的意思，畢竟自己做甩手掌櫃，得扶植宦官制衡文臣。

關於劉瑾那時在朝中勢力有多強，這裡不贅述了，看一句話就夠。後來的文壇領袖王世貞，在《觚不觚錄》寫道：「文武大臣見王振而跪者十之五，見汪直而跪者十之三，見劉瑾而跪者十之八。」意思就是，劉公公比前輩王振和汪直厲害，文武百官見了他，百分之八十都得跪下。

而王陽明以詩書傳家，父子倆肯定不願跪，剛好屬於剩下的百分之二十。劉公公一看，你不跪是吧，就把王陽明的父親王華打發到南京，明升暗降。王陽明更慘，在左順門挨打，被流放到貴州的龍場驛去當招待所管理員。

其實，劉公公沒那麼好心，本來派東廠的人想截殺王陽明。只是他沒讀過聖賢書，不知道儒家能被稱為「聖人」的，一般都很能打，戰鬥力爆表。春秋時期，據說孔老夫子身高一百九十公分，經常帶著劍和別人講道理，領著一群學生能和小國家硬碰硬。

雖然王陽明比不了「孔聖人」，但解決東廠「番子」還是不成問題。他在路上找機會突然跳進江裡，乾淨俐落地擺脫劉公公派來的殺手，順順利利地到達貴州龍場，順便悟出前無古人、後啟來者的「心學」，文武兼修，成為一代「聖人」。

後來，朱厚照覺得劉瑾實在不可控制，就隨手滅掉他。而那些被劉公公打壓的臣子們，自然被重新提拔。王陽明被派到南方，專門負責剿滅農民起義。

明朝到了正德時期，土地兼併已經很嚴重，加上南方不像現在開發得那麼完善，很多地方都有矛盾，百姓造反問題一直很讓朝廷文武百官頭疼。不過，這些頭疼的人裡面顯然不包括「王聖人」，他老人家一貫主張「破山中賊易，破心中賊難」，打這些造反的山民像玩一樣，人家思考的是星辰大海。

寧王造反時，王陽明剛接到任務，要去福建平叛。那時福建的路不好走，要從江西經過。走到南豐時，當地官員向王陽明舉報：寧王要造反。王陽明非常明白一個王爺的破壞力遠大於一群農民，於是當機立斷，就地籌集軍隊，直接在江西平息這場叛亂。

當時，朱宸濠在手下的建議下，已經帶兵進入長江，拿下九江，即將逼近南京。王陽明看出朱宸濠是個角色，二話不說，帶兵從後面把寧王老家南昌抄了。朱宸濠如果那時狠一點，拿南京換南昌，怎麼都不虧。但就像王陽明預料的，他沒這個腦袋，第一反應就是回去守家。最後結果就是，朱宸濠在水上中了埋伏，被王陽明用小船火攻的計策打得丟盔卸甲，連王妃都死了，自己被抓個正著。

打了勝仗的王陽明不愧是「聖人」，腦袋迴路非常清晰，第一反應不是慶功，而是趕緊上摺子給朱厚照，讓這位祖宗別來了，從北京一路過來勞民傷財，沒必要。

況且王陽明說的話很漂亮，絲毫不居功，自稱是「奉威武大將軍方略討平叛亂」。意思就是，我是按照您「威武大將軍朱壽」的策略打，沒什麼了不起。現在亂子平定，您老別過來了，為自己封賞就行。

按照正常人的邏輯，王陽明這一手奏摺可謂相當漂亮，吹捧皇帝簡直到了羚羊掛角無跡可尋的地步，不但讓皇帝過了癮，還達到勸諫的目的，只能說聖人就是聖人，官場修為和戰場應變一項都沒落下。然而，聖人千慮，必有一失。王陽明對朱厚照的奇葩程度估計還是不足，一個能在紫禁城玩火藥的人，能用正常人的標準來要求嗎？

「威武大將軍」對這份嗟來之食非常不屑，指示王陽明把寧王放了，非得興師動眾來南方，要在當年祖宗朱元璋打敗陳友諒的鄱陽湖再和寧王打一場過過癮。王陽明差點被這位爺搞崩潰，交接完俘虜朱宸濠，就去九華山參禪論道，打死不來伺候這位爺。

朱厚照在鄱陽湖上把寧王抓了放，放了抓，像貓玩耗子一樣不亦樂乎。興之所至，又在南方閒晃一圈，沒承想這一晃，樂極生悲了。

伍

打完寧王，朱厚照差不多在南方待了一年左右。他給的理由很充分，南京也是「京城」嘛，六部衙門和建築那時都很完整，正常辦公沒什麼問題。

畢竟是北方的孩子，沒見過水，朱厚照一到江南水鄉就目不轉睛。天天帶著一群太監在南京周圍泛舟，本質上和在北京時的模式很像，政務交給文臣，自己把握一個大致方向，平時做甩手掌櫃。楊廷和等人都明白，皇帝玩瘋了，管不住，反正這樣也不是一年、兩年了，大家都習慣了，總體上朝政還算平穩。

大臣們比較有意見的是，朱厚照的這種玩法太危險，當時的山東監察御史熊相遞了一個摺子，裡面說：「陛下以萬乘之尊，秪挾三五親幸，及一二小舟，宵行野宿，萬一不虞，如太后何如宗社何？」這話說得很直接，翻譯過來就說，皇上您萬聖之軀，平時就帶著幾個人，划著一、兩艘小船到處晃，還喜歡晚上在野外划船，要真有個三長兩短，皇太后怎麼辦？江山社稷還要不要？

朱厚照對這份摺子一置了之，但事實證明，這位監察御史的看法相當有見地，畢竟常在河邊走，哪有不溼鞋。到了第二年（一五二〇年）九月，朱厚照就在積水池（今淮安市清江浦地區）不幸翻船了。

雖然在南方待了一年，但沒哪個近臣敢讓皇上下水游泳，朱厚照一直是個旱鴨子，過去在紫禁城時也不可能在金水河裡玩水。這一落水，後果很嚴重。《明史》的說法是「不豫」，一般出現這個詞，這皇上就離駕崩不遠了。

與之相對應的是，兩天後，大學士楊廷和就宣布班師回京，說明朱厚照很可能已經不能下命令，一行人只能以急行軍的速度回到北京。朱厚照這次落水到底導致什麼後遺症，現在已經很難考證。但從《明實錄》

來看，到了正德十六年（一五二一年）正月，朱厚照已經連正常的過年禮儀都無法進行。

三月十四日，正德皇帝朱厚照以一種彗星隕落的速度，駕崩於豹房，年僅三十一歲。

陸

朱厚照突然離世，把首輔楊廷和搞得差點精神崩潰。

第一個問題，明朝自從遷都後，除了被奪門之變廢掉的景泰帝朱祁鈺，其他皇帝都是在乾清宮逝世。再不濟，自打朱棣駕崩在榆木川後，明朝皇帝都是在紫禁城走完人生最後一程。在中國的文化體系裡，紫禁城是天地的中央，符合《孟子》說的「居天下之廣居，立天下之正位」。現在皇帝不明不白，僅三十一歲就死在紫禁城外的豹房，說出去不僅朱厚照丟臉，首輔也難辭其咎，肯定要背上罵名。

第二個問題更嚴重，朱厚照在位十五年，後世歷史八卦甚至包括《明實錄》都說這位皇帝喜歡強搶民女，天天在豹房飲酒作樂。但很詭異的是，壯年的朱厚照沒有留下子嗣。

這下問題大了，之前所說皇太子屬於國本，但畢竟朱厚照年輕，大家一開始都沒太在意。但朱厚照突然駕崩，所有臣子腦門上的汗都出來了，家國無主，最容易出大亂子。更要命的是，朱厚照是一脈單傳，老爹朱祐樘後面就他一個男孩，不像當年朱祁鎮北狩，于謙等大臣們可以把他弟弟朱祁鈺推上去，而朱厚照身邊連個備選的兄弟都沒有。

中國傳統宗法中，有個很可怕的說法，叫做「絕嗣」。等於朱祐樘這一支血脈，在朱厚照之後就斷絕，必須從旁支血脈中再找一個朱家人繼承皇位。

明朝開國一百五十年，除去土木堡，這也許是最危急的歷史時刻，做為內閣首輔的楊廷和面臨著巨大壓力。他必須做好兩件事：一是盡可能挽回先皇名聲，或者是自己的名聲；二是要保證皇位的平穩過渡。這時已經沒有皇帝，而朱元璋的祖訓明確後宮的張太后不能直接干政，因此楊廷和成為明朝歷史上第一個真正意義上掌握最高權力的內閣大學士。

兩件大事，首輔楊廷和一肩挑之。

第一件事想要盡善盡美比較困難，但好在楊廷和沒打算盡善盡美，只要把眼前這關過了就行。最好的辦法莫過於發布遺詔，遺詔很多時候不是皇帝擬的，而是皇帝之後由新皇帝來擬寫，表示自己的新政符合「孝道」，減輕阻力。現在沒有選好皇帝，楊廷和就自己下筆。

這份「遺詔」裡，楊廷和提出廢除豹房和裡面養的閒雜人員，赦免之前被朱厚照處理的臣子，同時逮捕特務頭、錦衣衛指揮使許彬，順便遣散之前朱厚照所建立的武裝小部隊。一句話，這份「遺詔」把朱厚照以前做的爛事全部推翻。而收到的效果很明顯，《明史》說「遺詔」頒布後，「中外大悅」。

與此同時，楊廷和開始思考皇位繼承人的問題，血緣至少要和朱厚照接近，寧王那種八竿子打不著的絕對不行。挑來挑去，最終楊廷和選定遠在湖北的興獻王世子朱厚熜繼位，理由是「興獻王長子……序當立」。

其實，血緣相近只是原因之一，更深層次的一點原因是朱厚熜的父親興獻王已經去世，不用害怕這個孩子被「太上皇」操控。

確定人選，接著楊廷和親自到午門的左順門前，請示後宮張太后，張太后也認同他的看法。於是，「召興獻王長子嗣位」的說法就被寫進「遺詔」裡，相當於確定繼承人的正統性。

辦完這兩件事的楊廷和，坐在空蕩的文淵閣值廬*，開始以期待未來的心情，等待著新君朱厚熜的來臨。
只是這時的楊廷和不知道，他所等來的，將是明朝一百五十年來的第一奇葩。

* 編註：舊時侍臣值宿之處。

第八章 道君駕到

禮儀之辯

正德十六年四月，一支由禮部和司禮監組成的隊伍來到興獻王府所在的安陸，對年僅十四歲的朱厚熜，頒布他堂兄朱厚照的「遺詔」，宣布他一步登天，從一個旁支的小王爺變成大明朝的新統治者。到底該做一個怎麼樣的皇帝？從安陸到京城的一路上，朱厚熜一直在思考這個問題。

壹

朱厚熜年少老成，事實上，收到遺詔前，他已經提前幾天接到讓他接任興獻王位的旨意，相當於承認他「成年」了，給予繼承皇位的資格。他的父親興獻王朱祐杬是成化帝朱見深的第四子，奶奶邵氏，當初和紀太后一樣，曾經被萬貴妃迫害。朱見深的兒子們很有相似性，都屬於老實人。

朱祐杬也是這樣，自從到湖北安陸，就老老實實地做人，本本分分地做事。畢竟大多數明朝藩王都沒有寧王這麼找死，混吃等死、當個廢物才是人間正道。在這樣的教育背景下，朱厚熜從小熟讀「四書五經」和《孝經》等儒家經典，在禮儀中進退有度，在宗室弟子中算是一枝獨秀。

正德十四年，興獻王朱祐杬因病逝世。那時文武百官都陪著朱厚照在南方玩，順便出席前者的葬禮。在葬禮上，儀表從容、謙遜有禮的少年朱厚熜，留下很好的印象給文臣們，成為日後被楊廷和選中的重要原因。

朱厚熜來到北京之前的三十七天裡，楊廷和毫無爭議是明朝的一把手，無論實際上還是名義上都是。但這三十七天不好熬，一件事處理不好就容易身敗名裂，楊廷和巴不得朱厚熜趕緊進城榮登大寶之座。

從安陸到京城，朱厚熜和前來宣旨的大臣們風雨兼程，不到一個月就抵達了。然而，就在四月二十二日，一群人到京城郊外時，朱厚熜卻停下腳步，死活不走了。

按照楊廷和與禮部尚書毛澄的規劃，朱厚熜進入北京城後，應該從東華門進入紫禁城，接著進入文華殿，繼承大統。表面上聽起來沒問題，如果翻閱《明史》，所有的太子繼位都是在文華殿。

但朱厚熜知道這個流程後不樂意了，當場對手下說：「遺詔以我嗣皇帝位，非皇子也。」什麼意思呢？就是說，自己接手的是皇帝的位子，不是皇太子的位子，沒有「皇太子」這個步驟。

在明英宗回京那一段說過，從東華門入還是從承天門入，是完全不同的兩個概念。

從承天門入，表示是一國之君，走皇帝的路線。我進來之前就是皇帝，你們必須用迎接皇帝回宮的禮儀迎接。而東華門則是大臣們上朝的路線，從這裡進，等於承認自己進入紫禁城時是臣子身分。當年朱祁鎮回宮走的就是這條路，進來以後就是出門左轉直接去面壁了。

以現在的觀念來看，朱厚熜這孩子的腦袋有問題，你管他哪個門進幹嘛，先當孫子再當爺，你進去再說吧。可朱厚熜的政治覺悟很高，他在路上就想通了，從東華門進就是「臣子」，等於和朝堂上各位是「同事」，以後無法服眾。從承天門進，我進來時就是「九五之尊」，你們是跪著目送我進來，絕對不一樣。

兩個門的差距，變成朱厚熜和朝臣們第一次較量的關鍵。朱厚熜非常果斷地表示，大不了皇上我不當，繼續回安陸當王爺。楊廷和心想這肯定不行，「遺詔」都頒布了，要是隨便換人，說不定人家還以為先帝詐屍。

不過，直接點頭也不行，禮部給出的禮儀擺在那裡，總得給朝臣一個臺階下，兩邊就在城門口耗上了。關鍵時刻，後宮的張太后不耐煩了，說：「天位不可久虛。」趕緊讓他進來算了，才解決進門的問題，讓朱厚熜順利進入紫禁城。只是連張太后都沒有想到，這個進門問題會在未來幾年甚至十幾年內持續發酵，演變成在明朝歷史中有深遠影響的「大禮儀」之爭。

貳

進入紫禁城後，朱厚熜如願以償地在奉天殿中登基，定明年年號為「嘉靖」，並主持皇兄朱厚照的葬禮。登基沒兩天，朱厚熜就表示：「朕繼入大統，雖未敢顧私恩，然母妃遠在藩府，朕心實在戀慕，可即寫敕，遣官奉迎。」簡而言之，就是說自己想把老娘接過來，大臣們不在意，那時朱厚熜虛歲才十五，放到現在頂多是個國中生，想母親很正常。

緊接著，朱厚熜又給下面指示，我當皇帝，我爹「興獻王」的說法是不是也得改一改，你們討論一下吧，意思是希望將父母名正言順地稱之為「皇考」和「太后」。這下楊廷和等人不高興了，當時的內閣都是身受弘治、正德兩代皇恩，對年輕皇帝的行為非常不滿，就上諫言說當年唐堯、虞舜都沒有把老爹抬得多高，勸朱厚熜不要老是糾結於頭銜。

事情到了這一步，其實已經升級，從進門的禮節開始，關於名分問題，已經變成朱厚熜和前朝舊臣的競技場，朱厚熜想乾綱獨斷，必須贏下這場仗。但他也知道，一下子把孝宗皇帝朱祐樘這位「大神」掀翻，理論上不可能。人家是正經八百的皇帝，自己的老爹天生就是王爺，朱厚熜無法穿越替親爹逆天改命。要是按此拉扯，一百個朱厚熜也不是內閣的對手，必須有個法理上站得住腳的理由，為父親正名，也是為自己開路。

這時，名叫張璁的進士站了出來，上了一本震驚朝堂的摺子，瞬間解決朱厚熜的理論問題。

張璁當時剛考上進士沒多久，就寫了一封奏摺遞上去。在奏摺裡，張璁破天荒地提出「夫統與嗣不同，非必父死子立也」，主張「統」、「嗣」分開討論。這句話一出，等於把整盤死棋下活了。

「統」就是皇位，這個是國家的公器，而「嗣」則是血緣關係，這兩個不一樣，相當於剝離朱厚熜過繼於朱祐樘的說法，將興獻王朱祐杬的稱呼爭議問題放在「孝道」的高度。

而在這個理論上，張璁不遺餘力地提出：「宜別立聖考廟於京師，使得隆尊親之孝，且使母以子貴，尊與父同。」他想替興獻王朱祐杬單獨立一個祭祀的太廟，讓朱厚熜同時進兩家祠堂磕頭。

稍微解釋一下，皇帝也要主持家族祭祀，從宗法制的角度來說，皇帝屬於皇家大家長。這一支血脈的祭祀場所叫做「太廟」，說得簡單一點就是「皇家祠堂」。

紫禁城的太廟，位置在承天門到午門的御道東邊，就是現在北京市工人勞動文化宮那一帶。皇帝每年都會過去祭祀，畢竟無論是北京的帝王陵還是南京的明孝陵都太遠，一般都是讓駙馬之類的親戚去代天子祭祀。

理論上，從朱厚照這一代繼承大統後，興獻王朱祐杬這一代和皇家就等於「同祖不同宗」，需要單獨設立自己的祠堂去祭祀，從禮法上說無法回歸太廟。而張璁的意思就是不用回歸太廟，我們單獨在北京城裡給興獻王建一個宗祠，單獨祭祀，「統」、「嗣」分開，搞個「雙先皇」的制度出來。這當然很符合朱厚熜的胃口，當即表示「此論出，吾父子獲全矣」。

朱厚熜滿意了，一群文臣全慌張了。首輔楊廷和直接開罵張璁，說他「秀才安知國家事體」，故意嘲諷張璁鄉試多次不中。在文臣們的眼中，天無二日、國無二主，「雙太廟」這種概念簡直太離譜了，畢竟天子無家事，一個人不可能進兩個祠堂拜祭，這是傳統。

唐朝的武則天就是一個例子。

當初武則天做了女皇，本來想把皇位傳給娘家的侄子，結果被宰相狄仁傑罵了回來，說妳見過誰家宗廟裡祭祀姑媽嗎？武則天瞬間沉默，從這以後不提這件事。她知道，武家不可能單獨為她搞一個「太廟」。她要想被後世祭祀，只能在李家的祠堂，武家人進不去。哪怕她就算做了前無古人的女皇帝，都無法和這種深植於人心的禮法對抗。

現在張璁想搞個「雙太廟」，與讓皇上去做「兩姓家奴」沒什麼區別，雖然大家都是朱元璋的後代，但一筆寫不出兩個「朱」字。

兩邊的人開始吵，一邊是至高無上的少年皇帝朱厚熜，加一個還沒當官、僅是進士之身的張璁；另一邊則是氣勢洶洶、誓要維護禮法的前朝老臣，這場戰役中，幾乎不存在和解的可能。

朱厚熜才登基幾個月，很明白「一個好漢三個幫」的道理，自己勢單力薄，肯定比不過這些文臣。於是，他暫時做出妥協，勉強同意稱伯父朱祐樘為「皇考（父皇）」，張太后為「聖母」，親生父母稱為「本生父母」，前面不加「皇」字。而之後不久，張璁被明升暗降，打發到南京做刑部主事。

在楊廷和等人看來，文臣階層似乎取得完全勝利，一切似乎重新平靜下來。但朱厚熜心裡暗暗發誓，這些被朝臣逼迫的屈辱，只要有機會，早晚會讓他們連本帶利地還回來。

參

朱厚熜等這個機會，足足等了三年。這三年中，被打發到南京的張璁沒有閒著，而是開始為朱厚熜準備人手。在他的身邊，聚集一批希望可以借助「大禮儀」一步登天的人，例如桂萼等。

嘉靖二年（一五二三年）年底，桂萼牽頭，加上南京兵部侍郎席書等人，聯合上奏，提出要把孝宗皇帝朱祐樘的稱號改為「皇伯考」，正式把興獻王朱祐杬改為「皇考」，同時把興獻王妃，就是朱厚熜的親娘，以正式的太后禮節對待，將其稱為「聖母」。

這還不算完，畢竟是賭一把嘛。桂萼等人乾脆一步到位，不光要有「號」，還得有「廟」，主張「別立廟大內」，就是在紫禁城「大內」（午門之內）給興獻王建「太廟」。這份摺子一出，等於把停滯三年的「大禮儀之爭」再次推到新的高度。

單從這份摺子來看，張璁、桂萼這些人一看就是六品官出身，連紫禁城都沒進過，居然提出要在「大內」建祠堂。紫禁城建設的規制和格局，在永樂十八年就已經固定下來，朱厚照建豹房都得老老實實地去西苑，你一張口就是「立廟」，總不能把乾清宮拆了吧。

楊廷和心想剛安穩幾年，怎麼又開始鬧騰，就站出來以辭職威脅朱厚熜。

內閣大學士想反對皇上，最直接的方式就是上疏辭職，通常皇上不會批准，不然他們真不在，誰替你打理朝政。這一招明朝歷代內閣都在用，其中數楊廷和玩得最熟練，從正德時期一直用，只是朱厚照打死都不肯批准。

而到了嘉靖朝，辭職就不好用了。朱厚熜心想你不是辭職嗎？那就滾吧！大明朝什麼都缺，就是不缺當官的。轉過年來，到了嘉靖三年（一五二四年）正月，朱厚熜直接用「非大臣道（不符合臣子之道）」的理由批准楊廷和的辭職，搬開這塊橫亙在自己身前的攔路石。

楊廷和一走，朱厚熜更加肆無忌憚，趁你病要你命，直接把桂萼、張璁等人調到北京，任命他們為翰林學士，並批准兵部侍郎席書直接進入內閣，正式形成自己的政治班底。

與此同時，朱厚熜毫不掩飾地表明自己的主張：把孝宗稱為「皇伯考」，並在這個基礎上提出，將父親稱為「興獻皇帝」，去掉父親稱號裡的「本生」二字，理由是「本生對所後而言……實則與皇叔無異」。等於徹底對文臣集團攤牌，服從還是走人，你們看著吧。

沒想到文官集團不樂意了，畢竟從弘治朝開始，就沒見過這種不講理的主，因此硬生生拖著，最後事情拖了幾個月，稱號這件事還是沒有得到解決。朱厚熜有些不耐煩，決定再加一點猛料，快刀斬亂麻，把這件事搞定。七月時，朱厚熜把臣子們叫到午門的左順門門口，準備開個小會。

肆

文臣們去的時候還很歡樂，覺得皇上不到二十歲，還是怕了，一群人有說有笑地過去。沒想到過去後，看見門口站了一個太監，直接宣讀皇帝的詔書給他們聽。詔書裡說，不光皇帝的稱呼要改，連母親的「本生」二字也要改，以前的皇太后張氏，現在改叫「皇伯母」。

大臣們一聽，喪心病狂呀。太后和先皇不一樣，那時張太后還健在，老娘能和「伯母」一樣嗎？何況你這皇位怎麼來的，不正是張太后點頭，才從安陸那個窮鄉僻壤過來嗎？你現在要搞一個太后出來，仁壽宮總不能住兩個太后吧，這屬於忘恩負義呀。別說禮法上，道義上也說不過去。

群情激憤下，年輕的翰林院修撰楊慎站了出來，衝所有人號召，說出那句光耀青史的口號：「國家養士百五十年，仗節死義，正在今日。」他帶著所有官員在左順門跪倒，高呼著「祖宗」，就是太祖朱元璋與孝宗皇帝朱祐樘的尊號，開始號啕大哭，而且哭的聲音很大，據說是「聲震闕聽」。

楊慎這句話喊得非常霸氣，但朱厚熜聽得非常刺耳。楊慎除了是翰林院修撰之外，他的另一個身分是楊廷和的親兒子。正月裡，親爹剛離職；七月，兒子就在這裡喊話，很難不讓人出現聯想。

朱厚熜在宮裡聽得頭都疼了，心想楊慎什麼意思，替你爹出頭？再說了，我這皇帝還在位，你們高呼先皇名號，不就是說朕不尊祖宗嗎？不過，這時朱厚熜還不想和他們徹底鬧翻，先派太監傳口諭，讓他們回去待著。結果，文官們脾氣上來了，不聽。

這回朱厚熜就不客氣了，一聲令下，讓錦衣衛把帶頭的八個人拿下，還把其他人的名字記下來。意思就是，你們等著瞧，我們秋後算帳。沒想到在場的所有人，爭先恐後地要求記名，比發薪水時都積極，這可是博名聲的大好機會，誰走誰是孫子。到最後，錦衣衛的手都快寫抽筋了，加起來記了一百九十二個人名。大臣們被記完名還不走，繼續在左順門門口嚎哭。

紫禁城內外的君臣兩方都明白，現在是刺刀見紅的時候了，誰退，誰就是服軟，等於承認自己在「禮儀」上的理虧，所以一步都不能退讓。但文臣們不知道的是，為了這一刻，朱厚熜準備整整三年。這三年裡，他雖然乾綱獨斷，拒絕太監插手，卻一直在把原本興獻王府的舊臣調入錦衣衛，控制這支宮廷武裝力量。

自從馬順在午門前被大臣們活活打死後，錦衣衛早已經不被文臣們看在眼裡，這些司禮監的狗腿子哪能和提督東廠的太監們相提並論。然而，就在這一天，同樣是在午門前，朱厚熜告訴所有文臣一個道理：武力

北京故宮左順門，後改名為協和門

永遠比話語有力量。

朱厚熜當即下令，直接逮捕四品以下官員一百三十二人，下「詔獄」，隨後對眾人施以廷杖的刑罰。

廷杖就是我們說的「打板子」，只不過朝廷的板子和一般縣衙的不一樣。廷杖的棍子用的是栗木棍，上面包著鐵皮，這是周朝傳下來的路數，孔子解釋為「使民戰慄」，具有警示作用。明朝早年都不用這一招，到了正德朝時，劉公公用的比較多，「聖人」王陽明就在這裡挨過打，也是在左順門的門口。

宮裡的廷杖非常講究，從正德以後，都是脫去下身衣裳，赤身裸體受刑，以示羞辱。更細節的是，廷杖的過程也有「潛規則」。

據說如果傳旨的太監雙腳分開，行刑的錦衣衛就會喊「著實打」。這種一般

沒什麼事，和衙門差不多，一瘸一拐地躺上三個月就沒問題了。如果太監的雙腳併攏，錦衣衛心領神會，就會喊「用心打」。鐵皮包著的木棍，二十杖以內就能殺人。這也是後來為什麼有人訛傳「午門斬首」，因為在午門的廷杖，那是可以打死人的。

毫無疑問的是，這次朱厚熜是下了狠心，太監們一個個雙腳併攏，全都是「用心打」，當場打死十六人。楊慎等人可能比較年輕，沒死，但也被發配邊疆，從此一輩子再也沒有踏進過紫禁城。

伍

「大禮儀之爭」在左順門此起彼伏的廷杖行刑聲中，朱厚熜獲得場面上的完勝。

我們稍微列一下數字，這次事件中，共涉及九卿二十三人、翰林二十二人、六科給事中二十一人、御史三十人，其餘六部官員一百二十二人，整個朝堂，尤其是所謂的「清流」幾乎被完全清洗。不到二十歲的朱厚熜，從此真正掌控政局。而那些幫著朱厚熜說話的，全都藉此雞犬升天。

不到二十歲的朱厚熜天賦異稟，另闢蹊徑，想出文臣之間內部互相制衡的思路。他負責選首輔，首輔負責制衡百官，不聽話的直接「用心打」。這樣一來，「胡蘿蔔加大棒」，整個紫禁城內外全都是皇上一個人說了算。

既然乾綱獨斷，朱厚熜就能盡情做自己想做的事情。第一要解決的就是爹娘的名號問題，這個要是不改，怎麼能說自己贏了呢？其實，改名號很容易，自己寫一道聖旨就行，張璁等人也不敢不點頭，但建太廟這件事就比較麻煩。

明朝皇帝的宗族祭祀分為太廟和奉先殿兩部分，前者是外部祭祀，後者屬於宮內祭祀，位於內廷東邊的景運門之外，就是現在北京故宮博物院鐘錶館所在的地方。朱厚熜為了替老爹立牌位，直接在奉先殿的西邊建了一座「觀德殿」，負責祭祀興獻皇帝。這件事無傷大雅，反正關起門來，朝臣們也看不見。

但太廟就不一樣了，朱厚熜這時已經不再滿足於單獨替老爹立廟，而是更希望讓父親名正言順地進入太廟，享受祭祀。《萬曆野獲編》給的理由是「既別立廟，則與太廟不同，以後子孫世世奉祀不遷」，就是生怕自己死後被人把老爹的廟給拆了。

如果是明朝以前，這件事可能相對好解決。因為以前是「都宮之制」，就是在太廟裡面，一個人一個院子，相對比較好辦，替朱祐杬加一個院子就行。但明朝從朱元璋開始，太廟裡用的是「同堂異室」制度，祖輩輩都在一個院子裡。

這些祖宗排位也有講究，得按照「昭穆制度」，就是中間是始祖，後代依次排開，左昭右穆，同輩的不能在一邊，而且最多擺九個，多了得遷出去。

這回朱厚熜頭疼了，明朝到他堂哥朱厚照，好死不死剛好九個。正常來說，朱元璋不能動，得從朱元璋以下從遠到近地往外搬。

這又是比較尷尬的行為，朱元璋往後是朱棣，但朱棣的這個皇位是從侄子手裡搶來的，要是把他搬出去，朱老四往後的血脈到底正統不正統就很難說了。

這件事非常矛盾，朱厚熜乾脆把太廟改成「都宮之制」，讓裡面同時擺著十座廟（包含太廟本身，祭朱元璋）。其中，他老爹的廟因為沒有廟號，被稱為獻皇帝廟。

即使控制內閣，這件事依舊在朝廷中備受爭議。好巧不巧的是，嘉靖二十年（一五四一年）四月，新修建的廟宇遭遇雷擊，十座廟毀了八個，得重修。嘉靖皇帝是個比較迷信的人，就恢復以前的「同堂異室」制度。這樣一來又回到老問題上，怎麼樣在保留「興獻皇帝」的同時，讓太廟正常地祭祀。

當時的禮部尚書嚴嵩，決定抓住「大禮儀之爭」最後的尾巴，搏一把，就上疏建議把「興獻皇帝」奉為宗，讓朱棣搬出來，改個廟號，以前叫「明太宗」，現在替朱棣加個級別，稱為「成祖」，所以現在稱朱棣都叫「明成祖」，不叫「明太宗」。

名字一聽，我們會感覺「祖」比「宗」高級，其實完全不是那麼回事。你得另加一脈，才能算「祖」。而朱棣這輩子最心心念念的，就是以繼承老爹朱元璋的正統自詡，沒想到一百多年後會被子孫背叛，從太廟裡一腳踢出去，算是一種歷史的諷刺。

有了「明成祖」，朱厚熜可以合理地把父親定為「明睿宗」，光明正大地擺進太廟裡享受祭祀。

陸

太廟的一系列工程，是對「興獻皇帝」朱祐杬「身後事」的處理。而在太廟修建的同時，朱厚熜也在忙著替親娘爭取利益。

北京故宮太廟

關於朱厚熜親娘的名號問題，其實已經解決得差不多，跟著老爹走就可以，即去掉「本生」兩個字，稱之為「興國太后」蔣氏。而以前的太后張氏自然就變成「皇伯母」。確立兩個太后並列的概念後，剩下的問題就是她們分別住在哪裡？

嘉靖之前，明朝已經習慣兩個太后同在的情況。但此一時彼一時，過去的兩個太后是「太皇太后＋皇太后」，輩分很明確，住的宮殿規格很容易解決。就是之前說的，太皇太后住在東邊的清寧宮，而皇太后則住在西邊的仁壽宮，媳婦和婆婆直接隔著一條中軸線，互相不妨礙。看得出來，設計這個思路的弘治皇帝朱祐樘，真的是個居家好男人，把家庭關係把握得太透徹了。

而「興國太后」進宮後，這個事就比較麻煩。張太后無法升級為太皇太后，和現在的「蔣太后」是妯娌關係，只能兩位太后一起擠在仁壽宮。

住的空間肯定沒問題，之前太皇太后周氏在重修清寧宮時，也是和兒媳婦王太后一起住在仁壽宮。但朱厚熜心理彆扭，既然是一個宮殿建築群，肯定有主次之分。論資歷、論年紀，自己親娘都只能住在偏殿裡，肯定不符合朱厚熜「大禮儀」中的言論，他一直想讓親娘蔣太后找個藉口搬出去。

想瞌睡就有人送枕頭，嘉靖四年（一五二五年）三月，就在「左順門廷杖」過去不久，仁壽宮夜間突發火災，兩位太后都沒地方住了。

趁著這個機會，朱厚熜重修兩座宮殿，先是改建之前的清寧宮，並將之更名為「慈慶宮」，給張太后居住。當然，以朱厚熜的小心眼，不可能真把清寧宮全給「皇伯母」。他提出「擬將清寧宮存儲居之地即半，做太皇太后宮一區……以備皇祖一代之制」，就是劃出原本清寧宮的一半地方，明確為太皇太后住的地方，做為固定的太皇太后宮。這樣一來，張太后就處在很尷尬的位置，她不是太皇太后，卻住在太皇太后應該住的地方。

而另一邊，原本的仁壽宮重修，更名為慈寧宮，留給蔣太后住，達到朱厚熜心目中「名正言順」的目的。從此，慈寧宮才算正式「掛牌營業」，成為皇太后的居住之地。親生爹娘都有了合適的地方和頭銜，「大禮儀」的事到此就告一段落。

朱厚熜成功解決所有問題，開啟獨掌朝政的時代。值得一提的是，這時朱厚熜已然掌國二十餘年，在明朝歷史上已經是名列前茅的數字，他很為此得意，但沒想到，在他登基後第二十一個年頭，紫禁城將會用其特有的黑色幽默，和他開一個致命玩笑，從而改變歷史。

壬寅年裡不太平

整肅朝政、罷免宦官、爭論禮儀，事必躬親。嘉靖朝的前二十年，他的舉動還有幾分中興之主的樣子。在他的政治手腕下，內閣首輔像走馬燈一樣更換著，卻各個俯首聽命。他有自信可以超越堂哥甚至「皇伯父」，成為明朝歷史上的一座豐碑。但他的愛好，卻險些令他成為第一個在紫禁城中死於非命的皇帝，淪為千古笑柄。

壹

朱厚熜從湖北來京城時，帶來兩樣「法寶」，第一是他在興獻王府的一批老臣，靠這些王府舊臣整頓錦衣衛，並在左順門前一戰成名；第二則是他對道教的信仰。明朝連續幾代皇帝都不長命，包括朱厚熜的老爹朱祐杬也是壯年去世，他很早就是道教的信徒，希望藉此得以長生。

這個信仰和朱厚熜從小生長的湖北安陸有直接關係，湖北從多年前就盛行道教。當年張三豐在河南地界裡還是少林和尚，進了湖北後悟出太極拳，直接成為道教真人，可見地域文化的影響力還是很強大。

一開始，群臣對皇上這個愛好都不在意，老朱家信這些亂七八糟的也不是一代、兩代了，從朱見深喜歡妖僧，再到朱厚照在豹房帶著一群西域番僧廝混，就連老實人朱祐樘多少都會看道家經書。反正明朝無明確規定，有個限度就可以。但在朱厚熜身上，人們很快發現不是這麼一回事。

看一個人是不是真的有信仰，一般是看他對其他信仰的抵抗程度。哪怕是最開放的儒家，孟子也公然地說出「能言距楊墨者，聖人之徒也」這樣富有攻擊性的話。

明朝以前的皇帝對宗教都是生冷不忌，今天可能信太上老君，明天求如來佛祖保佑，真要趕上什麼事，兩個一起拜都無所謂，很有儒家所謂「無可無不可」的感覺。

而朱厚熜做為道家子弟，旗幟鮮明地對佛教進行攻擊，說佛教「智者以為邪穢而不欲觀」。這就有點直觀了，要不是對道家有真愛，絕對不這麼做。

修道這種事有很多種方式，普通老百姓比較好辦，天天背一背《道德經》，平時養生、靜坐就可以，但皇上要是也這麼做，就有失身分了。

法器要有吧，金的、玉的，最差也得是江西景德鎮御窯廠私人訂製的。煉丹需要材料吧，中國幾千年下來，煉丹早就形成配方，用的都不是便宜貨，就連燒柴都用白蠟。

最關鍵的，修道得有地方吧，總不能天天地在乾清宮打坐。朱厚熜在西苑興建一系列的祭壇等建築，畢竟紫禁城裡空間都滿了。而新增的這些建築，名字乍聽都很好聽，例如嘉靖十五年（一五三六年）在西苑的湧泉亭建了「金海神祠」，嘉靖二十年又準備修建「雷壇」，祭祀雷神，打出的名義是求雨。

修房子是最花錢的一件事，當時的首輔夏言（張璁於嘉靖十四年因病辭官，年紀太大了）也是靠「大禮儀」上位，本來定位是嘉靖皇帝的打手。但既然當了首輔，起碼得算著國庫餘糧過日子，就對嘉靖皇帝提意見，說這玩意太燒錢了，能不能先緩緩。

當時的工部員外郎劉魁在奏摺裡說得很直接：「歲入幾何？一役之費動至億萬。土木衣文繡，匠作班朱紫，道流所居擬於宮禁。」意思就是，大明朝一年稅收才多少？皇上您現在修建這玩意，花費太多，裝修太豪華，何況還讓一群道士在宮廷裡進進出出，不太合適。奏摺一上去，朱厚熜也沒客氣，誰擋我成仙，我讓誰升天，直接把劉魁等人送進錦衣衛「詔獄」，其他但凡有勸諫皇帝修仙的，一律「用心打」，管死不管埋。

沒多久，首輔夏言也被朱厚熜罷掉，而且起因很扯。朱厚熜喜歡在宮廷裡跳大神，這種事一般不會穿著龍袍，都是一身道袍，頭上戴著「香葉冠」。這個是朱厚熜設計的，本質上是道冠，高一尺五（四十多公分），用綠紗製成。可見朱厚熜修道確實生冷不忌，「綠帽子」都往頭上扣。

修道這件事，不僅朱厚熜玩得不亦樂乎，還要求內閣大學士參加。夏言為了上位可以附和「大禮儀」的言論，但堂堂首輔，天天戴個「綠帽子」跳大神，實在是有辱國體，死活不戴。朱厚熜一怒之下，就把夏言罷官，史稱「香葉冠」事件，取而代之的是在「大禮儀」之爭中站出來的嚴嵩。

嚴嵩當時已經六十多歲，古代正常來說，官員七十歲致仕還鄉，像嚴嵩這個年紀早該退居二線。沒想到他老而彌堅，身體和工作狀態都不弱於年輕人，即使是把嚴嵩往死裡黑的《明史》也承認，這老頭「精爽溢發，不異少壯」，有點違反自然規律。最關鍵的一點，嚴嵩是個很會討好皇上的內閣大學士。

例如「香葉冠」，夏言不樂意戴，而嚴嵩不僅欣然接受，連和朱厚熜平時說話都戴著。當時，朱厚熜還要求群臣寫「青詞」。所謂「青詞」，就是皇上今天要搞一個道教的儀式，你們每個人得寫一篇好文章上來，皇上看了滿意，拿到儀式上燒了祭天。明朝不缺文人，可「青詞」這東西實在太噁心，不僅要對仗工整，還得把吉利話用道家語言說出來，我們可以看一下當時流傳比較廣的一段青詞：

洛水玄龜初獻瑞，陰數九，陽數九，九九八十一數，數通乎道，道合元始天尊，一誠有感。
岐山丹鳳兩呈祥，雄鳴六，雌鳴六，六六三十六聲，聲聞於天，天生嘉靖皇帝，萬壽無疆。

這種文字一看就知道，純粹是拍馬屁，很多臣子都不願意寫，能敷衍就敷衍。但嚴嵩卻把寫「青詞」做為頭等大事，比考科舉都賣力，自然討得嘉靖皇帝的歡心，也被人諷刺為「青詞閣老」。在首輔的位子上一做就是二十年，一直到八十多歲還在哆哆嗦嗦地陪朱厚熜聊天，單看年紀，堪稱大明朝的「姜子牙」。

當時的嚴嵩，堪稱權勢熏天，除了在朱厚熜手底下裝孫子，在誰面前都是爺，完美貫徹家有一老，如有一寶。有了嚴嵩把持朝政，朱厚熜終於可以無後顧之憂地專心修道了。

貳

修道是一門學問，從煉丹到做法事，朱厚熜一個都不落下，還為自己封了道號「靈霄上清統雷元陽妙一飛玄真君」，和堂哥朱厚照一個德行，喜歡替自己加職稱。

而「真君」要煉丹，肯定和正常的道士不一樣。當時的道士陶仲文替他開了一個搞笑的方子，讓朱厚熜採集年輕宮女月事初潮的經血，用來煉丹。這麼餿的主意，朱厚熜居然信了，就吩咐下去。

上面動嘴，下面斷腿。那些年輕宮女算是倒了血楣，天天喝露水、啃桑葉，飯都不能吃，稍有不如意就會被打罵至死，連隔壁國家朝鮮所著的《李朝中宗實錄》都記載「因此殞命者多至二百人」，不難想像這些女子的悲慘處境。

哪裡有壓迫，哪裡就有反抗。到了嘉靖二十一年（一五四二年）十月，一個叫楊金英的宮女不能忍了，她覺得死了都比這麼受折磨強，不如殺掉朱厚熜這個魔鬼，一了百了。

做這種事肯定需要人手和計畫，楊小宮女就聯絡一群同鄉女子（都是河北人），大約十來個人，一起做這件事情。計畫很簡單，《明實錄》說「伺上寢熟，以繩縊之」，就是直接拿繩子把朱厚熜勒死。畢竟做為宮女，她們能接觸到的武器實在太少。剩下的就是作案時間和地點的問題，時間比較好確定，十月「壬寅」日，就是二十一日，故而這次宮女起義又被叫做「壬寅宮變」。

地點就存疑了，根據《明史》的說法是「帝宿端妃宮」，雖然無法具體確定是哪個宮殿，但至少是東、西六宮之一。但《明史》是清朝人編的，有點不夠詳細，去各個妃子宮殿裡閒晃是清朝皇帝做的事。明朝通常都是妃子到乾清宮侍寢，所以這件事情應該是發生在乾清宮。

後來，負責審這件案子的刑部官員張合，還在辦案紀錄裡記載當時乾清宮的規制，即「中一間置床三張於房下，左一間置床三張於上，左二間置床三張與下，左三間之上間，又置床三張於上，左四間之下置床三張與下，右四間亦如之。天子隨時居寢，制度殊異」。這串數字能把人繞暈，我們可以稍微算一下，得出的總數就是乾清宮分為上下兩層，加起來共九間房間，二十七張床，皇上想睡哪就睡哪。不過，這個設置應該不是為了防止人刺殺，畢竟朱厚熜沒開天眼。「多寢」這個規則在西周就有，稱之為「天子六寢」。

顯然床多和房間多，只能擋住外人，擋不住這些平時就生活在宮廷的宮女。於是，十月二十一日晚上，十幾個小姑娘趁著朱厚熜熟睡，爬上二十七張床中唯一有人的那一張，把繩子套在他的脖子上，準備將其勒死。

從戰鬥狀態上來說，朱厚熜睡著，小宮女們醒著；從參戰人數上來說，朱厚熜一個，旁邊頂多躺著一個端妃，而宮女們有十幾個人，怎麼看都是必殺的局面。但沒想到這幾位宮女不擅長針線活，打扣打成死扣，玩命地拽，就是沒把朱厚熜勒死。廢話嘛，死扣，這要勒死就有鬼了。再加上當時乾清宮裡黑燈瞎火，宮女們頓時方寸大亂，拿著釵子開始對朱厚熜亂扎一通，看上去滿臉是血，但沒有傷到要害。

小姑娘們都是十幾歲的孩子，很多人受不了這個壓力，再加上有點迷信思想，心想躺在床上這位不會真的是「真君」吧，就開始四散而逃。一個叫張金蓮的宮女跑到皇后方氏所在的坤寧宮，把事情交代了。方皇后撒腿就往乾清宮跑，才把朱厚熜救了過來。

被救下來後，朱厚熜已經昏迷，在床上躺了足足一個月才緩過來。趁著這段時間，方皇后快刀斬亂麻，不僅將楊金英等一群宮女處刑，還順便排除異己，把端妃也牽連進去。等朱厚熜一個月後反應過來時，愛妃已經香消玉殞。

按理說，「修仙」修到宮女起義，正常人怎麼都該反省一下，但朱厚熜反而振振有詞，昭告天下「仰荷天地、祖宗、皇考妣洪庇，百神護佑」，對道教更痴迷了。可能生死關走了一遭大徹大悟，什麼事都不如自己活著舒服。不過，從此，乾清宮甚至紫禁城都不能住了，畢竟有心理陰影。朱厚熜決定搬到西苑太液池以西的永壽宮。也是從這開始，朱厚熜開始不上朝了。「中興之君」自此就消失了，取而代之的是生活在西苑的「道君皇帝」。

參

永壽宮不是新房子，《明實錄》記載：「萬壽宮在西苑，本成祖文皇帝舊宮也。」說明這地方不是朱厚熜建的，應該是當年燕王府的一部分，後來在嘉靖十年（一五三一年）修整，本來沒想常住，結果現在派上

北京故宮御花園天一門

用場。對於朱厚熜長期住在永壽宮這件事，雖然臣子們有所反對，但大多數人保持沉默，主要有幾個原因。

第一個原因就是正統性，後來朱厚熜曾得意洋洋地說：「朕御皇祖初宮二十餘。」說明自己住老家的房子，不違反祖制。大臣們頂多「腹誹」*一下朱厚熜這廝恬不知恥，把朱棣踹出太廟，還好意思住人家的舊宅，實在是不講究。

第二個原因是朱厚熜理直氣壯，我的安全在紫禁城裡得不到保障，你們這些忠臣總不能盼著皇上歸天，所以沒有人敢提這件事。

第三個原因比較簡單，嚴嵩控制著朝堂，朱厚熜手裡的錦衣衛不是吃素的。文的武的朱厚熜都會，真要有不長眼的，直接「用心打」就行。

既然住在西苑，就得好好改造一番。朱厚熜在西苑陸陸續續地增添許多建築，之前的「雷壇」肯定很快修起來，沒過幾年又修建「健佑國康民雷殿」。此外專門用來煉丹的「大光明殿」，就在現在北京的光明胡同那一帶，本來叫「光明殿胡同」，就是因為這個建築而得名。

從這些宮殿的名字不難看出，全是道教風格，可見朱厚熜對道教痴迷到什麼程度。現在北京故宮的很多建築，只要帶著道家元素的，都是在朱厚熜那個時代改名。

例如，御花園內的「天一門」，就是朱厚熜親自定名。最早叫「天一之門」，出自於道家「天一生水」。後來，清朝可能覺得這個名字太愚蠢，就把「之」字刪掉。

還有御花園欽安殿西邊的「四神祠」，也是這位「道君」皇帝搞出來的。整個亭子是八角亭，寓意「八卦」，供奉的是「青龍、白虎、玄武、朱雀」。這四個「神」還算是正常的封建祭祀體系，因此後來沒有拆，現在去北京故宮還能見到。

朱厚熜忙著建房子修道，老嚴嵩就開心了，自從「大禮儀之爭」上位後，他就成為大明朝一人之下，萬人之上了。這世界上第二賺錢的事就是包工程，而第一賺錢的事就是替官方包工程。為了撈錢，嚴嵩把兒子嚴世蕃運作成為工部侍郎，沒多久嚴世蕃又做到工部尚書。爺倆一個接工程，一個幹活，忙得不亦樂乎。

工部本來是冷衙門，但嚴家父子生逢其時。在嚴嵩當首輔的二十年裡，紫禁城將要面臨史無前例的天災人禍，也將極大地考驗這位老首輔統籌的能力和撈錢的本事。

＊編註：在肚腹之中誹謗皇帝，儘管大臣未將話說出口，但皇帝透過自己猜斷，就可以加上此罪名裁罰，展現出皇權專制下的言論控制。

火德星君

從「雷壇」到「大光明殿」，朱厚熜的修道似乎和「火」很有緣分，但在宮廷裡，「火」字等同於最嚴重的災難。如果翻閱紫禁城的史料，會發現很多建築都在嘉靖年間得以重建，原因與當時接連不斷的火災有直接關係。而從「大禮儀之爭」一直到最後的歲月，朱厚熜人生中的每一個腳印似乎都伴隨著火光沖天。

壹

早在嘉靖時期的前二十年，紫禁城裡的火災就沒斷過，天災人禍都有。比較典型的就是太廟和仁壽宮（後來的慈寧宮）的火災，前者純粹是天災，卻為朱厚熜老爹的牌位入太廟掃清道路。而後一場火災很難說清是天災還是人禍，但也讓其母親「興國太后」成功入住皇太后宮。從這個角度上來看，朱厚熜的道號應該是「火德星君」，每次都靠「火」推波助瀾，達到自己的目的。

然而，「火」太旺也不好，至少在嘉靖三十六年（一五五七年）時，朱厚熜應該對此深有感觸。這一年四月十三日，一場突如其來的大火，幾乎把整個紫禁城燒得都差不多了。

《明實錄》難得對這場火災有了詳細描寫：「是日申刻，雷雨大作，至戌刻火光驟起，初由奉天殿，延燒華蓋、謹身二殿，文武二樓，左順、右順、午門，及午門外左右廊盡毀，至次日辰刻始熄。」這場大火足足燒了一天，和當年朱棣新修的「三大殿」被毀一樣，屬於天災，卻遠比上一次更為嚴重。「三大殿」加文武雙樓，再加包括午門在內的十五個門全部毀於一旦。

如果我們馬後炮地分析，裡面多少有一些「人禍」成分。畢竟朱厚熜常年住在西苑，午門以內的紫禁城，平時相對缺乏人手，導致原本發生在奉天殿的火災，直接燒到午門，最後文武百官只能去端門舉行朝會。

要是依照朱厚熜的性子，紫禁城就先不修了，費錢又費力，還不如在西苑多修兩個道觀。不過他也知道這個不現實，雖然他已經很多年不上朝，但紫禁城的功能性還是不能用西苑替代，沒轍，硬著頭皮修，就讓內閣首輔嚴嵩報個預算。

嚴嵩和工部報完預算，朱厚熜聽完急了，說不行，太貴了，給了個指示：「我思舊制固不可違，因變少減，亦不害事。」就給重修紫禁城定下基調，以前該有的制式還是要有，可現在不是共克時艱，稍微降低點標準也可以。

嚴嵩伺候朱厚熜十幾年，聞弦歌而知雅意，馬上在老闆的意思上更進一步，說：「舊制因變少減，固不為害，但臣伏思，做室築基為難，其費數倍於木石等，若舊基丈尺稍一移動，則一動百動。從新更改，俱用築打，重費財力，久稽歲月，完愈難矣。臣愚謂，基址深廣似合仍舊，若木石圍圓，比舊量減或可。」

這話很長，也很複雜，卻非常具有創造性，簡而言之，就是「比舊量減」。

什麼意思呢？過去蓋房子，打地基夯土花最多錢，如果按照朱厚熜所說的縮小規模，就得重新打地基，費時費力。現在嚴嵩想的招數是，不用換地基，就讓它擺在那裡，讓這個平臺保持原樣，反正燒的只是地上建築物，我們直接在這個檯子上縮小規模就可以。

原來的奉天殿，是廣（長）三十丈，深（寬）十五丈，按明代的比例尺換算過來，現在的奉天殿（太和殿），長約二十丈一尺，寬約十一丈七尺。這裡沒有按「公尺」換算，但依然能看出縮的不是一點、兩點，而且沒有像嚴嵩說的那樣「比舊量減」。嚴嵩估計知道朱厚熜不會細看，就沒那麼講究了。

再說得直觀一點，現在去看北京故宮的太和殿，它所在的用一圈漢白玉石欄杆圍著的大平臺，才是原本嘉靖之前奉天殿的大小。現在這個應該屬於迷你版，但依然足以令人感到宏偉和壯觀，可以想像當年明朝的奉天殿是何等氣派。

朱厚熜很贊同這個方案，管他大小，能省錢就是好辦法，指示工部盡快開工。

貳

當時，嚴嵩之子嚴世蕃為了避嫌，已經不做工部尚書，工部交給嚴嵩的乾兒子趙文華。肥水不流外人田，朱厚熜的心裡大致有數，但還是覺得只要活做好就行。

有一天，朱厚熜在西苑爬山（可能是萬壽山），抬頭就看見西長安街上有一套宅子建得非常豪華，比他住的永壽宮氣派，隨口問周圍的人，這是哪家的豪宅。

旁邊的人不敢撒謊，當然也很難撒謊，當時京城沒幾個能修這種等級的宅子，就老實回答：「趙尚書新宅也。」另一個隨從補充：「工部大木，半為文華做宅，何暇營新閣。」就是說，好的材料都給趙文華修新房子，紫禁城那邊修得就慢了。

北京故宮太和殿

朱厚熜怒從中來，不過畢竟修道有成，知道馬無夜草不肥，就把嚴嵩拉到跟前，委婉地表示：「門樓庀材遲，文華似不如昔。」說這小子做事沒以前勤快，讓趙文華休病假，又找個理由，把趙文華削籍為民。

嚴嵩一看沒轍，把自己的小舅子歐陽必進推薦給工部尚書。這位小舅子平時是個發明家，曾發明過「人力耕地機」，按理說主持工部再合適不過。但歐陽必進當時快七十歲，不是誰都能像嚴嵩那樣八十來歲還能和皇上聊天。

一開始，歐陽必進的速度比較快，嘉靖三十六年十月開工，做了一年，午門等建築就修好了。又過了兩年，午門和「三大殿」的房梁也已經處理完成。但到這為止，工程速度莫名其妙地慢了下來，可能是歐陽必進年紀大，拖慢了工程。朱厚熜等得不耐煩，就讓這老傢伙改當吏部尚書，半年後就致仕還鄉。

這次朱厚熜學聰明了，術業有專攻，不讓嚴嵩的嫡系來辦，換了一家「裝修公司」，讓當時的工部左侍郎雷禮和匠人徐杲負責。這兩人都是技術性人才，水準相當不錯，不到半年，紫禁城就重修完畢。朱厚熜非常高興，替兩人加封工部尚書。不過，徐杲屬於榮譽職稱，大明朝能以工匠身分成為二品尚書銜的只有他一位，哪怕是當年重修承天門的蒯祥也不過是工部侍郎。

嘉靖四十一年（一五六二年）九月，歷時四年多的紫禁城重建工程正式宣告完成。朱厚熜很開心，有了替宮殿取名的興趣，大筆一揮，把所有的宮殿名都換了一遍。

《明會典》載：

更名奉天殿曰皇極殿。
華蓋殿曰中極殿。
謹身殿曰建極殿。
文樓曰文昭閣。
武樓曰武成閣。
大朝門曰皇極門。
左順門曰會極門。
右順門曰歸極門。
東角門曰弘政門。
西角門曰宣治門。

除了午門之外，一個沒跑，名稱全換過一遍。現在北京故宮的中和殿（中極殿）和保和殿（建極殿）

裡，還能在銅柱找到「中極殿桐柱」和「建極殿桐柱」的字樣，可見是嘉靖朝之後的遺物。

一開始改名時，嚴嵩等大學士們還在猶豫該不該換，當時給朱厚熜的建議是不換。畢竟其他的宮殿還好，奉天殿應該是從朱元璋時代就定下來的。當年朱棣把首都從南京挪到北京，都沒敢把「奉天殿」的名字換了，後代隨便換難免引起非議。

但「火德星君」朱厚熜顯然沒太把祖宗放在眼裡，振振有詞地說：「太祖名之，成祖因之不更，上天垂示至今已兩矣。」這理由的角度太奇妙了，意思是你看當年太祖朱元璋定名，成祖朱棣沒改，到現在燒了兩次了，為什麼？說明上天看這個不順眼，警示我們兩次，再不換可能還有第三次。

嚴嵩這次不敢搭腔，一方面是他知道朱厚熜的脾氣；另一方面，因為一年前的一件事，他在朱厚熜眼裡的地位已經遠不如從前。

參

嚴嵩的聖眷下滑，是自然規律的問題，也是量變到質變的過程。

嘉靖四十一年，嚴嵩已經八十二歲。人到了這個歲數，很難不服老，更多是靠兒子嚴世蕃出謀劃策，才能把事情辦好。嚴世蕃確實是個人才，擬的旨意都很符合朱厚熜的口味，但他畢竟不可能時時刻刻跟在八十歲的老爹身邊。這樣一來，嚴嵩就時不時犯錯。

最要命的一次發生在嘉靖四十一年十月，朱厚熜日常居住的西苑永壽宮，夜間突然起火。

一般宮廷建築但凡不是天雷地火，起火原因都不太好確定。不過，《萬曆野獲編》對這次火災的起因給了一個說法：「相傳上是夕被酒，與新幸宮姬尚美人者，於貂帳中試小煙火，延灼，遂熾。」翻譯過來就是，朱厚熜喝多了，和後宮的妃子在帷帳中玩煙火，結果不小心失火，蔓延開來，把宮殿燒了。

這件事搞得朱厚熜相當狼狽，有點像當年他堂兄朱厚照玩煙火，順手把乾清宮燒了一樣。不過，朱厚熜顯然沒有堂兄「好大一棚煙火」的童心，等嚴嵩帶著內閣群臣趕到西苑時，朱厚熜正在那裡黑著臉，琢磨著以後在哪裡住的問題。紫禁城屬於心理陰影，肯定不能回去住，朱厚熜等著這些大學士替自己拿個主意。

嚴嵩不知道是老糊塗了還是怎樣，見到朱厚熜，居然建議他遷到南宮。平心而說，確實是個好建議。當時紫禁城的重建工程還是很燒錢，國家已經沒錢了，這句話算是老成謀國的良心話。

嘉靖如果看重良心，早就沒嚴嵩什麼事了。而嚴嵩說的南宮就是「南內」，當年朱祁鎮被囚禁的地方。朱厚熜但凡有一口氣，都不會去住，等於嚴嵩拍半輩子馬屁，最後一下拍在馬蹄子上。

這時，早有預謀且一直隱藏在嚴嵩背影下的次輔徐階挺身而出，大膽地建議「今徵到建殿餘材尚多，頃刻可辦」，就是說重修紫禁城的材料還有剩餘，可以盡快修好。

朱厚熜聽到後非常高興，投桃報李，就把徐階的兒子徐璠提拔到工部做監工。不到一年，新的宮殿就修好了，朱厚熜親自將之改名為「萬壽宮」，並住了進去。他將在這裡度過人生最後的時光。

這次永壽宮的火災，象徵著叱吒風雲二十年的「嚴黨」即將失勢。嚴嵩已然老邁，開始感受到天意和人事的無常。

二十年前，他透過逢迎上意，拱掉自己的老上司夏言，成功上位，沒想到活到最後，居然因為說了一句實話而失去聖眷。而夏言當年堅守原則，不肯戴「香葉冠」，他的學生徐階卻公然提出挪用修建紫禁城的材料來修道觀，以此來討好皇帝。

歷史真是一個車輪，兜兜轉轉，大家都是差不多的貨色。紫禁城重修後沒幾年，嚴嵩就受到兒子嚴世蕃牽連，被迫辭官回鄉，新修的紫禁城裡，已經不再有這位老首輔的位子。嚴嵩離開後，成為首輔的徐階迅速地展開清洗「嚴黨」的行動。

回到家鄉後的嚴嵩，子女被發配邊疆，只能在老家的祠堂裡靠偷吃供品為生，最後八十六歲死在村口的一間草屋裡。他死前留下兩句詩：「平生報國惟忠赤，身死從人說是非。」這位掌國二十多年，死後被列入《奸臣傳》的臣子，一直都認為自己是效忠皇上，沒有錯。

然而，嚴嵩看不到的是，在他死後，他窮盡「忠赤」所效忠的那位君王，也即將倒下。

肆

嚴嵩去世時，朱厚熜已經五十九歲。

在大明朝的皇帝中，朱厚熜絕對算是一個長壽皇帝，大多數皇帝活到三、四十歲就龍馭賓天的比比皆是，他卻無病無災地活到六十歲，足足一甲子。不僅讓很多臣子始料不及，朱厚熜都足以自傲。

歷史上一直有傳言認為，朱厚熜最後的死因是煉丹嗑藥，身體裡毒素積累而死。這個說法可能性不大，煉丹術經過上千年的演變，道士們稍微控制一下，完全有可能替朱厚熜煉出一爐「糖豆」，沒多少人真敢拿著皇上試驗丹藥。

從這個角度看，丹藥不是朱厚熜的死因，真正打擊到這位「火德星君」的，其實是一篇文章，或者是一個人。

這個人的名字叫做海瑞，當時在戶部做小小的雲南清吏司。我們都知道，海瑞是赫赫有名的清官，但很少有人知道，海瑞的清廉在當時就已經名滿天下。

海瑞和之前講過的官員不同，他是舉人出身，從來沒中過進士。這種舉人在地方上可以算得上一方豪強，但放到歷史中簡直不夠看。海瑞最早被分配到南平縣做教諭，相當於教育局長，連個縣令都沒有撈到。但海瑞實在太強，做官毫無汙點，對手下要求特別嚴格，每到升遷時，大家都像送「瘟神」一樣把他送走。導致海瑞的仕途一路以一種不科學的速度起飛，達到很多進士才能做到的六部主事。

進入戶部後，翻閱往年的帳目時，海瑞才真正發現，紫禁城之外的世界，已經腐朽到令人髮指的程度。讓他如鯁在喉，不吐不快。

嘉靖四十五年（一五六六年），海瑞上了一本名為《治安疏》的奏摺，在開頭開宗明義地說：「為直言天下第一事，以正君道、明臣職，求萬世治安事。」緊接著就不客氣了，直接開罵朱厚熜，甚至連「嘉靖嘉靖，家家皆淨」這種民間俚語都說了出來。

朱厚熜氣瘋了，馬上派人要抓海瑞，但身邊的太監哆哆嗦嗦地告訴他：「此人素有痴名。聞其上疏時，自知觸忤當死，市一棺，訣妻子，待罪於朝。僮僕亦奔散無留者，是不遁也。」翻譯就是，這個人天生就是這樣，腦子一根筋，我聽說他上疏時，已經知道自己必死，買了一口棺材，和妻子訣別，在那裡等著，連僕人都遣散了，肯定不會逃。

朱厚熜聽完後沉默了，他這種聰明人明白，「一根筋」的意思就是不會說謊。海瑞說的都是真的，在紫禁城的外邊，一個帝國正在崩塌，而他人生最得意的兩件事——修道成仙和讓臣子互相制衡，都被海瑞在奏摺裡赤裸裸地批判。這抽掉了他內心所有的精神支柱，他感受到衰老和死亡，也許沒有那麼遠。

在人生的最後時刻，朱厚熜感到後悔，他沒有像過去一樣，將海瑞「用心打」，而是把他關進「詔獄」，相當於一種間接保護。同時，他也有意識地遞補內閣大學士，為自己的下一代鋪好道路。

嘉靖四十五年十二月，朱厚熜明白離別的時候到了。在駕崩當日，這位「火德星君」展現出一個帝王最後的責任感。他必須回到紫禁城，回到乾清宮，他不想犯堂兄朱厚照的錯誤，被人嘲笑大明朝的皇帝死在西苑。

《明世宗實錄》記載：「上疾甚，還大內，午時崩於乾清宮。」同時象徵著，年號為嘉靖的「午時」正式結束，黃昏漸漸籠罩在紫禁城上方，開啟一個王朝最後的輓歌與悲涼。

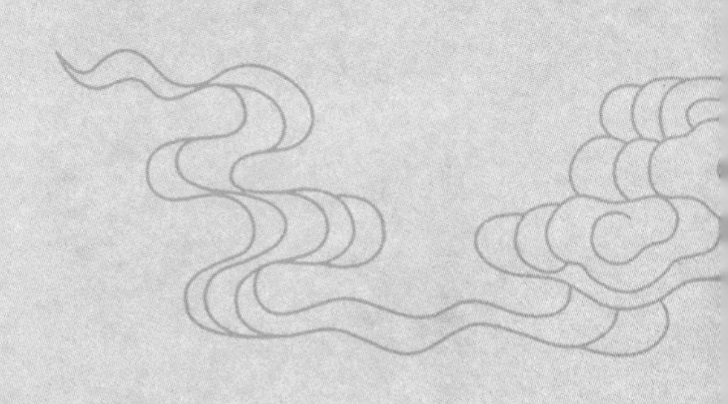

第九章

帝國黃昏

內閣起風雲

嘉靖時期政治的本質，實際上是皇權對政治體系的一種破壞，朱厚熜用多智而近妖的政治手腕，成功對朝堂進行控場。但這種做法導致的後果，被海瑞在《治安疏》講得非常明白，所謂「君道不正，臣職不明」，弄到最後大家都不知道該做什麼了。

而朱厚熜之後，後續的繼承者們顯然沒有這位「真君」的手段，朝政就此開始失控。這時，處在群臣和皇帝之間的內閣大學士就顯得格外重要，他們將在文淵閣的值房裡，上演一幕幕救亡圖存的大戲。

壹

嘉靖皇帝去世當晚，徐階就把宮外的裕王朱載坖請到皇宮裡，開始籌備登基典禮和先皇的葬禮。是的，你沒聽錯，朱載坖那時還是王爺，不算正經八百的太子爺，在明朝的歷史上比較罕見。

朱載坖的尷尬處境，很大程度上緣於他的奇葩老爹。朱載坖在兄弟裡排老二，本來有一個哥哥叫朱載壡，史稱莊敬太子。莊敬太子和朱載坖同時被冊封，但十幾歲時就去世了。

換成以前，頂多讓當爹的傷心一下，又不是沒有備選，換一個不就成了。但朱厚熜非得把這事和道教的陰陽學說聯繫起來，弄了個很扯的理由，叫「二龍不相見」。意思是，皇子是「潛龍」，他是「真龍」，兩龍一見面肯定沒好事，乾脆不見。在往後的幾十年裡，朱載垕除了拜年以外，幾乎見不到親爹。

這種生活導致朱載垕混成後娘養的孩子，雖然名義上是皇儲第一順位繼承人，但真要是走在大街上，遇到三品侍郎都得繞著走。當年最慘時，為了穩穩當當拿到自己的俸祿，甚至對「小閣老」嚴世蕃行過賄。而這種不堪回首的經歷，自然養成朱載垕相對老實、缺乏主見的性格。

一般來說，新皇登基必須有兩道詔書，一是先皇遺詔，二是登基詔，其實都是新君登基寫的，表示自己的施政綱領。但朱載垕哪有什麼施政綱領，他連奏摺怎麼寫都不一定清楚。這時老辣的首輔徐階掏出一份詔書，說皇上不用慌，先皇遺詔在此。

這份「遺詔」寫著：「凡齋醮、土木、珠寶、織作悉罷，大禮、大獄，言事得罪諸臣悉牽復之。」大致意思就是，以前嘉靖朝的工程，全部停止；過去因為勸諫皇帝而獲罪的官員，可以官復原職。

只要不是傻子，都知道這份遺詔絕對和朱厚熜半點關係都沒有，明顯是徐階的意思，完全否定朱厚熜過去做的一切。要是在嘉靖朝時，徐階敢這麼寫，估計就不是「用心打」，直接誅九族都不用商量。

但這份詔書一公布，「朝野號慟感激」，所有人都很激動，徐階瞬間達到堪比當年楊廷和的高度。如果忽略那些因為遺詔而獲利的官員，這份遺詔的前半部分還是很有必要的。

連做為兒子的朱載垕對這份遺詔都沒什麼反對意見，正常來說，這種遺詔屬於打老爹的臉。不過，朱載垕顯然對老爹沒什麼好感，這點從他擬定的年號「隆慶」就能看出來，隆重慶祝嘛，自己帶頭打朱厚熜的臉。而且，光打臉還不解恨，繼位第二天，他就把海瑞從錦衣衛的「詔獄」裡放出來。

海瑞在「詔獄」中得知皇帝駕崩，自己即將獲釋的消息後，沒有感到開心，而是「隕絕於地，終夜哭不絕聲」。或許朱厚熜都沒有想到，自己死後最悲傷的，居然是將他罵得狗血噴頭的海瑞。而與之形成鮮明對比的，則是以重修萬壽宮而獲得寵信的徐階，卻在朱厚熜去世後，迫不及待地拆掉萬壽宮，博得朝野的一片喝彩。

海瑞和徐階，在一定程度上代表當時大明朝堂上的兩種選擇：要嘛堂堂正正卻不被外界理解地做人；要嘛和光同塵，甚至同流合汙地做事，除此之外，別無他法。

如果從另一個角度解讀，也許海瑞所哭泣的正是這樣的一個時代。

貳

俗話說「說莫難於悉聽」，遺詔不是銀子，不可能讓所有人喜歡，也有人對此跳腳大罵，高拱正是其中之一。高拱是當時的「次輔」，在嘉靖末年遞補入閣，成為大學士。朱厚熜把他放進去不是沒有原因，他的另一個身分是朱載坖的老師，等於為繼承人鋪路。高拱的心思很明確，就是衝著首輔的位子去的。

當徐階拿出遺詔時，高拱整個人都傻了。按理說，遺詔不能一個人起草，必須有個商量，內閣裡論地位，除了你就是我，我怎麼一點消息都沒有，所以高拱對徐階很有意見。

高拱的同鄉，內閣另一個大學士郭朴，說得更直接：「徐公謗先帝，可斬也。」意思就是，徐階這老東西辱罵先帝，應該砍了他的頭。這話一聽就立場不正，罵朱厚熜的可多了，你怎麼不嚷嚷著把海瑞砍了。

當然，高拱等人這些話不是完全為了自己。徐階的外號是「甘草國老」，就是指這個人像甘草一樣，讓所有人感到很舒服，還有藥用價值。高拱卻認為現在大明朝得用猛藥才能救過來，老吃「甘草」等於慢性死亡。兩人之間的分歧，本質上是明朝改革方向上的分歧。一個認為應該徐徐圖之，一個認為應該大刀闊斧。兩人之間，只能留下一個，不可能一個人輔助另一個人。

我們做個比喻，徐階這個首輔當得更像是「兒媳婦」，在丈夫和婆婆之間兩頭受氣，還得燮理陰陽，把握好二者之間的關係；而高拱則希望當婆婆，一邊教育皇上，一邊罵文武百官做事情。

正常情況下，徐階應該比不過高拱。高拱在裕王府裡當了九年老師，說得直接一點，他比朱厚熜更像朱載坖的親爹。有這種聖眷在身上，高拱想把徐階踹到一邊，自己唱獨角戲應該是很容易的事情。

但徐階也有自己的底牌，接替嚴嵩上任之初，他就提出所謂的「三還」，即「以威福還主上，以政務還諸司，以用舍刑賞還公論」。意思就是，不爭為爭，我就當個工具人，無論是皇上還是文武百官，都得用著我，因此「甘草國老」很顯然在群臣中更得人心。

這兩人的鬥爭，側面折射出來君權和臣子之間的隱形較量，結果也比較有意思。

徐階先贏後輸，一開始，他靠著言官的力量，透過彈劾把高拱踢出內閣，但隨後引起朱載坖不滿，被迫辭職。而高拱則是先輸後贏，徐階走人後沒多久，就被朱載坖重新起用。朱載坖對高拱採取完全放任的政策，支持他搞一系列變法。

嘉靖朝之後，明朝最關鍵的問題就是，國家財政接近枯竭，全都被拿來修道觀、建房子。換句話說，明朝這臺國家機器，雖然各個部件還算完好，但已經沒油，急需增加新的財富，高拱搞了很多掙錢的法子。例如，「開海禁」就是其中之一，雖然最後沒有完全展開，但的確有打破嘉靖時期閉關鎖國的跡象。

然而，就在高拱的改革剛起了聲色時，悲劇發生了。

朱厚熜的煉丹修道，顯然沒能改變後代的基因。隆慶六年（一五七二年）五月，高拱的好學生朱載垕，沒能逃過老朱家英年早逝的命運，在乾清宮突然暴斃身亡，享年三十六歲。

這下，改革陷入巨大的危機之中，高拱最大的靠山沒了。

好在朱載垕沒有像當年正德皇帝朱厚照一樣後繼無人，而是早早冊封皇太子朱翊鈞為太子爺，畢竟童年陰影擺在那裡。隆慶皇帝一死，小皇帝朱翊鈞毫無懸念地榮登大寶，年號「萬曆」。

只不過，這個孩子年紀比較小，才十歲。他的母親也不是正宮娘娘，而是母憑子貴上位的李貴妃。李貴妃家裡是泥瓦匠出身，懷上朱翊鈞後才得到朱載垕的寵幸。孤兒寡母，面對朱載垕的駕崩直接傻了，這就出現巨大的權力真空，也為後續發展的一系列事情提供了可能。

參

對明朝的大多數官員來說，乾清門是一條政治生活的分界線。前面是廟堂，代表的是江山社稷；後面是宮廷，象徵著皇家權威，絕對不能逾越。但俗話說「宮裡的風，內閣的雲」，前面的「三大殿」和文淵閣能不能成事，還是得看後面的乾清宮和東、西六宮給不給面子。

朱載垕駕崩後，一直埋伏在內閣的另一個大學士，「次輔」張居正出手了。他迅速冒天下之大不韙，和宮裡御馬監的大太監馮保取得聯繫。兩人同病相憐，都是二把手，準備趁機搏一把，爭取「轉正」。

馮保是新皇朱翊鈞的貼身「伴當」，他之前是御馬監大太監，是宮裡響噹噹的人物，不光是皇帝的貼身大總管，還和李太后的關係極好。

張居正更不用提，多少年才出一個的「救時宰相」。《明史》說這位大學士「頎面秀眉目，鬚長至腹。勇敢任事，豪傑自許」，人長得特別帥，而且非常敢於改革。

張居正的身分非常複雜，他是徐階的愛徒，嘉靖朝時，被徐階保護在翰林院修書多年，沒有被「嚴黨」發現。之後，隆慶皇帝繼位時，徐階把張居正拉過去，讓他幫忙草擬遺詔，等於把天大的功勞贈給這位學生。靠著這份功勞，張居正從五品翰林學士瞬間起飛，十個月內連升十幾級，成為吏部左侍郎兼內閣大學士，創造明朝官場的奇蹟。

張居正和高拱一樣，是朱載垕當裕王時期的老師，和高拱的交情表面上不錯，是高拱改革旗幟下的一號戰將。隆慶朝，徐階和高拱打得快頭破血流，張居正卻偏偏可以兩面逢源，簡直是一件不可思議的事情。

從這個角度來說，張居正和馮保的聯合幾乎無敵，紫禁城裡裡外外的各路關係都吃得通。最關鍵的是，沒有人知道他倆聯合，紫禁城的內廷、外廷近乎鐵壁的分界線——乾清門，因這兩人的互通有無變得模糊。這兩個人又有共同目標，張居正希望趕走高拱，自己做一把手；馮保這時已經偽造遺詔，把之前的司禮監大太監做掉，自己成為司禮監大太監。高拱想把他的「批紅」權廢掉，他肯定不能忍。

就在這個時候，高拱說錯話了。他在上朝時追憶先帝，無意中說了一句：「十歲太子如何治天下。」被錦衣衛的人聽到。這話和廢除司禮監的意見一起被馮保傳到後宮的李太后耳朵裡，李太后聽完心裡就犯嘀咕了，心想高閣老明顯是看不起我們孤兒寡母，今天能提議廢了司禮監的「批紅」權，明天說不定把皇上也廢了。

為了保險起見，李太后就和陳太后（隆慶帝的正宮皇后，也算朱翊鈞的「娘」）商量，還是先把高拱廢了吧。

六月十六日，早朝時，大家剛進午門站穩，宮裡就傳來諭旨，直接說：「今有大學士高拱，專權擅政，把朝廷威福，都強奪自專，不許皇帝主管。」這聖旨很通俗，都不用翻譯，後面的更通俗，全是裝可憐，說：「不知他要何為，我母子三人驚懼不寧，高拱便著回籍閒住，不許停留。」

權傾一時的帝師高閣老，就這麼糊里糊塗地倒在宮裡的一道諭旨之下，到最後都不知道自己輸在什麼地方。而在他的身後，暗算他的張居正將正式接過改革的大旗，開啟屬於自己的「改革十年」。

肆

張居正當上首輔後，曾公開說過：「我非相，乃攝也。」這話理論上比高拱那句「十歲太子如何治天下」更大逆不道，直接自詡為攝政王，但沒有什麼人敢反駁，因為張居正說的是真的。

做了首輔的張居正，改革上出手不凡，一招「一條鞭法」，一招整頓言官，把朝堂上收拾得服服貼貼。

在張居正大刀闊斧的改革下，萬曆時期的頭十年，呈現出一派欣欣向榮的景象。後來，明朝末年曾有人回憶張居正的改革，認為「其時中外乂安，海內殷阜，紀綱法度，莫不修明。功在社稷，日久論定，人益追思」，算是對張居正比較客觀的評價。而在改革的同時，張居正沒有放鬆對小皇帝朱翊鈞的教育。

當時，朱翊鈞才十歲出頭，每天五更時分（早晨五點不到），老母親李太后就開始高呼「帝起」，把朱翊鈞拉起來讀書。接著，朱翊鈞要在馮保的陪同下，穿過乾清門，從乾清宮來到文華殿，參加「經筵」，被各路學士輪番教育。

朱翊鈞肯定不樂意參加，「經筵」從正德皇帝朱厚照開始，很多年都沒有連續舉行，連他老爹朱載垕也只是在老師高拱的帶領下勉強混過幾次。

但朱翊鈞沒轍，後宮有「家長」李太后監督，身邊有「班長」馮保打小報告，最可怕的是，上課時，「班導」張居正還會在一邊盯著，但凡朱翊鈞有犯錯的地方，會毫不留情地指出來。

《明史記事本末》記載這樣一件小事，有一次「經筵」，老師正在講《論語》的「色勃如也」這一段。經筵的規矩，老師讀一遍，皇帝得讀一遍。朱翊鈞可能精神不集中，讀錯了，把「勃」讀成「背」。張居正在身後突然厲聲糾正道：「當作勃字。」

朱翊鈞當時「悚然而驚」，人都嚇傻了，心想你吼那麼大聲幹嘛，不過借他十個膽子也不敢回罵「班導」，平時見張居正都得張口就是「太師張太岳先生」。周圍的老師們也嚇得變了臉色，直接打斷皇上讀書，開口就罵，這要有多大的膽子。

上完課回到後宮裡，但凡朱翊鈞犯點錯，李太后就向小皇帝嘮叨，說：「使張先生聞，奈何。」這事要是讓你的「班導」知道了，看你怎麼辦。

李太后的這句話很明顯有挖坑給張居正的嫌疑，皇帝會成長，且會有逆反心理。久而久之，張居正就變成萬曆皇帝心頭的一個陰影。短時期內看不出什麼問題，但在某個特定時間，報復心理就會隨之爆發出來。但張居正不在乎這個，照樣一面改革，一面教育小皇帝，做的全是得罪人的事。和他同在朝堂上的海瑞，曾這樣評價他，說這個人「工於謀國，拙於謀身」，意思是這哥們天天都在琢磨國家大事，完全不考慮自己的身家性命。

事實證明，海大人的判斷非常正確。萬曆十年（一五八二年），張居正逝世。兩年之後，一直被張居正打壓的言官們開始出頭了，不斷上書彈劾張居正，而已經長大成人的朱翊鈞則默許了這一行為。

位於湖北省荊州市沙市西北張家臺的張居正墓

那時馮保已經老了，被打發到南京，之後被抄家，所得「家金銀珠寶巨萬計」。朱翊鈞不愧是泥瓦匠的外孫子，一點格局沒有，眼中都是現金，當時就開始琢磨，覺得馮保手裡這麼富，估計「張先生」的家裡應該也不少，就剝奪了張居正的謚號，派錦衣衛去抄家。

下面的官員一看，皇上都發話了，乾脆把事情做絕。一群人到了張居正位於湖北的老家，把門直接堵死，一家老小幾十口人，一大半在裡面活活餓死。張居正的次子張嗣修被迫做了偽供詞，承認自己拿了三十萬兩銀子賄賂別人，最後上吊自殺。其他男丁都被發配邊疆，只剩下空宅一座，薄田十畝，以此贍養張居正老母。

張居正的時代就此隕落，陪著他一起的還有大明朝的最後一絲曙光。張居正之後，朱翊鈞開始向朝臣妥協，廢除「張先生」留下的改革政策。並且，整個人開始墮落，天天和爺爺朱厚熜一樣不上朝。

從此之後，乾清門內外，再也看不到那個五更時分起床上課的少年天子，取而代之的，是窩在深宮中數十年不出門的萬曆皇帝。

天子萬年，皇上沒錢

《明史》曾說：「謂明之亡，實亡於神宗。」神宗指的就是萬曆皇帝朱翊鈞。這位明朝在位時間最長的皇帝，在紫禁城中度過長達四十八年荒誕的皇帝生涯。解決掉張居正後，朱翊鈞抑或是大明朝開始陷入深度的財政危機，並由此導致亡國。

壹

張居正去世後，留給朱翊鈞的「遺產」非常豐富。《明史紀事本末》記載張居正在位時「力籌富國，太倉粟可支十年，周寺積金，至四百餘萬」，這是一個相當龐大的數字。從側面也能看出，朱翊鈞給「張先生」抄家這一手幹得確實不厚道，為了芝麻小事逼得人家兒子自殺，說出去也不怕後世笑話。

馮保走了，張居正死了，老母親李太后也老了，朱翊鈞身上的「三座大山」在親政後就被搬得乾乾淨淨。小皇帝嘛，心氣很盛，決定做點成績來讓列祖列宗看看，於是發動勞民傷財的「三大征」。

第一征打的是寧夏之戰。當時，寧夏邊關的副總兵叫哱拜，之前是蒙古韃靼人的後代，投降於明朝並混了個副總兵。這人平時喜歡貪功冒餉，被人查了，氣急敗壞之下，帶頭造反。

還真得感謝張居正當年留下來的將才——遼東總兵李成梁。明朝到了嘉靖末年，軍備廢弛已經很嚴重，只有幾個名將在撐場面，南邊是抗擊倭寇的戚繼光和俞大猷，北邊就是萬曆年間才得到提拔的李成梁。

這三人之中，俞大猷一直在南邊，而且當時已經病逝。戚繼光應該是三個裡面最能打的，帶著他的「戚家軍」從南邊抗倭一直打到北邊抗擊游牧民族，是張居正的得力幹將。然而，因為和「張先生」走得太近，被言官們打擊報復。這樣一來，只剩下在白山黑水間打硬仗出身的李成梁。

好死不死，就在寧夏之戰前幾年，李成梁也被言官彈劾滾蛋，無法參戰。而朝廷實在是沒有人，就讓李成梁的兒子李如松當寧夏總兵帶兵平叛。俗話說虎父無犬子，李如松去了打個半年，就平定寧夏。而這半年間，從寧夏到整個陝西受到的衝擊都很大，善後的錢也自然很多。

打完西北，接著東北又出事，是第二征。日本當時正好處在「戰國時期」，赫赫有名的「天下人」豐臣秀吉正好要轉移國內矛盾，帶著船隊晃晃悠悠地出征攻打朝鮮。那時豐臣秀吉的口號吹得很響，說打完朝鮮打中國，打完中國打印度。幸虧他手裡沒有地球儀，不然該琢磨著占領南極了。

但豐臣秀吉這話放出來，明朝上下包括朱翊鈞都開始慌了，覺得「倭寇之圖朝鮮，意實在中國，而我兵之救朝鮮實所以保中國」，覺得保衛朝鮮就是保衛中國，開始發兵援助朝鮮。其實，冷兵器時代，日本也就十來萬人，滿打滿算就滅個朝鮮。只不過，朝鮮是明朝的藩屬國，名義上屬於自己的地盤，道義上講得過去，就派宋應昌和李如松帶兵與日本打。

這一仗陸陸續續地打了七年，最終的結果是三方大敗。日本豐臣秀吉因損失太大，勢力大減，不得不停戰。而朝鮮地處戰場之中，也被打了個稀爛。但吃暗虧最大的還是明朝，因為路途太遠，再加上水戰需要造船，損耗的軍餉最多。導致明朝不得不裁撤之後的遼東編制，為日後女真崛起埋下伏筆。最後一征是說「播州之戰」，不比朝鮮近，在西南的貴州地區。當時，播州土司楊應龍一聽說大明朝到處打仗，自己按捺不住，站出來挑釁朱翊鈞。

正常來說，兩邊實力完全不在同一個等級。但就像正統年間的「麓川之戰」，西南這個地方，在明朝是深山老林外加窮鄉僻壤，易守難攻得很，想打敗他們很容易，而想剿滅他們，就等著砸錢吧。貴州平叛，又是兩年搭進去。

打完「三大征」，《明史》的數據是：「寧夏用兵，費帑金二百餘萬。其冬，朝鮮用兵，首尾八年，費帑金七百餘萬。二十七年，播州用兵，又費帑金二、三百萬。三大征踵接，國用大匱。」就是「三大征」加起來共損耗上千萬白銀，等於萬曆初年的家底大致全打空了。

這三場仗雖然看上去都是明朝主動迎戰，但其實規模上都有待商量。只不過，朱翊鈞只要貴的不要對的，再加上明朝後期的政治機器損耗（貪汙腐敗）日益嚴重，導致這三場仗的成本高到令人咋舌的地步。不過，人們在「三大征」開始時沒想到，這些只是萬曆朝大支出的一部分。

貳

萬曆二十七年（一五九九年），朝鮮之戰結束後，已經有一段時間不上朝的「宅男」朱翊

鈞，出現在有著「五鳳樓」之稱的午門城樓上，笑得非常開心，他向大明朝的臣民高聲宣布這一勝利的消息。

如果我們的目光越過朱翊鈞肥胖的身軀和午門高大的城樓，就會發現令人難以置信的一幕，午門之後，在嘉靖末年新建的「三大殿」，包括之前的乾清宮與坤寧宮在內，全都是一片觸目驚心的焦黑。

一切的一切，無不說明，這裡曾經發生過一場大火災。其實，火災是兩場，而且發生的時間比我們預期中要早很多。

第一場火災發生在萬曆二十四年（一五九六年）三月，春天嘛，天乾物燥，《明實錄》載：

北京故宮午門

「是日戌刻，火發坤寧宮，延及乾清宮，一時俱燼。」火是從坤寧宮燒起來，一直蔓延到皇上住的乾清宮。還好當時朱翊鈞不住在乾清宮，正好在爺爺朱厚熜建的養心殿裡，就是待在乾清宮的西邊，才躲過一劫。不過，這把火燒完，等於從正德朝新建的乾清宮，又得重修了。

當時，正好是朝鮮之戰打得如火如荼的時候，朱翊鈞的錢有點湊不出來，就沒急著修。沒承想，這一拖，不到一年，禍不單行，「三大殿」又著火了。

這次「三大殿」燒得格外厲害，《明實錄》講：「火起歸極門，延至皇極……文昭、武成二閣，周圍廊房，一時俱燼。」這可能是明朝歷史上紫禁城遭遇過最嚴重的火災，後續有人在摺子裡說：「今自掖門內直抵乾清宮門，一望荒涼。」可見場景有多麼不堪，幾乎午門後面都燒成一片白地。

朱翊鈞頭大了，「三大征」的軍費擺在那裡，現在房子燒掉，不能直接不管，到處都要錢，但明朝一年的稅收就擺在那裡，必須得想辦法開源才行。但以朱翊鈞的腦袋，當年改革的思路一點沒學到，但凡能有一點辦法開源，都不會做出為了幾十萬兩銀子抄「張先生」家這種事。朱翊鈞琢磨一圈，覺得還是山大王好，明著搶錢最快，所以開始著手組織「搶劫」。

指望朝臣去「搶劫」不可能，這種事還是太監做得舒心。當然，皇上手底下的太監不能直接叫「山大王」，必須合法，於是朱翊鈞替這些太監們弄了一個很荒謬的官名，叫「礦監稅使」。

這個官是做什麼呢？就是派太監對各地的礦產進行收稅。乍聽好像問題不大，其實裡面的內幕很多。首先，無論是哪裡的稅務，理論上應該是上交「國庫」，由戶部來徵收。但太監們收了稅，直接送進皇宮給朱翊鈞一個人，他想怎麼花就怎麼花。

再者，太監不是專家，哪知道這個地方有沒有礦，於是變成太監說有就有，你家房子地下有礦，就拆你們家的房子。如果你想你們家「沒礦」也可以，「孝敬」一筆銀子給宮裡的公公就放過你。

這還不算最扯的，更過分的是，朱翊鈞允許這些太監「監督」收稅。這個「監督」的學問就大了，太監們一個比一個不講理，瘋狂地強行徵收，自己從中撈一大筆，剩下一小部分送到宮裡的內帑，反正就是不進國庫。

要點錢走人就算了，明朝很多地方的商人，尤其是東南地區的商人都不缺錢。但太監們都是要商品，要了商品再放到自己的「皇店」賣。稍微懂點經濟原理的都明白這件事的可怕之處，等於有一群人毫無成本壓力地惡意擾亂市場，讓整個明朝的經濟陷入巨大的混亂之中。

「礦監稅使」的危害很快就體現出來，各地開始鬧民變，愈是工商業發達的地方，動亂愈厲害。當時就有人說：「蒼生糜爛已極，天心示警可畏。礦稅貂璫掘墳墓、奸子女。」但朱翊鈞完全不搭理，老百姓死活不干我的事，反正銀子進宮了。

參

乾清宮和「三大殿」的火災，造成的另一個結果就是，朱翊鈞開始不上朝。這個不上朝和他爺爺輩的朱厚照與朱厚熜不同，他們是跑到西苑待著，而朱翊鈞則是在紫禁城裡待著，就住在西六宮裡的啟祥宮（後來的太極殿）。

啟祥宮最早不叫這個名字，叫「未央宮」。這個名字是從漢、唐長安宮殿來的，應該是朱元璋在南京定的名字，朱棣也沒改。朱厚熜的老爹朱祐杬在這裡出生，熱衷於替宮殿改名的朱厚熜肯定不會放過這個有紀

北京故宮啟祥宮，後改名為太極殿

念價值的地方，就改名為「啟祥宮」，開啟祥瑞。從這個角度上說，朱翊鈞也算是變相回「老家」。

朱翊鈞在啟祥宮裡一住就是十幾年，有人認為可能是沒錢，「三大殿」、乾清宮和坤寧宮一直修得斷斷續續，一看就是在拖延。根據《明實錄》記載，萬曆三十二年（一六〇四年）三月，「乾清宮成」。不過，朱翊鈞這個「宅男」一直沒搬回去，反正搬回去還得上朝。

這時明朝已經接近天下大亂，史書上的亂政，無論是朱祁鎮的天順時期，還是朱厚照的正德時期，那個「亂」基本上不會禍害地方，但到了萬曆時期，地方上和北京城裡都是如此。

首先是東北地區，女真族的領袖努爾哈赤開始崛起，不斷威脅著東北防線。防守就得花錢，朱翊鈞又不改革，這些錢「羊毛」長在「羊」身上，還是得從農民手裡撈。誰來撈呢？太監負責，等於形成惡性循環。

稅收本來是官員的工作，現在變成太監的事，官員自然不工作了。許多官員開始誇誇其談，有了官都不去做，走到一半就回老家帶薪休假，導致天下「缺官」的奇葩景象。

當時，明朝的官缺到什麼程度呢？《明實錄》的說法是「時天下郡守缺，幾十之五」，大概天底下一半的地方官員沒有人去當，中央對地方完全失去控制，全指望太監說什麼是什麼。

這種風氣很快蔓延到中央，朱翊鈞又和他爺爺嘉靖帝朱厚熜不一樣了。朱厚熜手裡，滿朝文武大臣一個蘿蔔一個坑，全都是他的提線木偶，而且像嚴嵩、徐階這些大學士時不時地能和他會面，朝政盡在其掌握之中，特別是之前說的「廷推」，很多時候朱厚熜都是在旁邊看著。

但朱翊鈞這個不上朝可是誰都不見，大學士幾個月甚至幾年見不到皇上都很正常。久而久之，文官們的眼裡都沒有皇帝這個人了。平時上摺子勸諫，不是真的勸諫，他們知道皇上不看，就敞開寫，寫完後在文人們中間博個好名聲。大多數人連衙門都不去，非常自由。

到了萬曆三十四年（一六〇六年），當時的大學士沈鯉上了一道摺子，上面說：「臣昨同文武百官齊赴文華門候駕，見二品班內，止戶部尚書趙世卿一員，其餘尚書、左右侍郎，員缺甚多。」這段話就像神話一樣。六部尚書，正二品的大員，朝廷裡排名前十的文臣，只到了一個戶部尚書，其他都沒來，底下的人更別說了。這種國家沒有當場滅亡，本身就已經是奇蹟了。

沈鯉的摺子遞上去，朱翊鈞完全沒有反應，估計他對六部尚書的名字都記不清楚，能記住大學士是誰已經很了不起了，畢竟常年不見。當然，見了也沒功夫搭理，在後宮的這些年裡，朱翊鈞沒閒著，一直在為「國本」的事情煩悶。

木棒、紅丸、九千歲

萬曆朝的「爭國本」事件，在明代中晚期的政治史上有極其深遠的影響，甚至遠比嘉靖初年的「大禮儀之爭」產生的後果嚴重。在這場皇帝和臣子的最終較量中，大明朝成為最終輸家，並不可避免地走向衰落。

壹

朱翊鈞與明朝之前的一些皇帝很像，都是結婚早，生子晚。最早的皇后是王氏，這個婚禮還是萬曆六年（一五七八年）時，張居正替他操辦的，但婚後一直沒有生子。在這個基礎上，朱翊鈞開始名正言順地廣納美女，在宮裡尋歡作樂。對這件事，大臣一直睜一隻眼、閉一隻眼，畢竟沒有「國本」，為了大明的江山社稷，忍一時風平浪靜吧。但說來邪門，之後好幾年，朱翊鈞一直無子，沒想到就在紫禁城內外急跳腳時，意外來了。

萬曆九年（一五八一年）年底的一個早晨，朱翊鈞去給老娘李太后請安，興之所至，沒忍住，和太后宮裡的一個宮女發生關係，宮女也姓王。這事比較狗血，明顯是朱翊鈞饑不擇食。王宮女當時的年紀不小，畢竟是李太后宮裡的人。事有湊巧，王宮女居然懷上身孕，自然瞞不過周圍的人，就被李太后知道了。

李太后一開始沒對朱翊鈞講，直到第二年開春的宴席上，才拿這件事問兒子。朱翊鈞比較差勁，肯定不承認，按照禮法，在自己母親宮裡發生這種事有點大逆不道。可皇帝都有起居注，最後被逼迫著點頭。

那時候，李太后沒孫子，就對朱翊鈞嘮叨：「吾老矣，猶未有孫。果男者，宗社福也。母以子貴，寧分差等耶？」我老了，還沒有大孫子，要是這宮女肚子裡的孩子是個男丁，就是社稷之福，母憑子貴，給她個名分也無妨。

朱翊鈞不高興了，說：「彼都人子也。」暗示這個女子是宮女出身。這話犯大忌諱了，李太后馬上變臉開罵：「爾亦都人子！」說你小子也是宮女生出來的。朱翊鈞秒慫，老老實實地封這個宮女為「恭妃」。四個月後，萬曆十年，皇長子朱常洛出生。但是，這時候，朱翊鈞這個渣男已經專寵後妃鄭氏，對王恭妃這個「都人」*一直愛搭不理。這一點從兩個妃子住的宮殿就能很明顯地看出來。

鄭貴妃住的是翊坤宮，屬於西六宮之一，和朱翊鈞後來常住的啟祥宮正好是斜對門，距離養心殿不遠，平時串門方便得很。而王恭妃住的是景仁宮，那是明朝宮廷公認的冷宮，而且是東六宮，平時根本見不著皇帝。

到了萬曆十四年（一五八六年），矛盾開始激化，這一年，鄭貴妃生下皇三子朱常洵。而且，宮裡有傳言，說朱翊鈞和鄭貴妃小倆口已經私下把繼承人定為朱常洵，還有「愛的盟誓」。

這下群臣不樂意了，本來當時的明朝大臣們一個個閒著正經事不幹，一聽說皇帝不合禮法，要「廢長立

＊編註：意思是都城的人，明代稱宮女。

幼」，而且還是一個女人說了算，這是要後宮干政呀。眾臣馬上開始上摺子，請求皇帝立儲。

當時乾清宮還沒燒，朱翊鈞還時不時地翻一翻奏摺，一看氣傻了，心想都是我兒子，誰接位子不是接，你們一群言官在這裡瞎操心。不過，直接這麼說肯定不行，就把當時的首輔申時行叫進來，讓他轉達一下，說現在皇子還小，不適合立太子。

申時行是張居正的學生，但和老師大刀闊斧的風格不一樣，這位申閣老最擅長的就是「燮理陰陽」，專業調解婆媳糾紛，兼職和稀泥。他把這話拿出去說，又拖了幾年時間。這幾年間，不斷有言官在朱翊鈞耳前嘮叨，但後者都置之不理，有時脾氣上來了，就用廷杖打那人一頓，然後打發到外省去。

然而，朱翊鈞今天拖明天，明天拖後天，再拖下去就耽誤兩孩子上學了。而這時候，朝廷裡又出現朱翊鈞要籌備「三王」並封的說法，就是把三個皇子一起冊立為王爺，先不封太子。

這可就很不對勁了，太子是「儲君」，而王爺是臣子，上來就是「君」，和從「臣」到「君」，完全是兩個概念。群臣們難得在左闕門集合一次，一起找皇上要個說法。

事情鬧大了，還是得指望專業人士處理。而做為大明朝當時最出色的「泥瓦匠」，申時行自然義不容辭，著手準備「燮理陰陽」。表面上，他帶著群臣上疏，私下向朱翊鈞解釋，說：「勿因小臣妨大典。」皇上您不用聽他們瞎嚷嚷，這些都是小角色，鬧幾天就完事了。

俗話說：「君不密則失臣，臣不密則失身。」申時行這工作簡直就是無間道，保密工作非常重要。正常情況下，做為內閣首輔的申時行具有「密奏」的權力，就是不用經過通政司，直接給皇上遞摺子。

但不知道為什麼，這封奏摺被「小臣們」看到了。群眾的眼睛是雪亮的，一看自家內部出了「叛徒」，馬上調轉槍頭，在一群給事中們的帶領下，開始瘋狂地批鬥申時行，逼得他辭職回鄉。

之後的幾個內閣大學士都是這樣，在皇上和同事之間走鋼索，最後玩過火了，罷官回鄉。看得出來「燮理陰陽」真是門技術，當年徐階做得來，不見得晚輩們都學得會。

貳

「爭國本」這件事一共持續十五年，一直到萬曆二十八年（一六〇〇年），李老太太實在受不了了，朱翊鈞才把皇長子朱常洛封為皇太子，皇三子朱常洵封為「福王」。而這期間，四個首輔因此辭官回鄉，部級官員因為這件事上疏而遭到罷官的也有十幾個，直接導致萬曆中期政治生態開始崩盤。

這件事情背後反映出來的資訊是，君臣之間的秩序已經完全失衡。朱翊鈞的腦袋還活在嘉靖時代，以為用內閣就能把群臣擺平。

事實上是，從萬曆朝開始，臣子們的諫言都不一定那麼單純，一種畸形的價值觀在文臣之中瘋狂蔓延：就是我可以不上班，不做事，但我罵皇上挨打了，皇上是昏君，那我肯定是忠臣，你敢不提拔忠臣嗎？不敢吧，我罷官回家玩兩年回來繼續做官，還連升三級。

你說把我外放，我一個「清流官」，不屑和那些鄉巴佬混在一起，直接不去上任，老百姓的死活關我什麼事（這話肯定不能明說）。至於批評，我是「忠臣」，批評忠臣的肯定是「奸臣」，會被千夫所指，所以我毫無壓力。

透過以上這一串近乎不要臉的邏輯推導，我們大致可以了解萬曆時期為什麼文臣們瘋狂上疏而不怕挨廷杖。這簡直是一本萬利的買賣，朱翊鈞那時總體上還是躲著文臣走，以至於廷杖的錦衣衛都不敢下狠手。挨廷杖的大臣被當成英雄回去養幾天傷，什麼事都沒有。

後來有人把明末上諫的許多文臣和海瑞做比較，實在是對後者的侮辱。海大人是正經八百地從地方官做起，即使罵完朱厚熜被釋放後，海瑞在高拱和張居正手底下推行改革也做得非常不錯，是為數不多的能臣，而萬曆皇帝和之後的這些文臣只會瞎吆喝。但朱翊鈞一直沒看透這一點，始終在和文臣的鬥爭中疲於奔命，甚至惱羞成怒。

冊立完皇太子後，文臣們還是不滿足，因為鄭貴妃一直沒有讓福王朱常洵出去就藩，這不是好兆頭。明初永樂年間的漢王朱高煦就是這樣，一直拖著，最後造反了。當時的內閣大學士葉向高等人不惜同意拿出一大筆財政預算給他在洛陽建王府，大概是正常王府規模的十倍，希望朱常洵趕緊去就藩。

即使是這樣，朱翊鈞和鄭貴妃還是不同意，心疼兒子嘛。要是真就藩了，這輩子就見不著了，於是非得再給朱常洵加上四萬頃土地。這回所有人都不幹了，紛紛上諫，而且絕對不是為了博名聲，實在是這些官員大多是地主，對土地面積太敏感了。

四萬頃是什麼概念呢？換算一下，大約是十三．三萬平方公里，現在河南省總共十六．六萬平方公里，等於把五分之四的省拿出來給朱常洵做「國中之國」。大臣們當然不同意，最後討價還價，給了二萬頃。

可問題又來了，當時河南一代又一代的王爺，地已經分得差不多了，朱元璋當年又有規定，不能把偏遠地區劃給藩王，否則可以把這些藩王直接分封到西伯利亞，想給多少給多少。最後，還是從山東和湖廣找地，把二萬頃補齊。這裡也能看出為什麼萬曆年間國家財政吃緊，中原的地都分給王爺，東南全是讀書人，全都是合法免稅，最能產糧食的地方收稅最少，要是財政不吃緊就有鬼了。

參

以二萬頃土地做為代價，好不容易送走福王，群臣總算鬆了一口氣。但誰也沒料到「爭國本」的事件居然還有後續，即所謂的「梃擊案」。梃擊案的發生，其實很搞笑。

事情發生在萬曆四十三年（一六一五年）五月初四傍晚，名叫張差的瘋漢拿著一根棗木棍，糊里糊塗地闖進太子朱常洛居住的慈寧宮（最早的清寧宮），接連打傷數人，接著往裡闖，最後被趕來的太子侍衛韓本用抓住，就近送給東華門的侍衛處理。

這件事敘述起來很簡單，但可疑之處很多，當時的戶部侍郎陸大受說：「青宮何地？男子何人？」這說得很直接，太子的宮殿什麼地方，這個叫張差的又是什麼來路？

再往深處想就更麻煩了，到底這位瘋漢怎麼進來的？為什麼進來後能夠準確找到太子的位置？一般的臣子進紫禁城很可能都會迷路，要是沒人指引，這位瘋漢不可能進來。

最後審出來的結果是這個人裝瘋，有個老太監帶他進來，木棒也是老太監給的，他讓張差「你先衝一遭，撞著一個，打殺一個，打殺了我們救得你」，意思是背後有人，放開來做。這話裡的訊息量很大，文臣們一聽，就沿著老太監這條線繼續深挖，最後挖到鄭貴妃宮裡的兩個太監身上。

朱翊鈞趕緊按下暫停鍵，但這事已經蓋不住了，畢竟性質特別嚴重，鄭貴妃之後也不敢吭聲。文臣們則瘋狂上奏章，事情變成朱常洛和鄭貴妃兩個人的矛盾。

這時候，朱常洛聞弦歌而知雅意，馬上向老爹表示這事不要緊，處罰張差一個人就可以。鄭貴妃趕緊表示歉意，親兒子和後娘來了個「相親相愛」。這件事自然就到此結束，畢竟受害人沒說什麼，誰都不能再有意見，朱翊鈞也老懷欣慰。不過，朱翊鈞沒高興幾天，到了第二年，女真族領袖努爾哈赤在東北大地上正式建國。

努爾哈赤最早是遼東總兵李成梁的手下，世世代代都是明朝的官。當年李成梁有點民族歧視，再加上可能喝多了，萬曆十一年（一五八三年）時，來了個屠城，誤殺了努爾哈赤的祖父和父親。後來，明朝賠了十三具鎧甲，努爾哈赤靠這些家當，慢慢地發展起來。

這位比朱翊鈞大四歲的東北漢子，在白山黑水間迅速崛起，統一女真各部，正式建立政權，國號「大金」。在未來的三十年裡，這個政權將帶給明朝最後的噩夢和毀滅。

國內財政危機，外部又平添勁敵，沒辦法，朱翊鈞只能向老百姓繼續增加稅賦。這時已經形成閉環，稅賦愈來愈多，繳稅的人卻愈來愈少。

梃擊案的三年後，萬曆四十七年（一六一九年），努爾哈赤率領精兵，憑藉「任爾幾路來，我只一路去」的策略，在東北大敗明軍。自此之後，明朝山海關之外的城市只有零星幾點，而萬曆「三大征」這一有爭議的勝利功勛，也被「薩爾滸之戰」抹殺殆盡。

做為明朝執政時間最長的帝王，朱翊鈞的末年，只剩下一個離心的文臣團體，一個殘破的國家版圖，以及一個虎視眈眈的勁敵。「隆萬大革新」的光輝，在數十年間被完全抹殺，連象徵著皇權的紫禁城都因財政匱乏而無法修理，更何況瀕臨崩潰的帝國。

萬曆四十八年（一六二〇年）四月，統治明朝長達近半個世紀的萬曆皇帝朱翊鈞，在乾清宮正殿西側的弘德殿逝世。他的兒子朱常洛順理成章地繼承皇位，年號「泰昌」。

一月天子

經過萬曆皇帝朱翊鈞接近半個世紀的折騰，紫禁城內外已然是廢墟一片，不光皇帝的「三大殿」沒有著落，整個社會也早已民生凋敝，疲憊不堪，整個帝國全憑一股慣性往前走，彷彿一個深邃的水潭，渾濁不堪中隱藏著風起雲湧。

壹

朱常洛一上臺，就宣布「盡罷天下礦稅，起建言得罪諸臣」，等於把老爹的弊政都斃掉了。不過，這時大明這臺國家機器已經零件不全，能不能執行還很難說。

新皇一登基，以前的鄭貴妃開始慌了，馬上送了十位美女給這位「兒子」。朱常洛以前在東宮時，天天被人歧視，冬天時連炭都沒有，更不要說暖床。他一看見美女就不想走，夜夜尋歡，折騰幾天後，朱常洛感覺到身子骨扛不住，就把內閣大學士方從哲等人叫了過去，第一件事就是先冊封皇太子朱由校，穩住「國本」。雖然明朝臣子心心念念著立「國本」，但現在年號都沒改，怎麼說也得等上幾個月。搞得幾個大學士有點不適應，和之前的朱翊鈞反差太大。

朱常洛緊跟著問自己的陵寢在哪裡，把一群大學士都給問傻了，趕緊跪下表示：「聖壽無疆，何遽及此！」皇上您別胡說八道，吾皇萬歲萬歲萬萬歲。

朱常洛不管這些，突然沒頭沒腦地問了一句：「有鴻臚寺官進藥，何在？」方從哲老實地回答說鴻臚寺的李可灼確送來一種紅丸，不過這玩意屬於「來路不明」的產品，我不敢拿。

方從哲的決定絕對可靠，鴻臚寺是禮部手底下的外交部，送藥這種事應該是太醫院負責。之前說過，雖然明朝的太醫院治好人的情況確實不多，但直接吃死人的也比較少，最多給你端上來一盤糖豆，不至於弄點砒霜什麼的。

這時朱常洛不管這麼多，執意要吃，方從哲只能讓人給這位爺端過來。吃完一顆後，朱常洛表示：「用藥後，暖潤舒暢，思進飲膳。」身體非常舒服，當時群臣還很高興。

到了下午，朱常洛想再來一顆。當時御醫說這個別吃太急，沒聽。吃完後，到了第二天清晨，五更時分，宮裡就傳來新皇駕崩的消息。從八月登基到九月初一去世，朱常洛就當了一個月的皇上。群臣商量一下，決定把萬曆四十八年八月以後的時間改為「泰昌」年號，以此紀念這位「一月天子」。

這件事被後世稱為「紅丸案」，結局相當可疑。最後送藥的李可灼居然沒被砍頭，而是被方從哲打發到南京，讓朝野上下的意見非常大。方從哲弒君的可能性應該不大，更多的可能是一種政治上的考慮，如果把事件定義為「弒君」，非常容易引起政治風波。

用《明史紀事本末》的話說：「一月之內……梓宮兩哭。」一個月發兩次喪，已經非常離譜，再玩下去，大明朝就完蛋了。再說得難聽點，那時明朝沒人在乎皇帝是誰，朱翊鈞幾十年不上朝，已經讓皇權和政權出現脫鉤情況。到了這時，大家只要有個皇帝當「吉祥物」就行。

「紅丸案」的背後，是當時明朝的政治環境決定一系列離奇事件的發生。只要環境存在，就依然存在著不可預知的變數。

朱常洛去世後，原先擬定的太子朱由校準備登基。這時，朱由校才十五歲，從小沒有母親，老爹又是朱常洛這種貨色，沒受過帝王之家的教育，這樣的孩子在紫禁城裡很容易成為權力代言人而被控制。於是，太監魏忠賢（當時叫李進忠）和朱常洛的妃子李選侍，把朱由校藏在乾清宮，反正裡面有二十七張床，臣子們也不好進來搜查。

這樣等於「挾太子以令諸侯」，文臣們在朱常洛的靈柩前等了半天，沒看到新皇，急得眼都紅了，開始到處找皇上，畢竟「吉祥物」不能丟。

萬曆朝過來的文臣們可謂相當霸氣，絕對不存在「此誠不敢與爭鋒」的情況，逮了個太監一打聽，沒想到皇上被李選侍藏起來了，氣勢洶洶地就去搶人。

不用說，這次還是言官們打頭陣，太監們當時還想攔一下，兵科給事中楊漣直接火力全開，大罵道：「奴才！皇帝召我等。今已晏駕，若曹不聽入，欲何為？」狗奴才，皇上（朱常洛）讓我們來的，現在皇上駕崩了，你還不讓我們進去，你想幹什麼？

太監們在萬曆年間在外地逞凶還可以，碰到言官這架勢就讓路。楊漣等人進入乾清宮找到朱由校，把他帶回太子所住的慈慶宮中。

五天後，辦完登基典禮，這時得讓新皇回乾清宮，但李選侍還是占著乾清宮不讓位。臣子們一看就不合適了，皇上都十五歲，和後娘住在一起也不像話呀。

泰昌通寶，朱常洛因在位時間太短並未鑄幣，後天啟年間補鑄了一批，存世量較少

於是，戰鬥力極強的御史左光斗發話，警告李選侍說：「內廷有乾清宮，猶外廷有皇極殿，惟天子御天得居之，惟皇后配天得共居之。」意思是，乾清宮和皇極殿一樣，都是皇帝才能待的地方，最多順便帶上皇后，妳明顯不夠格。

這話說完，李選侍再凶都沒有理由繼續待著，灰溜溜地去仁壽宮裡的噦鸞宮住。萬曆朝對仁壽宮進行改建，把裡面分成幾個區域，成為太妃應該住的地方，噦鸞宮正是其中之一。

一場登基儀式在紫禁城的幾個宮殿裡來回變換，被後世稱之為「移宮案」。而朱由校經過這番折騰後，終於順利登基，改年號為「天啟」，開始自己的政治生涯。

移宮案和之前的梃擊案、紅丸案，並列為明朝末年的三大奇案。這三場大戲背後，是內廷勢力、後宮勢力、文臣勢力在紫禁城裡相互角力的過程。皇帝已經變成一個可有可無的象徵，不再被當作治國的領袖來看待。皇帝變成一個木偶，而本身不被自己控制。這一局面，將是十五歲的朱由校必須面對的難題。

貳

朱由校的選擇是不面對，我爺爺這麼有能耐，都被這些人搞得上躥下跳；我爹面對一個月，人都沒了；我想這麼多做什麼，沒必要。他把權力完全下放給太監魏忠賢，讓他去管司禮監和東廠，還加封自己的乳母客氏為「奉聖夫人」，等於扶持後宮勢力。

同時，朱由校也提拔了楊漣等一批文官，特別是言官，等於短時間內構架出一個政治平衡。他的意思是讓這些人去鬥，我做自己想做的事。

朱由校一直沒有做皇帝的準備，他想做的事情是木匠活，在明朝宮廷裡絕對是個不可思議的愛好。當時，他老爹朱常洛還「命諸臣輔皇上為堯舜」，但朱由校顯然對當堯舜沒什麼興趣，他更喜歡當魯班。

當時，朝臣們都不理解這個愛好怎麼可能出現在皇室子弟身上，這個歷史上沒有記載。如果馬後炮地大膽分析一下，很可能是當時紫禁城裡到處都是重修工程，幼小的朱由校耳濡目染，接觸到木工。當上皇帝後，開始把這個愛好發揚光大，天天泡在木工房裡不出來。

魏忠賢公公特別懂事，專門挑朱由校做木匠活起勁時送奏章。朱由校沒幾天就不樂意了，就噴魏忠賢說我找你是為了圖省心，你少拿這些煩我。魏公公一聽，馬上明白皇上的暗示，開始和客氏一起收拾外面這些言官們。

現在來看，這位皇帝簡直不可靠，什麼事都不管。但客觀地說，透過「三大案」就不難知道，皇上就是個「吉祥物」，想管也管不了，不如放開手腳讓這三股勢力互咬，和當年成化與正德時期一樣，大家互相制衡。

這下反倒歪打正著，之前朱翊鈞就是吃這個虧，一群文臣天天琢磨著撈一頓廷杖然後升官。現在時代變了，宮裡能「用心打」絕對不玩虛的。這些文官們把摺子一送上去，魏公公就開始下手，下了手你想完整地出「詔獄」，可能性非常低。

魏公公和之前的王振、劉瑾這些太監不一樣。之前，司禮監太監都是所謂「內書堂」教出來的，好歹算半個讀書人，包括後來的馮保也是書畫雙絕的存在，還替自己起個雅號叫「雙林主人」。

但魏公公從來沒讀過書，表示我是流氓我怕誰，做起事情來完全沒有顧忌，找到機會就把人往死裡整，沒有機會創造機會也要整，而且針對性很強，先對言官下手，把這些硬骨頭敲碎，後面就沒人敢跳了。

懾於魏公公的狠辣無情，各路尚書侍郎開始瘋狂地跪倒在他的腳下，尊稱他為「九千歲」。明末的文官都是這種貨色，愈大的官愈磕頭，愈小的官愈罵街，罵街的官大了以後照樣磕頭。

當時，明朝的各級官員為了討好魏忠賢，甚至想出特別絕的路數，就是替魏公公建「生祠」，在魏公公活著時就替他歌功頌德，和祭祀孔子相同等級。「四書五經」、仁義道德在「生祠」面前蕩然無存，可見當時文臣的節操到了什麼水準。

這件事很可能朱由校是知道的，不過他對此一笑置之，不在意。那時候，他已經有一個雄偉的「木匠計畫」，他要完成祖父二十年都沒有完成的「三大殿」重修工程，證明自己的手藝。

天啟五年（一六二五年）二月，春風解凍的時刻，塵封許久的「三大殿」工程再次動工。在朱由校的催促和「九千歲」的威壓下，文武百官齊心協力，八月皇極殿的柱子就立了起來。兩年後，就出現「大學士黃立極等疏賀三殿告成」的紀錄。

《明實錄》對這次重建過程記述得非常詳細，連各大殿「架梁」的日期和時辰都記載得清清楚楚。看來長官的關注還是非常有效果，萬曆時期拖了這麼久的工程，做孫子的朱由校兩年就解決。

究其原因，只能說在魏公公的帶領下，臣子們多少還像個臣子，你別管他怎麼收錢，反正銀子是到帳上了，有了銀子就不愁房子。朱由校對此也很得意，下詔書說：「皇祖時，躊躕於物力不敷然……朕之心思寬省天下財力，未逾三載，輪奐聿新。」意思是，我爺爺那時候窮，修不起來，現在我有錢了，不到三年就修了起來。

這是明朝紫禁城最後一次完整的重修，「三大殿」幾乎宣布落成的同時，年輕的朱由校在西苑的太液池裡泛舟，不幸落水，撈上來後沒幾天就全身水腫而去世了，和當年的朱厚照相同德行。那時朱由校年僅二十三歲，成為明朝最短命的皇帝。

朱由校沒有子嗣，早年有個皇太子，在天啟六年不幸身亡，沒辦法，只能留下遺詔，傳位給自己的五弟信王朱由檢。

朱由檢宛如夢幻一樣接手兄長留下的王朝，而等待他的，將會是一場長達十七年的噩夢。

第十章 京師悲歌

今天郵差不上班

天啟七年（一六二七年）八月，年僅二十三歲的朱由校逝世於乾清宮，明朝第二次出現皇帝無後的情況。但此時的明朝，早已不復當初正德時期首輔楊廷和力挽狂瀾的氣魄。好在這件事有「兄終弟及」的慣例，他的弟弟信王朱由檢順利登上皇位，年號「崇禎」。這個十七歲少年，將接手一個風雨飄搖的紫禁城，抑或是目送一個行將就木的帝國走向不可避免的深淵。

壹

朱由校臨走時，留了一句話給老弟，說：「吾弟當為堯舜。」對這位弟弟期待相當高。朱由校這話一聽就不可靠，估計是平時木頭玩多了，覺得弟弟是一塊好料，想怎麼鑿就怎麼鑿。不過，他後面還接了一句：「魏忠賢忠貞，可計大事。」這更扯了，他弟弟都不信。

朱由校的話聽不得，這個道理朱由檢還算明白，上臺後，沒幾天就把魏忠賢解決掉。整個奪權過程現在看來相當枯燥，當時「九千歲」還在琢磨著怎麼把持大權，鬥一鬥朱由檢這個未成年皇帝。結果，出門辦件事，就接到一道諭旨，直接被打發到「中都」鳳陽，連反抗的機會都沒有。過了兩天，魏忠賢就找根繩子吊死了。

假如翻閱《明實錄》關於天啟七年八月的紀錄，光是各地給魏忠賢建「生祠」的紀錄就接近十處，魏閹權傾一時，但連新皇的一道諭旨都擋不住。

不難看出，明朝末年文臣們吹出來的「閹禍」，說穿了還是「君道不正，臣職不明」的問題。但這個問題朱由檢已經無法解決，歷史本身帶有巨大的慣性，崇禎時代的明朝，已經不可能回到嘉靖初年的時候了。

朱由檢剛上臺時，心氣還是很高，在日常居住的乾清宮裡掛了一塊匾額，上面寫著「敬天法祖」，隨後還在兩邊掛上楹聯，寫著儒家的經典十六字真言「人心惟危，道心惟微，惟精惟一，允執厥中」。這些都是虛的，座右銘不能說沒用，但頂多算個心理暗示。當皇帝是門學問，第一靠天賦，第二靠教育。很不幸，朱由檢這兩樣都沒有。

明朝自朱厚照以後，就沒人受過系統的帝王教育。為數不多可能稍微沾點邊的是隆慶皇帝朱載垕，算是明朝中晚期最光明的幾年。再往後，朱常洛和朱由校兩父子一個比一個扯，朱由檢就更別提了，都沒準備上位，糊里糊塗地就混上去。一個高中沒畢業的少年，接手世界上最大的一個爛攤子，能打理好的可能性幾乎為零。

按理說教育不夠，你有天賦也行。例如，當年從北平打到南京的朱棣，本來接受的是藩王教育，也開創了一代盛世。

再如，朱由檢的曾祖朱厚熜，比朱棣更加天賦異稟，連藩王的教育都沒接受過多少，十來歲從老家安陸跑到北京，而且和朱由檢一樣都是「兄終弟及」，年紀比後者還小。朱厚熜卻把楊廷和一群老臣全都收拾掉，之後二十多年不上朝，朝堂上照樣服服貼貼。

朱由檢顯然沒這個天賦，而且時代不一樣了。朱厚熜接手的是中興之年的明朝，整個國家機器完整運轉。朱厚熜可以在宮裡待三年，最後左順門廷杖一舉拿下。但朱由檢連個適應期都沒有，一上臺就得面對財政枯竭的窘境。

朱由檢的崇禎時代，幾乎對紫禁城沒有任何改建和重修，在明朝歷史上極其罕見。為數不多的舉動就是把仁壽宮（之前的清寧宮）改名為端本宮，留給以後的太子大婚用，其他的建築幾乎沒動過。

一方面，這是朱由檢的節儉；另一方面，也是朝廷上下確實沒錢了。但凡有得選，朱由檢恨不得把乾清宮拆了當軍費，邊關的戰事，已經刻不容緩。

貳

明朝天啟七年，又被稱為天聰元年（一六二七年）。前一年，由於後金大汗努爾哈赤命喪紅衣大炮之下，他的兒子皇太極因「才德冠世」被推舉為新的大汗，並定年號為「天聰」。意味著在女真族所統治的東北大地上，一顆政治新星正冉冉升起。

與和紅衣大炮對著幹的父親努爾哈赤不同，皇太極顯然更精於謀略。上任初期，皇太極提出休戰，說我們不打了，我急著去打朝鮮，希望大家「彼此和好」。結果，一轉頭就開始攻打明朝的寧遠城。

幸虧當時的守將袁崇煥不傻，早就防著皇太極這一手。努爾哈赤就是死於袁崇煥駐守的寧遠城下，你用紅衣大炮送走人家老爹，殺父之仇，皇太極要是能忍就怪了。

當時，袁崇煥提出「且守且戰，且築且屯」的思路，打肯定是打不過，可以靠著防守和他們耗著。幾番攻守下來，加上天熱中暑，後金的軍隊死傷慘重。皇太極一看，知道這塊骨頭不好啃，決定轉變思路。

接下來的幾年裡，皇太極三路出擊，一邊打著朝鮮，一邊打著蒙古。與此同時，還在後金內部進行改革，定國號為「大清」，並改女真族名為「滿洲」，採用漢人的官制進行內部管理，勢力發展得很快。

朝廷上下的所有人都知道，在清軍的鐵騎之下，「山海關－寧遠－錦州」防線就是明朝的生命線，要是守不住，別說紫禁城，整個大明朝都得翻天，所以沒人琢磨著對紫禁城進行翻修。

只能說朱由檢這位皇帝命苦，開局一個爛攤子不說，碰到的對手也是皇太極這種文武兼修的雄主。別說遏制清朝的發展，朱由檢連防守敵人的侵襲都非常勉強。

畢竟防守也是打仗，打仗就得花錢。歷史繞了一圈，最後還是經濟基礎決定上層建築。明朝，或者是國庫，沒錢已經不是一、兩天了。明朝政府自從萬曆末年後，基本上就是個正常虧損的「上市公司」，大量的土地無法徵稅，打起仗來壓根沒錢。

《崇禎長編卷》（《明實錄》崇禎卷）說得很清楚：「今九邊月餉該三百萬一歲，所入不過二百餘萬，況有舊欠者，如何得足？」相當於不算其他開銷，光軍費就三百萬兩，國庫一年才二百萬兩收入，每年有上百萬兩的虧損。

造成這個現象的原因，大致可以歸結為「天時」、「地利」、「人和」，朱由檢一項都不占。

「天時」是當時中國正好趕上所謂的「小冰河期」，連年災難，水旱、蝗災全都來，長江冬天都能溜冰。而北方除了災民就是難民，都沒有活路。以陝西為例，《明季北略》說當時「秦中疊饑，斗米千錢，民不聊生，草根樹皮，剝削殆盡」，太慘了，連樹皮都吃不起。政府必須得拿出本來就減少的稅賦出來賑災，省得他們造反，這一進一出就變成一個無底洞。

「地利」就是賦稅，地主家稱這個叫租子。到了崇禎時期，明朝中原地區但凡是稍微豐饒些的地方，都被藩王占滿，一個個全都不納稅，加上各路官員在東南湊在一起撈地，朱由檢這個明朝天字第一號的「地主」，家裡已經沒有餘糧了。

最要命的是「人和」，這個時候，朱由檢已經沒有兩邊騎牆的空間。要嘛就玩命地重用文臣，畢竟你都把「九千歲」弄掉了，正好展現自己的誠意，讓他們幫助把國家運轉起來；要嘛就留著魏公公，人家收拾這群文官的心得都能寫成一本書，讓他卡著文臣的脖子，說不定還能吐出來一點。

朱由檢殺了魏公公，還是得靠著太監，採用的還是文官節制武將那一套，這樣一來等於把國家「開源」的可能性給斷了，只能指望省錢。

但省錢有風險，特別是國家的省錢，第一要素就是砍預算，一刀下去，稍微有點偏差，原本就搖搖欲墜的大明朝很有可能就土崩瓦解。相當於在危房裡進行裝修一樣，碎幾片瓷磚說不定房梁就砸下去了，一定得謹慎。這時有人向朱由檢提議，說把驛站裁了吧，省錢。朱由檢一聽，感覺是條路。

參

說這話的是個言官叫劉懋，職位是兵科給事中，很年輕，是個陝西人。

按理說，兵科給事中應該是六科裡最沒用的一個職位，兵部的事情連兵部尚書說了都不算，小小的給事中能監察什麼。何況到了崇禎時期，明朝的軍事朱由檢說了都不算，得看皇太極想不想打你。

但劉懋不信邪，非常忠君愛國，眼看著萬歲爺天天為了軍費發愁，就琢磨著給皇上獻上一策，緩解一下上面的壓力。

劉懋上奏說：「當今天下州縣困於驛遞的約十之七八。」意思就是現在各地的地方財政，大多都被驛站給害苦了，並且說：「其貪則明攫者十一，而暗攫者十九。」您能看見的只是冰山一角，大頭的貪汙，大家都看不見。

為了表示自己的正確，劉懋在崇禎二年（一六二九年）四月，上了一堆奏摺給朱由檢，詳細到每匹馬應該吃多少飼料，而那些驛站實際上報多少，意思是他們一來二去地把錢都貪了。

朱由檢年輕繼位，本來就害怕被人坑，心理特別敏感，一聽說有這麼一回事，加上劉懋還告訴他：「請裁驛遞，可歲省金錢數十餘萬。」朱由檢一聽就激動了，有錢才是硬道理，能省那麼多錢，太舒服了，馬上批准劉懋的意見，並讓他專職負責這件事。而且，朱由檢的態度很堅決，誰擋路，直接「殺無赦」。

平心而論，劉懋說的是實話，但也不是新鮮事。

驛站就是當時的交通網絡，平時迎來送往，貪汙的確非常厲害，當年張居正改革時就打過這個主意，但他的格局擺在那裡，人家不是為了「歲省金錢數十餘萬」，而是為了吏治，真要是為了省錢，直接「清丈畝」，那個來錢多爽。

張居正的思路是治標不治本，限制官員的出行，別私用，並出臺明文規定限制使用驛站的人員。強如張居正都不敢直接撤掉驛站，因為他知道驛站撤不得。平時看上去一窩黑，但真到了八百里加急軍情時，沒了它還真不行；真到了軍情十萬火急時，消息早上一、兩天就是天差地別。

朱由檢一說要撤驛站，當時就有老臣勸諫：「矯枉恐其過直。」說這事本身可行，但很容易矯枉過正，已經是留面子給朱由檢。後面大臣還說：「恐受裁之夫役無歸。」害怕那些被裁的差役們無家可歸。但劉懋和朱由檢兩個人年輕，不知道天高地厚，一個真敢說，一個真敢聽，說動手就動手。而且，第一個動手的就是受災大省陝西，陝西多山路，驛站特別多。

這一點劉懋特別被當時的官員不齒，他是陝西人。陝西本來就是受災大省，你還給老家搞裁員，在看重同鄉之誼的大明官場上，簡直就是喪心病狂的表現。

裁員的結果是，朱由檢多了幾十萬兩銀子，大約是平時不到國庫收入的四分之一。但導致的後果就是，大約四萬驛卒直接被裁員。

明朝的低級吏員很多都是世襲，再有就是一些平時有點力氣但又不想種田的人，其間摻雜著各色流氓無賴。大家全部失業，開始在陝西大地上流浪，更增加饑荒。搞笑的地方來了，朱由檢一看煞不住，讓人帶十萬兩白銀回去賑災，然而一點用都沒有。

從這不難看出，朱由檢這個人沒什麼定性，說得好聽點叫善於隨機應變，說難聽點就是有點神經質，外加耳根子軟，很容易改變主意。

這次驛站裁員的後果，一個近，一個遠，將會讓朱由檢在後續的十幾年裡慢慢地還清這幾十萬兩的收益。而這兩個後果，都和一個人有關。

這個人叫李自成。

肆

李自成是放羊的孩子出身，不算是世襲的驛卒，平時喜歡打架鬥毆。後來，他在銀川入了驛卒這一行。邊遠地區的驛卒是個苦差事，但那時人都窮，特別是大西北，面朝黃土背朝天，吃不飽飯的大有人在。李自成一開始應該是一種混吃等死的心態，找個編制吃皇糧舒服舒服。

沒承想，天有不測風雲，皇上朱由檢腦袋一動，李自成失業了，沒辦法，只能先回家鄉混一段時間。李自成是混混出身，沒幾天就欠了一屁股債，惱羞成怒地把債主殺了，被迫從軍。但那時朝廷也窮，發不出軍餉。李自成不樂意了，有錢都不一定真動手，沒錢誰替你玩命，直接做了逃兵，去找舅舅高迎祥。

當時的西北地方已經是群盜並起，民不聊生。各種貨色都落草為寇，取的名字一個比一個霸氣，例如「飛山虎」、「大紅狼」、「渾天猴」、「八金剛」等。而李自成的舅舅高迎祥更霸氣，自稱為「闖王」，落草為寇。

高迎祥倒是很歡迎外甥的到來，還把他封為「闖將」，一副要打造「家族式企業」的派頭。那時各路賊寇並起，大家都是混江湖的人，決定在山西開個「武林大會」，人多力量大，湊在一起反抗大明政府。

從這也能看出朱由檢裁撤驛站的思路有多蠢，以前的農民起義頂多是鄉下的小打小鬧，現在把幾萬驛卒放出去，這些人都很熟悉國家的基層運轉，對於組織老百姓這件事做得很順手，紛紛成為造反的骨幹，沒幾天就開始跨省串聯。

崇禎四年（一六三一年），高迎祥、李自成、張獻忠等約三十六夥農民軍（這個數字可能是硬湊的），共計二十多萬烏合之眾，在山西湊了個「飯局」，商量下一步怎麼走。

李自成像，《明史》說他頭戴氈帽入城

當時，明朝邊軍基本上不用想對外打後金，敢出城就死。但往內打，剿滅李自成這些散兵游勇沒有問題。這些農民軍能夠在歷史上留下點名號，還真得感謝皇太極送出的「間接支援」。

那時皇太極已經穩定後方，時不時地繞開東北的防線騷擾京城。但凡有點能打的官員在「三邊總督」的位置上還沒坐穩，就接到京城告急的消息，跑去支援朱由檢，才給了李自成等人在中原發展的空間。

即使是這樣，到了崇禎九年（一六三六年），名將孫傳庭當了陝西巡撫，稍微認真一下，這些人就受不了了。「闖王」高迎祥被抓，送到北京直接被處死，其他群盜也被埋伏打散，潰不成軍。

李自成的運氣比較好，收攏舅舅手裡的一批殘兵敗將，被推舉為新的「闖王」，相當於官升一級，但這些都是虛的。

之後的兩年裡，李自成帶著一群敗軍，被孫傳庭等將領打得東躲西藏，最後僅剩十八個人，藏到河南西邊的山裡。這個陝西米脂郡出身的人開始有點信命，在山裡面娶妻生子。明朝歷史上，有數不清的地方叛亂和農民起義，其中有很多人都會像李自成這樣，在逃難中度過自己的一生。

但李自成沒想到，遠在北京紫禁城的朱由檢，將給他一個登上歷史舞臺的機會。

煤山之上望烽煙

裁撤驛站是一個種子，迅速點燃農民起義的大火，明朝內地陷入巨大的動亂之中，原本就入不敷出的國庫變得更加一貧如洗。而朱由檢在位的十七年裡，堪稱內憂外患，接連不斷。此時的大明朝，早已病入膏肓，回天乏術，那些燃遍天下的烽火，最終將蔓延到帝國中心——紫禁城。

壹

崇禎五年（一六三二年）前，朱由檢沒有太把內地的農民起義當一回事，不是說不重視，實在是沒有精力去做。那時，皇太極已經多次兵臨北京城下。

皇太極在攻不下寧遠城的情況下，很快改變思路，掉頭去收拾蒙古和朝鮮，沒幾年就把蒙古草原的統治者林丹汗做掉了。這樣後金（當時還未改名）就可以不只在東北和明軍作對了，從東邊的宣府一直到西邊的黃河，到處都是後金軍隊的身影。

崇禎二年十月，就是朱由檢裁撤驛站的那一年，皇太極帶兵直接繞過袁崇煥防守的「山海關－寧遠－錦州」防線，由蒙古科爾沁部的騎兵帶頭，從喜峰口（今唐山）破關而入，一路殺到通州，到北京城也就一抬腿的事。朱由檢當時剛繼位，才十八歲，一看見皇太極兵臨城下，當場就急了。

從萬曆朝以後，紫禁城裡的皇帝都不怎麼出門，最遠到過的地方大概是昌平，對地理知識沒什麼概念。朱由檢一聽說皇太極到了通州，腿都嚇軟了，第一反應就是找袁崇煥。

天啟年間時，袁崇煥就信誓旦旦說：「予我軍馬錢谷，我一人足守此。」意思就是，給我錢和兵，防守的事我一個人幹了。朱由檢剛上臺，袁崇煥馬上表忠心，對朱由檢說：「臣受陛下特眷，願假以便宜，計五年，全遼可復。」放手讓我幹，五年之內，我把東北給您收回來。

不得不說袁崇煥拉贊助的水準堪稱一流，朱由檢聽了這麼豪邁的話，腦袋又不清楚了，二話不說，就把尚方寶劍賜給袁崇煥。朱由檢還告訴他：「復遼，朕不吝封侯賞。」只要收復失地，我給你封個侯爵。

這番君臣奏對下來，袁崇煥很滿意，畢竟兵員、糧草外加人事權都到手。而朱由檢當時傻不愣登地覺得不錯，高高興興地把驛站裁了，替袁崇煥籌集軍隊，就在紫禁城裡等著五年之期。沒想到才過了兩年，「復遼」的消息沒等到，反而把皇太極給等來了。

而另一邊，袁崇煥也急了。

明朝中晚期有一個說法，叫「翰林院文章，太醫院藥方，光祿寺茶湯，武庫司刀槍」，說這些全都是表面功夫，沒什麼用。其中，光祿寺是官方食堂，每次儀式等茶湯端上來都涼了，而翰林院和太醫院也好理解。最要命是武庫司的刀槍（武器裝備），多少年都沒用過了，拿出來守城純粹是送死外加丟人現眼。

袁崇煥就是兵部出身，知道京城指望不得，趕緊帶著軍隊趕來救援。同時，朱由檢緊急下令，調動各方軍隊趕來擒王，才勉強守住北京城。

守城期間，朱由檢明顯已經不再信任袁崇煥。當時，四方趕來支援的隊伍在德勝門和廣渠門外，與皇太極的軍隊大戰兩場，士兵已經很累了。袁崇煥和朱由檢商量說能不能讓士兵進甕城休息，畢竟在野外休息還得提防對面偷襲，傷亡比較大。

這話說出來，朱由檢神經質發作，立刻回絕，北京城什麼樣他太清楚了。指望袁崇煥把皇太極滅了那不可能，但袁崇煥如果進了甕城，把紫禁城端了獻給皇太極的可能性還是很高，因此堅決不同意，就讓袁崇煥硬扛。

這樣朱由檢還是不放心，又把之前的內閣大學士、袁崇煥的老上司孫承宗給緊急起用。孫承宗老家就在河北，七十多歲的老頭子，幾天就到京城，擺明就是為了制衡袁崇煥。

這時北京城裡的老少爺們不樂意了，包括許多武將勛貴的子弟，開始向朱由檢提意見，認為袁崇煥「縱敵擁兵」，說我們勒緊褲腰帶支援邊疆，袁崇煥不打仗不說，還擁兵自重。

皇太極一看有門路，馬上派人使了一招反間計，買通朱由檢身邊的太監，偽造袁崇煥和女真人私下通信的信件。朱由檢平時多麼敏感的人，馬上在十二月下令逮捕袁崇煥，隨後將其凌遲處死。

清朝修《明史》對這件事沒藏著掖著，明確說了就是「我大清設間，謂崇煥密有成約」。這種軍國大事，說出來用計的人不丟臉，上當的人才是真白痴。朱由檢從迷信袁崇煥到擅殺他，都沒動過腦子，純粹憑藉年輕人的直覺做事。

袁崇煥死後，北京城上上下下一片叫好。當時，一個義士（可能是袁崇煥的部將）把袁崇煥的頭顱深夜竊走，埋在廣義門之內。後來，還是清朝的乾隆皇帝讀史書看不下去了，就在埋頭骨的地方替袁崇煥修建祠堂和墓。國有名將而不珍惜，還得靠敵人給予平反，從這個角度來說，大明確實到了該滅亡的時候。

貳

擅殺袁崇煥而導致的後果，不用詳說，清朝在《明史》的答案很明確：「自崇煥死，邊事益無人，明亡征決矣。」直接導致邊關沒有守將，明朝的滅亡已經板上釘釘了。

之後的許多年裡，皇太極頻繁地打破邊關防線，帶著鐵騎深入中原內地，山東、河北、陝西、山西均受到波及，最遠到達過江蘇的連雲港一帶。對此，明朝上下束手無策，能把京城守住就不錯了。

連年的外部失利，給了在深山中的李自成東山再起的機會。崇禎十二年（一六三九年），李自成帶著幾千人重新出山。這回出來，李自成的智商明顯呈直線上升，開始實行一系列造勢的政策。

首先，就是減少殺人。《明史》說李自成的心理比較變態，喜歡殺人為樂，還特別喜歡對人砍腳和挖心。有人勸他「取天下以人心為本，請勿殺人，收天下心」，李自成一聽，感覺很有道理，就減少殺人。

其次，也是最重要的，李自成提出「經濟政策」，號稱「均田免賦」，就是分田給老百姓，還不繳稅。這種話但凡有點經濟學常識的人都知道不現實，一個政權想建立，首先得有一群脫產者，不納稅就控制不了。但李自成本來就沒打算靠收稅為生，直接對各地藩王包括世家大族下手搶劫，搶一家吃半年，才有「闖王來了不納糧」這樣的歌謠。

崇禎十四年（一六四一年），李自成攻破洛陽。那時福王朱常洵還活著（爭「國本」那位），是整個河南最大的地主。河南那幾年年年災荒，朱常洵卻坐擁「金錢百萬」，最後被守城的將士打開城門，目送闖王進城。

李自成殺富濟貧的癮上來了，何況殺朱常洵沒什麼壓力，按河南老百姓的思路來講，這貨早就該祭天了。這次李自成想了個比較有創意的路數，把朱常洵處死，又在福王府的後花園裡找到幾頭鹿，一起殺了，放到鍋裡亂燉，美其名曰「福祿宴」。

殺了福王，李自成的威勢更大，朱常洵家裡有錢，不拿白不拿，自己撈了一筆，其他的都分下去。農民軍拿了錢，更相信李自成「均田免賦」的說法。

之後兩年，李自成向西一路狂歌猛進，順利拿下了陝西全境。陝西巡撫孫傳庭在無兵無餉的情況下也是回天乏術，兵敗身亡。事情到了這一步，李自成在北方的統治已經不可逆了。

李自成志得意滿，直接在西安宣布稱帝，建國號為「大順」，年號為「永昌」。這一看就是囂張，當年朱元璋「高築牆、廣積糧、緩稱王」的路子，李自成一個都沒學到，剛打下兩省就準備建國，然後開始為兄弟們封官，玩的全都是山寨的那一套。

建國後，李自成馬不停蹄，帶著兵一路往北京殺過去。他知道自己壓根沒有賦稅制度，必須得靠搶錢才能把這個政權維持下去。這個道理和滾雪球一樣，看上去很嚇人，但不能停，停了就得死。一開春，李自成對大明帝國的中樞，發起了最後的衝鋒。

參

崇禎十七年（一六四四年）的大明朝，從上到下簡直是一盤散沙。李自成帶兵一路奔襲，路上全都是投降的將領，包括很多監軍的太監，整個過程和朱由檢從乾清宮溜達到御花園差不多，簡直太順利了。等李自成到北京城下時，才剛三月。

這時就能看出裁撤驛站的另一個後果，李自成的軍隊從陝西經黃河直入河北，一直到了昌平，京城的朱由檢還不知道發生了什麼。李自成的前鋒游騎兵都在平則門（阜成門）城門外閒晃了，京城的人才反應過來，在軍事上簡直是不可想像的事情。

當然，即使提前發現，北京城也無法守。

那時的北京城慘到什麼程度呢？史書上說：「京師久乏餉，乘陴者少，益以內侍。內侍專守城事，百司不敢問。」「陴」就是城牆垛子。這話翻譯過來就是，京城很久沒有糧餉，守城的人很少，只能讓太監上去盯著，文武百官壓根不敢問。

大明三百年氣運，歷朝歷代皇帝精心搭建的政治平衡，最後只剩下一個歇斯底里的皇帝、一群陽奉陰違的太監和一群袖手旁觀的大臣。

一開始，李自成還不敢直接攻城，打算和朱由檢談一談。當時說的條件是割讓西北，李自成自成一國，相當於「藩屬」，可以幫著明朝抗擊清軍，但不聽宣也不奉詔。

這個條件一出來，就無法談了。雖然李自成屬於漫天要價，但朱由檢不具備坐地還錢的資格，何況他要是敢點頭，百分百遺臭萬年，只能斷然拒絕。

估計李自成也沒指望朱由檢能答應，三月十八日，大順軍正式開始攻城。

北京城在明代無數次被兵臨城下，從于少保的「京師保衛戰」到嘉靖朝的俺答入侵，再到之後的皇太極圍城，每一次都是傷痕累累，卻如北斗星一樣永不陷落。

而三月十八日這一天，大明朝的「北斗星」隕落了，這座二百多年前由阮安設計的最堅固堡壘，被人從內部攻破。這天早上，崇禎皇帝最信任的太監曹化淳開啟了彰義門，主動投敵，北京城陷入巷戰階段。

景山，位於北京故宮博物院之後

這一天，朱由檢後知後覺，也明白大勢已去，索性偷得浮生半日閒，到了紫禁城後面的萬歲山上「看風景」。

萬歲山就是現在的景山，是當年朱棣修紫禁城時，挖筒子河剩下的泥土堆積而成。當時皇宮裡面有些地方還燒煤，運到宮裡的煤要在這裡轉運，所以景山又有「煤山」的稱呼。那時的北京沒有高樓大廈，登上煤山，可以俯瞰整個紫禁城，甚至是整個北京城。

朱由檢登山望去，卻只看見滿城的烽煙。沉默良久後，他下山回到宮裡，開始著手處理後事。

朱由檢不是不想逃走，但皇

帝出逃也是大工程，以當時北京城近乎癱瘓的國家機器來說，可能性基本上為零，因此只得作罷。

回到宮中，朱由檢先將兩個兒子送到大臣家裡，好歹留點火種，聊勝於無。之後，他又去了坤寧宮見皇后周氏。周皇后曾經暗示過朱由檢，說：「吾南中尚有一家居。」意思是我家南邊還有套房子，想讓朱由檢南遷，但後者一根筋，沒聽，之後在朝堂上說得很霸氣：「國君死社稷，朕將焉往。」

這次見面，朱由檢抱著周皇后哭了一陣子，勸皇后自盡。我們很難評價這個行為，從朱由檢的角度來說，肯定是自私的，希望皇后和自己一起死，保留以後的名聲。但客觀上講，如果周皇后落到李自成那群農民軍手裡，說不定會遭受侮辱，到時可能求一死都很難。

周皇后聽了丈夫的話，哭著說：「妾事陛下十有八年，卒不聽一語，至有今日。」我和你在一起十八年了，你連我一句話都不肯聽，才有今日。然後把門一關，不一會兒，宮女出來告訴朱由檢，皇后已然領旨。

把皇后逼死後，朱由檢已經接近瘋狂，又來到後宮之中，用劍將兩個女兒砍成一死一傷。其中，長平公主僥倖沒死，可能當時朱由檢的精神不對勁，沒看準，只砍了一條胳膊，後來被人救起，遁入空門。金庸先生在小說《鹿鼎記》和《碧血劍》寫的「九難尼姑」，就是以這位長平公主為原型。

京城裡的巷戰持續一天。次日，就是三月十九日清晨，崇禎皇帝朱由檢在紫禁城最後一次敲響象徵早朝開始的景陽鐘。明朝近三百年歷史，景陽鐘曾無數次伴隨著文武百官的腳步聲開啟朝會，但這一次，臣子們竟然無一人到場。

大勢已去的朱由檢，時隔不到一天，再次登上煤山，身邊只有一個太監王承恩伴隨左右。朱由檢心灰意冷之下，在一棵槐樹上吊而死，太監王承恩亦隨之赴死。

朱由檢死時，留下遺詔，上面說：

> 朕涼德藐躬，上干天咎，然皆諸臣誤朕。朕死無面目見祖宗，自去冠冕，以髮覆面。任賊分裂，勿傷百姓一人。

這份遺詔裡，朱由檢依舊認為是「諸臣誤朕」，不思悔改，值得被稱道的只有「勿傷百姓一人」這一點。大明朝堂風起雲湧了數百年，最終還是亡在「君臣之道」四個字上。

肆

朱由檢去世當天，李自成就帶兵攻入紫禁城中，第一件事就是找朱由檢和周皇后。最後閒晃一圈，才在煤山上找到朱由檢的屍首。

按理說，前朝皇帝的遺體，李自成怎麼都該尊重一下。但李自成造反路子出身，不講究這個，直接把崇禎皇帝和周皇后的屍骨扔在東華門外面，晒了好幾天。走過的臣子來來往往，都掩面哭著跑開。

後來，清朝視東華門為不祥之門，皇上、皇后出殯，才會從這裡走。東華門上的門釘一共是八九七十二個，其他的門都是九九八十一個，少的一排就是之後減少的。就是因為朱由檢在此停屍，中國人講究雙數成陰，八排門釘象徵死亡。

之後，人們將朱由檢的屍骨收殮，葬在昌平。朱由檢一輩子做了很多混蛋事，但在節儉這件事上，真的是沒得指責。在位十七年，都沒替自己修陵，人們只能把他和妃子田貴妃合葬在一起，稱為「思陵」。

這些臣子之所以會從這裡經過，是李自成在紫禁城裡發布命令，三天之內，到朝堂上開朝會。這些在三月十九日一個沒到的臣子們，除了范景文等四十多個殉國外，其他在三天後都到齊了，一個個麻木不仁地跪在那裡，任憑李自成侮辱他們。

而李自成沒有放過他們，或者說沒有忘記進攻京城的目的是為了搶劫，於是開始瘋狂地搜查財產。他把這八百多人，打包交給自己的手下大將劉宗敏。

劉宗敏也沒客氣，據說這些人被折騰得「灼肉折脛，備諸慘毒」，紛紛吐出平時捨不得的銀子，大約有幾千萬兩。之前兵臨城下時，朱由檢曾提議讓大臣們捐款，求爺爺告奶奶才混到十幾萬兩白銀。說得難聽點，當時朱由檢要是把北京城抄家抄一半，說不定還能扛過這一劫，最後全便宜了李自成。

但歷史的腳步不會因為李自成的燒殺搶掠而停止，就在他攻入北京一個月後，原山海關總兵吳三桂打開了山海關的大門。清朝攝政王多爾袞在吳三桂的帶領下，帶著鐵騎直接殺向北京城。當然，其中的細節就是另一個故事了。

李自成打下北京城，已經是天時、地利、人和的共同作用，一看見清兵進攻，立刻鳥獸散，把金銀財寶用大車裝在一起，浩浩蕩蕩回老家陝西。

臨行前，李自成在武英殿舉行一個非常不正宗的即位儀式。隨後彷彿報復一般，一把大火將皇城九座城樓和一些宮殿付之一炬，只剩下一些殘破不堪的樓閣，在鮮血和硝煙中等待著下一頁歷史的到來。

參考文獻

一、基本史料

1. （明）宋濂等著：《元史》，北京：中華書局，一九七四年。
2. （宋）李誡編：《營造法式》，北京：中國建築工業出版社，二〇〇六年。
3. （清）張廷玉等著：《明史》，北京：中華書局，一九七四年。
4. 《明實錄》，中國社會科學院，一九八三年。
5. （義）色伽蘭、郭魯柏著，馮承鈞譯：《馬可．波羅遊記》，上海：上海古籍出版社，二〇二〇年。
6. （明）沈德符著：《萬曆野獲編》，北京：中華書局，一九八〇年。
7. （清）于敏中等編：《日下舊聞考》，北京：北京出版社，二〇一八年。
8. （清）谷應泰著：《明史紀事本末》，北京：中華書局，一九七七年。
9. （明）王世貞著：《弇山堂別集》，北京：中華書局，一九八五年。
10. （明）楊士奇著：《三朝聖諭錄》，左都御史張若溎家藏本影印。
11. （明）尹直著：《謇齋瑣綴錄》，《國朝典故》本影印。
12. （元）熊夢祥著，李志忠等輯校：《析津志輯佚》，北京：北京古籍出版社，一九八三年。

13. （元）陶宗儀著：《南村輟耕錄》，北京：中華書局，二〇〇四年。
14. （明）申時行等編：《明會典》，北京：中華書局，一九八九年。
15. （清）龍文彬著：《明會要》，北京：中華書局，一九九八年。
16. （明）蕭洵著：《故宮遺錄》，北京：北京出版社，二〇一八年。
17. （明）王鏊著：《震澤長語》，上海：商務印書館，一九三七年。
18. （明）王世貞著：《觚不觚錄》，《四庫全書》本。
19. （清）計六奇著：《明季北略》，北京：中華書局，一九八五年。
20. （清）孫承澤著：《春明夢餘錄》，北京：北京古籍出版社，一九九二年。
21. （明）談遷著：《國榷》，北京：中華書局，一九五九年。
22. （清）查繼佐著：《罪惟錄》，杭州：浙江古籍出版社，二〇一二年。
23. （清）鄂爾泰、張廷玉等編：《國朝宮史（上下）》，北京：北京古籍出版社，一九八七1987年。
24. 趙爾巽著：《清史稿》，北京：中華書局，一九九八年。
25. （清）昭槤著：《嘯亭雜錄》，北京：中華書局，一九八〇年。
26. 《清實錄》，北京：中華書局，一九八七年。
27. （清）徐珂著：《清稗類鈔》，北京：中華書局，一九八四年。

二、專著、譯著

1. 孟森著：《明史講義》，上海：上海古籍出版社，二〇〇八年。

2. 陳高華、史衛民著：《元代大都上都研究》，北京：中國人民大學出版社，二〇一〇年。
3. 姜舜源著：《故宮史話》，北京：社會科學文獻出版社，二〇一二年。
4. 孫克勤著：《一個人的紫禁城》，北京：清華大學出版社，二〇一八年。
5. 葉兆言著：《南京傳》，南京：譯林出版社，二〇一九年。
6. 祝勇著：《故宮六百年》，北京：人民文學出版社，二〇二〇年。
7. 林徽因著：《中國建築常識》，北京：北京理工大學出版社，二〇一七年。
8. 周良霄著：《元史》，上海：上海人民出版社，二〇一九年。
9. 閻崇年著：《大故宮六百年風雲史》，青島：青島出版社，二〇二〇年。
10. 晁中辰著：《明成祖傳》，北京：人民出版社，一九九三年。
11. 孟凡人著：《明代宮廷建築史》，北京：紫禁城出版社，二〇一〇年。
12. 單士元著：《從紫禁城到故宮：營建、藝術、史事》，北京：北京出版社，二〇一七年。
13. 趙汝珍著：《古玩指南大全集》，西安：陝西師範大學出版社，二〇一〇年。
14. 景德鎮市陶瓷考古研究所編：《成窯遺珍——景德鎮出土成化官窯瓷器》，一九九三年。
15. 李燮平著：《明代北京都城營建叢考》，北京：紫禁城出版社，二〇〇六年。
16. 楊新華、盧海鳴著：《南京明清建築》，南京：南京大學出版社，二〇〇一年。
17. 黃仁宇著：《萬曆十五年（精裝版）》，上海：三聯書店，二〇一五年。
18. 劉敦楨編：《中國古代建築史》，北京：中國建築工業出版社，二〇〇八年。
19. （日）內藤湖南著，武瓊譯：《清史九講》，上海：華文出版社，二〇一九年。

20. 施展著：《樞紐：三千年的中國》，南寧：廣西師範大學出版社，二〇一八年。
21. （美）魏斐德著，陳蘇鎮等譯：《洪業：清朝開國史》，北京：新星出版社，二〇一七年。
22. 劉敦楨：《中國古代建築史》，北京：中國建築工業出版社，二〇〇八年。
23. （美）羅威廉著，李仁淵、張遠譯：《哈佛中國史 最後的中華帝國：大清》，北京：中信出版社，二〇一六年。
24. 吳十州著：《紫禁涅槃：從皇宮到故宮博物院》，北京：社會科學文獻出版社，二〇一八年。
25. 鄭天挺著：《清史探微》，北京：北京大學出版社，二〇一一年。
26. 孟森著：《清初三大疑案考實》，南寧：廣西師範大學出版社，二〇一〇年。
27. 故宮博物院編著：《清宮藏傳佛教文物》，北京：紫禁城出版社，一九九八年。
28. （美）羅友枝著，周衛平譯：《清代宮廷社會史》，北京：中國人民大學出版社，二〇〇九年。
29. 信修明等著：《太監談往錄》，北京：紫禁城出版社，二〇一〇年。
30. 愛新覺羅．溥儀著：《我的前半生》，北京：群眾出版社，二〇〇三年。

三、期刊、論文

1. 方志遠：《「傳奉官」與明成化時代》，《歷史研究》二〇〇七年第一期。
2. 劉新園：《明宣宗與宣德官窯》，《南方文物》二〇一一年第一期。
3. 陳紹棣：《論徐杲——兼及明代的「匠官」》，《史學月刊》二〇一八年第五期。
4. 劉渝龍：《明代文職大臣廷推制度探略》，《湘潭大學學報》一九九二年第一期。

5. 張金奎：《明錦衣衛侍衛將軍制度簡論》，《史學月刊》二〇一八年第五期。
6. 李燮平：《「五門三朝」與明代宮殿規劃的若干問題》，《中國紫禁城學會論文集（第二輯）》，一九九七年。
7. 李元龍：《明嘉靖皇帝朱厚熜與北京皇家祭祀建築》，《科學發展：文化軟實力與民族復興——紀念中華人民共和國成立六十周年論文集（下卷）》，二〇〇九年。
8. 李文傑：《清代的「早朝」——御門聽政的發展及其衰微》，《故宮博物院院刊》二〇一六年第一期。
9. 李軍：《析清代紫禁城坤寧宮仿瀋陽清寧宮室內格局及陳設的意義》，《文物世界》二〇一三年第六期。
10. 劉璐：《清帝大婚禮儀小考》，《紫禁城》一九九六年第四期。
11. 石利鋒：《清代宮廷教育綜述》，《多維視野下的清宮史研究——第十屆清宮史學術研討會論文集》，二〇一一年。
12. 白新良：《康熙擒鰲拜時間考》，《滿族研究》二〇〇五年第三期。
13. 陳鋒：《清代造辦處作坊的匠人待遇與銀兩來源》，《故宮學刊》二〇一七年第一期。
14. 張學渝、李曉岑：《清宮造辦處成立若干問題新探》，《廣西民族大學學報（自然科學版）》二〇一五年第四期。
15. 鐘景超：《清代皇貴妃制度研究》，《神州》二〇一二年第二十九期。
16. 崔欣：《清前期帝王與藏傳佛教信仰研究》，《青藏高原論壇》二〇一九年第三期。
17. 項旋：《清代內府銅活字考論》，《自然科學史研究》二〇一九年第二期。
18. 汪凌川：《乾隆四年的唐英與「唐窯」——雍乾時期督陶官制度的建立及其影響》，《景德鎮學院院報》

二〇一六年第一期。
19. 鄭凱旋：《癸酉之變：天理教攻襲紫禁城事件始末》，《蘭臺世界》二〇一七年第六期。
20. 王開璽：《辛酉政變與正統皇權思想——慈禧政變成功原因再探討》，《清史研究》二〇〇二年第四期。
21. 張恆：《淺析清朝幼帝皇權的代行與回歸制度》，《世紀橋》二〇一一年第一期。
22. 滕德永：《清宮御膳房若干問題考實》，《四川旅遊學院學報》二〇一七年第五期。
23. 李曉丹：《康乾時期玻璃窗和玻璃製品探究》，《清史研究》二〇〇七年第三期。
24. 張小李：《乾隆帝學習民族語言述略》，《西部蒙古論壇》二〇一二年第一期。
25. 張宏、張晨怡：《建福宮失火事件》，《出版參考》二〇〇六年第三十五期。
26. 張學渝：《技藝與皇權：清宮造辦處的歷史研究》，北京科技大學博士學位論文，二〇一七年。
27. 鄭南：《清代宮廷御膳禮制演變述論——清宮〈御茶膳房〉檔案的文化史研究》，黑龍江大學碩士學位論文，二〇〇三年。
28. 鄭碩：《雍正朝滿文朱批奏摺再研究》，河北大學碩士學位論文，二〇一四年。
29. 張美娜：《清代後宮制度論述》，貴州大學碩士學位論文，二〇〇九年。

HISTORY 093

大明紫禁城：從草原霸主逐鹿中原到煤山自縊

作　者—翟晨旭
主　編—邱憶伶
責任編輯—陳映儒
行銷企畫—林欣梅
封面設計—兒日
內頁排版—張靜怡

編輯總監—蘇清霖
董 事 長—趙政岷
出 版 者—時報文化出版企業股份有限公司
一〇八〇一九臺北市和平西路三段二四〇號三樓
發行專線—（〇二）二三〇六—六八四二
讀者服務專線—〇八〇〇—二三一—七〇五
（〇二）二三〇四—七一〇三
讀者服務傳真—（〇二）二三〇四—六八五八
郵撥—一九三四四七二四時報文化出版公司
信箱—一〇八九九臺北華江橋郵局第九九信箱

時報悅讀網—http://www.readingtimes.com.tw
電子郵件信箱—newstudy@readingtimes.com.tw
時報出版愛讀者粉絲團—https://www.facebook.com/readingtimes.2
法律顧問—理律法律事務所　陳長文律師、李念祖律師
印　刷—華展印刷有限公司
初版一刷—二〇二二年六月二十四日
定　價—新臺幣五〇〇元

時報文化出版公司成立於一九七五年，
一九九九年股票上櫃公開發行，二〇〇八年脫離中時集團非屬旺中，
以「尊重智慧與創意的文化事業」為信念。

大明紫禁城：從草原霸主逐鹿中原到煤山自縊／翟晨旭著. -- 初版. -- 臺北市：時報文化出版企業股份有限公司, 2022.06
384面；17×23公分. --（History系列；93）
ISBN 978-626-335-490-6（平裝）

1. CST：中國史　2. CST：通俗史話

610.9　　111007571

ISBN 978-626-335-490-6
Printed in Taiwan